系统规划与管理师
章节习题与考点特训

主 编 薛大龙

副主编 胡晓萍 王建平 黄 杏 张彩艳

中国水利水电出版社
www.waterpub.com.cn
·北京·

内 容 提 要

系统规划与管理师是全国计算机技术与软件专业技术资格考试（简称"软考"）中的高级资格考试，通过该考试，可获得高级工程师职称。

作为软考教材的章节练习题集，本书具有 4 个特点：目录与官方教材一致、题目分布与最新考纲一致、重点与高频考点一致、难度与历年真题一致。考生可通过学习本书，掌握考试的重点，熟悉试题形式及解答问题的方法和技巧等。

本书可作为考生备考"系统规划与管理师"的学习教材，也可供各类培训班使用。

图书在版编目（CIP）数据

系统规划与管理师章节习题与考点特训 / 薛大龙主编. -- 北京：中国水利水电出版社，2020.7（2024.2 重印）
ISBN 978-7-5170-8662-8

Ⅰ. ①系… Ⅱ. ①薛… Ⅲ. ①信息系统－项目管理－资格考试－习题集 Ⅳ. ①G203-44

中国版本图书馆CIP数据核字(2020)第114307号

策划编辑：周春元　　　责任编辑：王开云　　　封面设计：李　佳

书　　名	系统规划与管理师章节习题与考点特训 XITONG GUIHUA YU GUANLISHI ZHANGJIE XITI YU KAODIAN TEXUN
作　　者	主　编　薛大龙 副主编　胡晓萍　王建平　黄　杏　张彩艳
出版发行	中国水利水电出版社 （北京市海淀区玉渊潭南路 1 号 D 座　100038） 网址：www.waterpub.com.cn E-mail：mchannel@263.net（答疑） 　　　　sales@mwr.gov.cn 电话：（010）68545888（营销中心）、82562819（组稿）
经　　售	北京科水图书销售有限公司 电话：（010）68545874、63202643 全国各地新华书店和相关出版物销售网点
排　　版	北京万水电子信息有限公司
印　　刷	三河市德贤弘印务有限公司
规　　格	184mm×240mm　　16 开本　　13 印张　　303 千字
版　　次	2020 年 7 月第 1 版　　2024 年 2 月第 3 次印刷
印　　数	6001—8000 册
定　　价	48.00 元

凡购买我社图书，如有缺页、倒页、脱页的，本社营销中心负责调换

版权所有·侵权必究

本书之 WHAT&WHY

为什么选择本书

历年高级别的软考全国平均通过率一般不超过 10%。考试所涉及的知识范围较广,而考生一般又多忙于工作,仅靠教程,考生在有限的时间内很难把握考试的重点、难点。

本书作者多年来潜心研究软考知识体系,对历年的软考试题进行了深入分析、归纳与总结,并把这些规律性的内容融入软考培训的教学当中,取得了非常显著的效果。但限于各方面条件,能够参加面授的学员还是相对较少,为了能让更多的学员分享到我们的一些经验与成果,特编写了本书。本书具有以下几个特点:

- **目录与官方教材一致**:本书的前 13 章目录,与官方教材完全一致,同时新增了第 14 章"经典案例分析与解答",针对典型的案例题,解答要点分析,帮助学员理解知识点。
- **题目分布与最新考纲一致**:通过对考试大纲的细致分析,结合命题规律,使得题目分布与最新的系统规划与管理师考试大纲要求的高度一致,符合考纲要求的正态分布。在学习了知识点之后,再做与该章节知识点相对应的练习题,可以极大地提升学习效率。
- **重点与高频考点一致**:本书把我们团队中多名杰出讲师的软考教学经验、多年试题研究及命题规律经验融汇在一起,练习题目与高频考点呈强正相关的关系,同时兼顾非高频考点。
- **难度与历年真题一致**:本书在以上基础上,还专门分析了考试的难度,使得章节练习的难度与历年真题的难度高度一致,从而使题目难度不过多地偏离,完全符合考试的要求。

本书作者不一般

本书由薛大龙担任主编,由胡晓萍、王建平、黄杏、张彩艳担任副主编。各人负责章节如下:第 1~3 章由王建平编写;第 4~6 章由张彩艳编写;第 7~9 章由黄杏编写;第 10 章由刘阳编写;第 11、14 章由胡晓萍编写;第 12、13 章由兰帅辉编写。全书由薛大龙确定架构并审核,由胡晓萍统稿,参与本书编写的还有李莉莉、艾教春、黄俊玲等。

薛大龙,北京理工大学博士,多所大学客座教授,北京市评标专家,全国计算机技术与软件专业技术资格考试辅导教材编委会主任,曾多次参与全国软考的命题与阅卷。

胡晓萍,高级工程师,系统规划与管理师、信息系统项目管理师、从事信息化建设管理与运维工作多年,目前主要从事信息系统项目管理、系统规划等软考方面的教学工作，具有丰富的现场经验及丰富的理论知识和教学经验。

王建平，高级工程师，系统规划与管理师、系统架构设计师、信息系统项目管理师、数据库工程师等，财政部评标专家，十多年信息化系统开发架构及运维工作经验并取得相应领域部分专利，目前从事系统规划软考方面的教学工作，具有丰富的理论知识和教学经验。

黄杏，高级工程师，北京市评标专家。信息系统项目管理师、系统规划与管理师。工作十余年来，一直从事软件开发、系统集成、项目管理等工作，先后获得专利三项，具有丰富的项目管理经验，主要研究方向为信息系统项目管理、系统规划与管理、系统架构设计等。

张彩艳，硕士，一级建造师、咨询工程师、造价工程师、系统集成项目管理工程师，持有英语口译、笔译证书。编写过 5 个国家标准及多套软考辅导丛书，多年来从事信息系统项目管理师、系统集成项目管理工程师和系统规划与管理师等课程的培训。

致谢

在本书出版之际，要特别感谢全国软考办的命题专家们，编者在本书中引用了部分考试原题，使本书能够尽量方便读者的阅读。在本书的编写过程中，参考了许多相关的文献，编者在此对这些参考文献的作者表示感谢。

感谢中国水利水电出版社有限公司万水分社的周春元老师，周老师在本书的策划、选题的申报、写作大纲的确定，以及编辑、出版等方面，付出了辛勤的劳动和智慧，给予了我们很多的支持与帮助。

由于编者水平有限，且本书涉及的内容很广，书中难免存在疏漏和不妥之处，诚恳地期望各位专家和读者不吝指正和帮助，对此，我们将十分感激。

本书适合谁

本书可作为考生备考"系统规划与管理师"的学习教材，也可供各类培训班使用。考生可通过学习本书，掌握考试的重点，熟悉试题形式及解答问题的方法和技巧等。使用本书过程中，如发现错误或不严谨的地方，读者可发送邮件到 PYXDL@163.com 与我们交流，我们会及时解答读者的疑问或建议。

编 者

2020 年于北京

目 录

本书之 WHAT&WHY

第1章 信息系统综合知识 ········· 1
1.1 信息的定义和属性 ············· 1
1.2 信息化 ························· 4
1.3 信息系统 ······················· 9
1.4 IT 战略 ······················· 16

第2章 信息技术知识 ············· 19
2.1 信息技术 ····················· 19
2.2 面向对象系统分析与设计 ····· 23
2.3 应用集成技术 ················· 28
2.4 计算机网络技术 ··············· 33
2.5 新一代信息技术 ··············· 45

第3章 信息技术服务知识 ········· 50
3.1 产品、服务和信息技术服务 ··· 50
3.2 运维、运营和经营 ············· 51
3.3 IT 治理 ······················· 54
3.4 IT 服务管理 ··················· 55
3.5 项目管理 ····················· 57
3.6 质量管理理论 ················· 59
3.7 信息安全管理 ················· 66

第4章 IT 服务规划设计 ········· 70
4.1 概述 ·························· 70
4.2 IT 服务规划设计活动 ········· 71
4.3 服务目录管理 ················· 73
4.4 服务级别协议 ················· 76

4.5 服务需求识别 ················· 78
4.6 服务方案设计 ················· 80

第5章 IT 服务部署实施 ········· 87
5.1 概述 ·························· 87
5.2 IT 服务部署实施要素 ········· 88
5.3 IT 服务部署实施方法 ········· 90

第6章 IT 服务运营管理 ········· 94
6.1 概述 ·························· 94
6.2 人员要素管理 ················· 94
6.3 资源要素管理 ················· 97
6.4 技术要素管理 ················· 99
6.5 过程要素管理 ················ 100
6.6 常见运营管理关键考核指标 · 102
6.7 常见监控内容 ················ 103

第7章 IT 服务持续改进 ········ 105
7.1 概述 ························· 105
7.2 服务测量 ····················· 108
7.3 服务回顾 ····················· 116
7.4 服务改进 ····················· 121

第8章 监督管理 ················ 128
8.1 概述 ························· 128
8.2 IT 服务质量管理 ············· 129
8.3 IT 服务风险管理 ············· 134

第9章 IT 服务营销 ············· 143

9.1　业务关系管理 …………………… 143
9.2　IT服务营销过程 …………………… 150
9.3　IT服务项目预算、核算和结算 …… 154
9.4　IT服务外包收益 …………………… 158
第10章　团队建设与管理 ……………… 161
　10.1　IT服务团队的特征 ……………… 161
　10.2　IT服务团队建设周期 …………… 162
　10.3　IT服务团队管理 ………………… 164
第11章　标准化知识与IT服务相关标准 … 168
　11.1　标准化知识 ……………………… 168
　11.2　IT服务国际标准 ………………… 170
　11.3　IT服务国家标准及行业标准 …… 170
第12章　职业素养与法律法规 ………… 174
　12.1　职业素养 ………………………… 174
　12.2　法律法规 ………………………… 176
第13章　专业英语 ………………………… 180
　13.1　常见术语 ………………………… 180

13.2　试题精练 ………………………… 181
第14章　经典案例分析与解答 ………… 186
　14.1　IT服务规划设计 ………………… 186
　　试题一 ……………………………… 186
　14.2　IT服务部署实施 ………………… 189
　　试题二 ……………………………… 189
　14.3　IT服务运营管理 ………………… 190
　　试题三 ……………………………… 190
　　试题四 ……………………………… 192
　14.4　IT服务持续改进 ………………… 194
　　试题五 ……………………………… 194
　14.5　IT服务监督管理 ………………… 196
　　试题六 ……………………………… 196
　14.6　IT服务营销 ……………………… 198
　　试题七 ……………………………… 198
　14.7　团队建设与管理 ………………… 200
　　试题八 ……………………………… 200

1 信息系统综合知识

1.1 信息的定义和属性

一、基础部分

1. 下列属于信息论的奠基者香农对信息定义的观点的是_____。
   A. 信息是一种物质 B. 信息就是信息，既不是物质也不是能量
   C. 事先预测可知的报道 D. 信息是能够用来消除不确定性的东西
2. 下列有关信息的本体论层次和认识论层次的说法，不正确的是_____。
   A. 信息的概念存在两个基本层次，本体论层次和认识论层次
   B. 信息的本体论是纯客观层次，只与客体本身因素有关，与主体因素无关
   C. 认识论观点是从主体立场来考查信息层次，既与客体因素有关也与主体因素有关
   D. 认识论和本体论信息是独立的，两者不可以相互转化
3. 香农用概率来定量描述信息的公式如下，其中，$H(X)$ 表示的意思是_____。

$$H(X) = -\sum_i p_i \log p_i$$

   A. 信息熵 B. 事件出现第 i 种状态的概率
   C. 比特 D. 字节
4. 信息系统的主要性能指标是_____。
   A. 可靠性和安全性 B. 精确性和及时性
   C. 有效性和可靠性 D. 有效性和完整性
5. 在信息的传输模型中，当信源和信宿已给定、信道也已选定后，决定信息系统性能就在于_____。
   A. 传输和网络 B. 解调器和译码器
   C. 译码器和数模转换器 D. 编码器和译码器

6. 信息传输技术是信息技术的核心，关于信息传输模型的说法，正确的是_____。
   A. 信息传输模型包含信源、编码、信道、解码、信宿和噪声6个模块
   B. 信息传输模型包含信源、编码、信道、解码和信宿5个模块
   C. 信息传输模型包含信源、编码、信道、解码、信宿和放大6个模块
   D. 信息传输模型包含信源、编码、信道、解码、信宿和衰减6个模块

7. 以下关于信息传输的描述，不正确的是_____。
   A. 信源是产生信息的实体，信息产生后通过它向外传播
   B. 信息传输模型要素中，噪声可以理解为干扰，可以来自于信息系统分层结构的任何一层
   C. TCP/IP网络、4G网络和卫星网络都是传送信息的通道
   D. 适当增加冗余编码，可在一定程度上提高信息传输的有效性

8. 常见的信息的质量属性中，_____不是信息的质量属性。
   A. 精确性　　　　B. 及时性　　　　C. 安全性　　　　D. 鲁棒性

二、进阶部分

9. 译码器是_____的逆变换设备，把信道上送来的信号（原始信息与噪声的叠加）转换成信宿能接受的信号。
   A. 编码器　　　　B. 解调器　　　　C. 数模转换器　　　D. 量化器

10. 国家信息化体系包括信息技术应用、信息资源、信息网络、信息技术和产业、信息化人才、信息化政策法规和标准规范6个要素，其中_____是国家信息化成功之本，对其他要素的发展速度和质量有着决定性的影响，是信息化建设的关键。
    A. 信息资源　　　　　　　　　　B. 信息化政策法规和标准规范
    C. 信息化人才　　　　　　　　　D. 信息技术和产业

11. 以下关于信息的质量属性的叙述中，不正确的是_____。
    A. 完整性是指对事物状态描述的全面程度
    B. 可验证性是指信息的来源、采集方法及传输过程是符合预期的
    C. 安全性是指在信息的生命周期中，信息可以被非授权访问的可能性
    D. 经济性是指信息获取，传输带来的成本在可以接受的范围之内

12. 信息系统的基本规律包括信息的度量、信源特性和信源编码、信道特性和信道编码、检测理论和_____。
    A. 信宿编码　　　　　　　　　　B. 噪声
    C. 估计理论和密码学　　　　　　D. 期望理论和密码学

三、解析及答案

1. **解析**　本题考查信息论代表人物对信息论持有的观点，信息论的奠基者香农对信息定义的

观点是信息是能够用来消除不确定性的东西；控制论创始人维纳认为：信息就是信息，既不是物质也不是能量。

参考答案 D

2．**解析** 信息认识论和本体论信息是相通的，两者可以相互转化。

参考答案 D

3．**解析** $H(X)$ 表示事件 X 的信息熵，p_i 是事件出现第 i 种状态的概率，在二进制的情况下，对数的底是 2，此时信息熵可以作为信息的度量，称为信息量，单位是比特（bit）。

参考答案 A

4．**解析** 信息系统的主要性能指标是它的有效性和可靠性。有效性就是在系统中传送尽可能多的信息；而可靠性是要求信宿收到的信息尽可能地与信源发出的信息一致，或者说失真尽可能小。

参考答案 C

5．**解析** 在信息的传输模型中，当信源和信宿已给定、信道也已选定后，决定信息系统性能就在于编码器和译码器。

参考答案 D

6．**解析** 本题考查的是信息传输模型的各个要素，如下图所示。

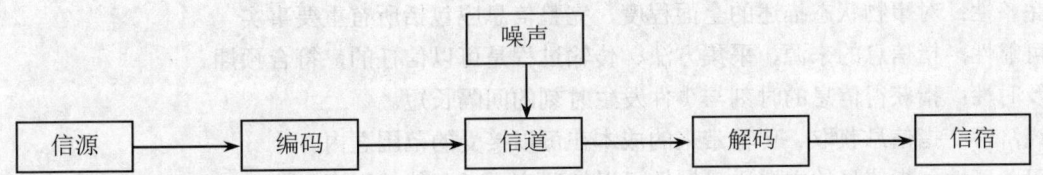

参考答案 A

7．**解析** 本题考查的是信息传输模型中各要素的理解。信源是产生信息的实体。信宿是信息的归宿或接收者。信道是传送信息的通道。噪声可以理解为干扰（不一定是环境，还有可能是语言沟通、方言等形式）可以来自于信息系统分层结构的任何一层。信息系统主要性能指标是有效性和可靠性。有效性是尽可能传送更多的信息；可靠性强调信息的收发一致性，减少失真；恰当的适量冗余码是提高可靠性的重要措施。

参考答案 D

8．**解析** 信息是有价值的，信息的质量属性有精确性、完整性、可靠性、及时性、经济性、可验证性、安全性。鲁棒性不是信息的质量属性。

参考答案 D

9．**解析** 译码器是编码器的逆变换设备，把信道上送来的信号（原始信息与噪声的叠加）转换成信宿能接受的信号。

参考答案 A

10．**解析** 信息资源是核心，信息技术应用是龙头，信息网络是基础，信息技术和产业是国家信息化建设基础，信息化人才是关键和成功之本，信息化政策法规和标准规范是保障。国家信息化体系六要素关系图如下所示。

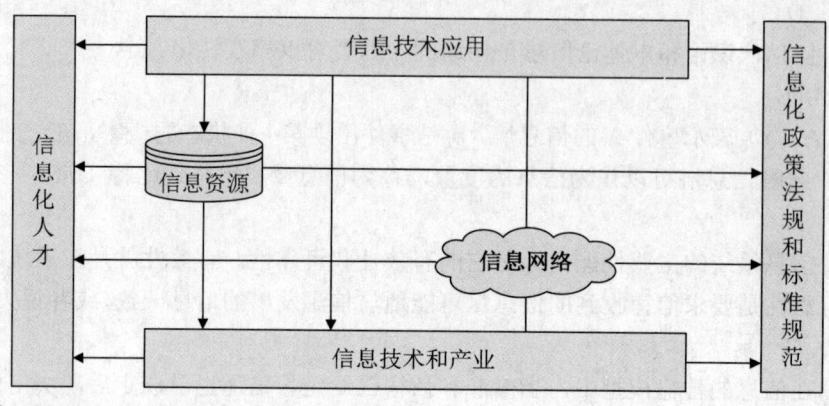

参考答案 C

11. **解析** 信息的质量属性有精确性、完整性、可靠性、及时性、经济性、可验证性、安全性，每个属性的含义如下。

精确性：对事物状态描述的精准程度。

完整性：对事物状态描述的全面程度，完整信息应包括所有重要事实。

可靠性：指信息的来源、采集方法、传输过程是可以信任的，符合预期。

及时性：指获得信息的时刻与事件发生时刻的间隔长短。

经济性：指信息获取、传输带来的成本在可以接受的范围之内。

可验证性：指信息的主要质量属性可以被证实或者证伪的程度。

安全性：指在信息的生命周期中，信息可以被非授权访问的可能性，可能性越低，安全性越高。

题目中信息的来源、采集方法及传输过程是符合预期的，指的是可靠性的特点，而不是可验证性。所以 B 是错误的。

参考答案 B

12. **解析** 信息系统的基本规律包括信息的度量、信源特性和信源编码、信道特性和信道编码、检测理论、估计理论和密码学。

参考答案 C

1.2 信息化

一、基础部分

1. 信息化的层次从小到大有 5 层，其中产品信息化最小，它的下一层是_____。
   A．国民经济信息化　　B．产业信息化　　C．企业信息化　　D．社会生活信息化

2. 下列有关信息化概念的叙述，正确的是_____。
   A．信息化的时域是一个长期的过程；空域是政治、经济、文化、军事等社会一切领域；途径是基于现代信息技术的先进社会生产工具
   B．产业信息化是国民经济信息化的基础，涉及生产制造系统、ERP、CRM、SCM 等
   C．信息化的主体是全体社会成员，包括政府、企业、事业、团体和个人
   D．信息化的手段是创建信息时代的社会生产力
3. 2015 年 5 月，国务院印发的_____，成为我国实施制造强国战略第一个十年的行动纲领。
   A．《中国制造 2025》　　　　　　　　B．《战略纲要》
   C．《国家创新驱动发展战略纲要》　　　D．《国家信息化发展战略纲要》
4. 实施"中国制造 2025"，促进两化深度融合，加快从制造大国转向制造强国，需要电子信息产业的有力支撑，大力发展新一代信息技术，加快发展_____和工业互联网。
   A．大数据　　　　B．云计算　　　　C．智能制造　　　　D．区块链
5. 关于两化融合的描述，不正确的是_____。
   A．虚拟经济与工业实体经济的融合
   B．信息资源与材料、能源等工业资源的融合
   C．信息技术与自动化和虚拟化技术的融合
   D．两化融合是工业化和信息化的融合
6. 电子政务的主要应用模式不包括_____。
   A．政府对政府（Government to Government）
   B．政府对企业（Government to Business）
   C．政府对客户（Government to Consumer）
   D．政府对公务员（Government to Employee）
7. 电子商务系统中参与电子商务活动的实体包括_____。
   A．客户、商户、银行和认证中心　　　　B．客户、商户、监理公司和认证中心
   C．客户、商户、中介机构和物流企业　　D．客户、商户、银行和在线交易平台
8. 下列关于电子商务的说法，正确的是_____。
   A．电子商务的基本功能有特殊性、便利性、整体性、安全性、效率性
   B．电子商务的基础设施有网络基础设施、多媒体内容和网络出版的基础设施、报文和信息传播的基础设施及商业服务的基础设施
   C．EDI（电子数据交换）是连接原始电子商务和现代电子商务的纽带，EDI 在技术上比较成熟且成本较低
   D．平台在网上把线下实体店的团购和优惠券信息推送给互联网用户，从而将这些用户转换为实体店的线下客户是一种 B2C 的电子商务类型
9. 《中共中央关于制定国民经济和社会发展第十三个五年计划的建议》中把"拓展网络经济空间"作为"坚持创新发展，着力提高发展质量和效益"的重要内容之一，提出实施_____行动计

划，发展物联网技术和应用，促进互联网和经济社会融合发展。

  A．互联网+   B．云计算   C．两化融合   D．区块链

10．企业信息化在实施过程中必须坚持企业最高负责人负责制，坚持企业信息化建设过程中的"一把手"亲自抓，体现了信息化发展过程中的_____原则。

  A．效益原则   B．"一把手"原则

  C．最高负责人负责原则   D．以人为本的原则

11．2002年，《国家信息化领导小组关于我国电子政务建设指导意见》（中办发〔2002〕17号）提出我国电子政务建设的12项重点业务系统，后来被称为"十二金工程"。以下_____不属于"十二金工程"的范畴。

  A．金关、金税   B．金宏、金财

  C．金水、金土   D．金审、金农

二、进阶部分

12．信息化从"小"到"大"分为以下5个层次，下列说法错误的是_____。

  A．产业信息化是采用先进的信息技术，融合各种信息网络，大力开发有关人们日常生活的信息服务，丰富人们的物质、精神生活，拓展人们的活动时空，提升人们生活、工作的质量

  B．生产制造业利用信息技术来完成工艺、产品的信息化，进一步提高生产力水平是产业信息化

  C．集成了车载计算机系统的小轿车是产品信息化

  D．国民经济信息化指在经济大系统内实现统一的信息大流动，使金融、贸易、投资、计划、通关、营销等组成一个信息大系统，使生产、流通、分配、消费等经济的4个环节通过信息进一步联成一个整体

13．国家和地方人口信息的采集、处理和某市政府内公务员利用Internet建立有效的行政办公和员工管理体系，分别属于电子政务的_____模式。

  A．G2G和G2B   B．G2C和G2E

  C．G2G和G2E   D．G2C和G2E

14．运用互联网技术，IT行业中聘请独立的注册咨询师为企业提供管理咨询服务属于_____电子商务类型。

  A．B2C   B．B2B   C．C2B   D．C2C

15．实施"中国制造2025"，促进（1），加快从制造大国转向制造强国，需要电子信息产业有利支撑，大力发展新一代信息技术，加快发展智能制造和工业互联网；制订（2）的行动计划，推动移动互联网、云计算、大数据、物联网等应用，需要产业密切跟踪信息技术变革趋势，探索新技术、新模式、新业态，构建以互联网为基础的产业新生态体系。

  （1）A．两化深度融合 B．大数据   C．区块链   D．智能制造

（2）A．物联网　　　　B．互联网+　　　　C．云计算　　　　D．AI

16．电子商务安全要求的4个方面是＿＿＿＿＿＿＿。
A．传输的高效性、数据的完整性、交易各方的身份认证和交易的不可抵赖性
B．存储的安全性、传输的高效性、数据的完整性和交易各方的身份认证
C．传输的安全性、数据的完整性、交易各方的身份认证和交易的不可抵赖性
D．存储的安全性、传输的高效性、数据的完整性和交易的不可抵赖性

17．网上订票系统为每一位订票者提供了方便快捷的订票业务，这种电子商务的类型属于（1）。（2）是指企业与政府机构之间进行电子商务活动。
（1）A．B2C　　　　B．B2B　　　　C．C2C　　　　D．C2B
（2）A．B2A　　　　B．B2B　　　　C．B2C　　　　D．C2A

18．充分发挥企业在电子商务发展中的主体作用，坚持市场导向，运营市场机制优化资源配置，处理好政府与市场的关系，创建更加有利于电子商务发展的制度环境，体现了加快电子商务发展的＿＿＿＿＿＿＿原则。
A．企业主体，政府推动　　　　　　B．企业与政府协调发展
C．统筹兼顾，虚实结合　　　　　　D．规范发展，保障安全

三、解析及答案

1．**解析**　信息化的层次从小到大有5层，分别是产品信息化、企业信息化、产业信息化、国民经济信息化、社会生活信息化。

参考答案　C

2．**解析**　信息化的主体是全体社会成员；时域是长期的过程；空域是社会的政治、经济、文化、军事等一切领域；手段是基于现代信息技术的先进社会生产工具；途径是创建信息时代社会生产力，推动生产关系及上层建筑的改革；目标是使国家的综合实力、社会文明素质和人民生活质量全面提升。

参考答案　C

3．**解析**　2015年5月，国务院印发的《中国制造2025》成为我国实施制造强国战略第一个十年的行动纲领。

参考答案　A

4．**解析**　企业信息化产业升级转型的重要举措之一，以"两化深度融合""智能制造""互联网+"为特点的产业信息化是未来企业信息化继续发展的方向。

参考答案　C

5．**解析**　本题考查的两化融合是指工业化与信息化的融合的含义：①是指信息化与工业化发展战略的融合；②是指信息资源与材料、能源等工业资源的融合；③是指虚拟经济与工业实体经济融合；④是指信息技术与工业技术、IT设备与工业装备的融合。选项C无此说法。

参考答案　C

6. **解析** C选项中政府对客户是不正确的，应该是政府对公民（Government to Citizen）。

　　参考答案 C

7. **解析** 参与电子商务的实体有4类：客户、商户、银行及认证中心。

　　参考答案 A

8. **解析** 电子商务的基本功能有普遍性、便利性、整体性、安全性、协调性，所以特殊性和效率性不是电子商务的功能，B选项是电子商务发展的4个基础设施，是正确的。C选项EDI的实施在技术上比较成熟，但是EDI需要统一数据格式，成本和代价比较大。D选项是一种O2O线上线下模式。

　　参考答案 B

9. **解析** 本题考查的知识点是关于信息化的国家指导文件内容，《中共中央关于制定国民经济和社会发展第十三个五年计划的建议》中把"拓展网络经济空间"作为"坚持创新发展，着力提高发展质量和效益"的重要内容之一，提出实施"互联网+"行动计划，发展物联网技术和应用，促进互联网和经济社会融合发展。

　　参考答案 A

10. **解析** 企业信息化发展过程中应遵循以下原则：效益原则、"一把手"原则、中长期与短期建设相结合原则、规范化和标准化原则、以人为本的原则。其中"一把手"是企业信息化在实施过程中必须坚持企业最高负责人负责制，坚持企业信息化建设过程中的"一把手"亲自抓的原则。

　　参考答案 B

11. **解析** "为了提高决策、监管和服务水平，逐步规范政务业务流程，维护社会稳定，要加快12个重要业务系统建设；继续完善已取得初步成效的办公业务资源系统、金关、金税和金融监管（含金卡）4个工程，促进业务协同、资源整合；启动加快建设宏观经济管理、金财、金盾、金审、社会保障、金农、金质和金水8个业务系统工程建设。"

　　金土工程不属于"十二金工程"的范畴，因此应选C。

　　参考答案 C

12. **解析** 社会生活信息化指包括商务、教育、政务、公共服务、交通、日常生活等在内的整个社会体系采用先进的信息技术，融合各种信息网络，大力开发有关人们日常生活的信息服务，丰富人们的物质、精神生活，拓展人们的活动时空，提升人们生活、工作的质量。目前正在兴起的智慧城市、互联网金融等是社会生活信息化的体现和重要发展方向。

信息化的层次及解释见下表。

信息化层次	解释
产品信息化	如集成了车载计算机系统的小汽车
企业信息化	如CRM、ERP等
产业信息化	如交通运输业、制造业等传统产业广泛利用信息技术来完成工艺、产品的信息化，实现资源优化与重组，从而实现产业升级

续表

信息化层次	解释
国民经济信息化	指在经济大系统内实现统一的信息大流动，使生产、流通、分配、消费等经济的 4 个环节，通过信息进一步联成一个整体
社会生活信息化	指包括商务、教育、日常生活等在内的整个社会体系，采用先进的信息技术拓展我们的活动时空，提升生活品质。如智慧城市等

参考答案　A

13．解析　国家和地方人口信息的采集、处理属于政府对政府的行为，而公务员利用 Internet 建立有效的行政办公和员工管理体系是 G2E 的模式，所以选 C。

参考答案　C

14．解析　独立咨询师是消费者角色，为企业提供咨询是 C2B 模式，这样的题注意角色两端对应关系。

参考答案　C

15．解析　实施"中国制造 2025"，促进两化深度融合，加快从制造大国转向制造强国，需要电子信息产业有利支撑，大力发展新一代信息技术，加快发展智能制造和工业互联网；制定"互联网+"的行动计划，推动移动互联网、云计算、大数据、物联网等应用，需要产业密切跟踪信息技术变革趋势，探索新技术、新模式、新业态，构建以互联网为基础的产业新生态体系。

参考答案　（1）A　（2）B

16．解析　电子商务的安全要求信息和数据及交易各方的认证和不可抵赖性即传输的安全性、数据的完整性、交易各方的身份认证和交易的不可抵赖性。

参考答案　C

17．解析　网上订票系统为每一位订票者提供了方便快捷的订票业务属于 B2C 的范畴。企业与政府之间的活动是 B2A。

参考答案　（1）A　（2）A

18．加强电子商务发展的基本原则：企业主体、政府推动；统筹兼顾、虚实结合；着力创新、注重实效；规范发展、保障安全。充分发挥企业在电子商务发展中的主体作用，坚持市场导向，运营市场机制优化资源配置，处理好政府与市场的关系，创建更加有利于电子商务发展的制度环境，体现了加快电子商务发展的企业主体、政府推动的原则。

参考答案　A

1.3　信息系统

一、基础部分

1．信息系统的生命周期可以分为立项、开发、运维及消亡 4 个阶段。《需求规格说明书》在

_____阶段形成。

  A．立项   B．开发   C．运维   D．消亡

2．信息系统的生命周期可以简化为立项、开发、运维及消亡4个阶段。_____属于开发阶段的工作。

  A．需求分析 B．系统分析 C．系统维护 D．概念设计

3．以下关于信息系统开发方法的叙述中，正确的是_____。

  A．结构化方法与原型法的共同点是在系统开发初期必须明确系统的功能要求，确定系统边界

  B．原型法是一种自顶向下的开发方法，它提出了一组提高系统结构合理性的准则

  C．原型法的原型分为抛弃型原型和进化型原型两类，适合于需求明确和二次开发的项目

  D．面向对象的开发方法的关键点在于能否建立一个全面、合理、统一的模型，既能反映问题域也能被计算机系统求解域所接受

4．以下关于敏捷开发的叙述中，错误的是_____。

  A．敏捷型开发方法是一种面向过程的开发方法

  B．极限编程是著名的敏捷开发方法

  C．敏捷开发具有快速迭代，及早测试，少文档、多沟通的特点

  D．敏捷开发以用户需求进化为核心，采用迭代、循序渐进的方法进行软件开发

5．信息系统开发方法中，下列不属于结构化方法不足和局限性的是_____。

  A．开发周期长

  B．开发环境要求高

  C．若用户参与程度不高，会造成系统交接过程不平稳，系统运行与维护管理难度加大

  D．难以适应需求变化

6．根据诺兰的思想，以下_____不是计算机信息系统的发展道路需要经历的阶段。

  A．消亡期   B．普及期   C．整合期   D．成熟期

7．以下不属于诺兰模型指出的信息系统发展过程中的6种增长要素的是_____。

  A．计算机硬软资源   B．应用方式

  C．计划控制和领导模式   D．需求工程

8．信息系统规划总体报告不包含_____。

  A．现状分析与诊断   B．信息化战略描述

  C．应用架构   D．需求分析

9．信息系统总体规划中需要进行应用架构规划，_____不属于应用架构规划应考虑的内容。

  A．应用建模 B．应用现状 C．应用要素 D．应用体系设计

二、进阶部分

10．某开发小组欲为一公司开发一个商品销售系统，监控商品生产和销售的全过程，从生产加

工销售的整个过程进行全程跟踪。商品的加工和销售过程中可能会发生变化。该系统的开发最不适宜采用 (1) 模型，主要是因为这种模型 (2) 。

(1) A．增量模型　　　　B．瀑布模型　　　　C．原型模型　　　　D．喷泉模型
(2) A．不能快速交付可交付产品的增量　　　B．不能提早发现风险
　　C．难以适应变化的需求　　　　　　　　D．不能完全理解客户的需求

11．在多年从事信息系统开发的经验基础上，某单位总结了几种典型信息系统项目生命周期模型最主要的特点，如下表所示，表中的第一列分别是_____。

生命周期模型	特　点
①	软件开发是一系列的增量发布，逐步产生更完善的版本，强调风险分析
②	分阶段进行，一个阶段的工作得到确认后，继续进行下一个阶段，否则返回前一个阶段
③	分阶段进行，每个阶段都执行一次传统的、完整的串行过程，其中都包括不同比例的需求分析、设计、编码和测试等活动

　　A．①瀑布模型②迭代模型③螺旋模型　　B．①迭代模型②瀑布模型③螺旋模型
　　C．①螺旋模型②瀑布模型③迭代模型　　D．①螺旋模型②迭代模型③瀑布模型

12．某异地开发的信息系统集成项目以程序流程图、数据流程图等为主要分析设计工具。由于用户身处异地，现场参与系统开发成本较高，因此项目组采用了先开发一个简化系统，待用户认可后再开发最终系统的策略。该信息系统集成项目的开发方法属于_____。
　　A．结构化方法与原型法的组合应用
　　B．结构化方法与面向对象方法的组合应用
　　C．原型法与面向对象方法的组合应用
　　D．原型法与形式化方法的组合应用

13．RUP 是一个二维的软件开发模型，不属于其核心特点的是 (1) ，RUP 将软件开发生存周期划分为多个循环，每个循环由 4 个连续的阶段组成，每个阶段完成确定的任务，设计及确定系统的架构，制定工作计划及资源要求是在 (2) 阶段完成的。
　　(1) A．用例驱动　　　B．架构为中心　　　C．模型驱动　　　D．迭代与增量
　　(2) A．初始（inception）　　　　　　B．细化（elaboration）
　　　　C．构造（construction）　　　　 D．移交（transition）

14．快速应用开发（RAD）通过使用基于 (1) 的开发方法获得快速开发，当 (2) 时采用 RAD 方法最合适。
　　(1) A．用例　　　　B．数据结构　　　C．构件　　　　D．连接件
　　(2) A．一个新系统要采用多种新技术　　　B．新旧系统有较高的互操作性
　　　　C．系统模块化程度较高　　　　　　　D．用户不能很好地参与到需求分析中

15. 关于生命周期中 V 模型的说法，不正确的是_____。
    A．单元测试验证软件单元是否按照单元规格说明（概要设计说明）正确执行
    B．集成测试检查多个单元是否按照系统概要设计描述的方式协同工作
    C．系统测试验证整个系统是否满足需求规格说明
    D．验收测试从用户的角度检查系统是否满足合同中定义的需求或者用户需求

16. 下列关于敏捷方法的叙述中，错误的是_____。
    A．与传统方法相比，敏捷方法比较适合需求变化大或开发前期对需求不是很清晰的项目
    B．敏捷方法尤其适合于开发团队比较庞大的项目
    C．敏捷方法的思想是适应性，而不是预设性
    D．敏捷方法以原型开发思想为基础，采用迭代式增量开发

17. 螺旋模型在_____的基础上扩展而成。
    A．瀑布模型　　　　B．原型模型　　　　C．快速模型　　　　D．面向对象模型

18. 螺旋模型是一种演进式的软件过程模型，结合了原型开发方法的系统性和瀑布模型的可控性的特点。它有两个显著特点，一是采用（①）的方式逐步加深系统定义和实现的深度，降低风险；二是确定一系列（②），确保项目开发过程中的相关利益者都支持可行的和令人满意的系统解决方案。
    以上①、②应依次填入_____。
    A．逐步交付、设计方案　　　　　　　B．增量、基线
    C．循环、里程碑　　　　　　　　　　D．顺序、检查点

19. 原型化开发方法强调开发系统的原型，关于原型的特点，下面说法不正确的是_____。
    A．原型的开发应该是实际可行的
    B．原型应具有最终系统的基本特征
    C．原型应构造方便、快速、造价低
    D．原型的功能和性能不能低于最终的目标系统

20. 面向对象软件开发方法的主要优点包括_____。
    ①符合人类思维习惯　　　　　　　　②普适于各类信息系统的开发
    ③构造的系统复用性好　　　　　　　④适用于任何信息系统开发的全生命周期
    A．①③④　　　　B．①②③　　　　C．②③④　　　　D．①②④

21. 常用的信息系统开发模型有：结构化瀑布模型、迭代模型、快速原型开发模型、面向对象开发模型等。其中，常见的瀑布模型适合具有_____特点的项目。
    A．需求复杂，项目初期不能明确所有的需求
    B．需要很快给客户演示的产品
    C．业务发展迅速，需求变动大
    D．需求确定、易于获取需求

22. 在软件开发模型中，(1)的特点是引进了增量包的概念，无须等到所有需求都出来，只要某个需求的增量包出来即可进行开发；(2)将瀑布模型和快速原型模型结合起来，强调了其他模型

所忽视的风险分析,特别适合于大型复杂的系统；(3)是一种以用户需求为动力,以对象为驱动的模型,主要用于描述面向对象的软件开发过程。

(1) A．瀑布模型　　　　　B．演化模型　　　　C．增量模型　　　　D．V 模型

(2) A．构件组装模型　　　B．RUP　　　　　　C．V 模型　　　　　D．螺旋模型

(3) A．喷泉模型　　　　　B．V 模型　　　　　C．螺旋模型　　　　D．演化模型

23. 以下关于敏捷方法的叙述中,不正确的是＿＿＿＿＿＿。

　　A．相对于过程和工具,更强调个人和交互

　　B．相对于严格的文档,更重视可工作的软件

　　C．相对于与客户的合作,更注重合同谈判

　　D．相对于遵循计划,更专注于对变化的响应

三、解析及答案

1. **解析**　本题考查信息系统生命周期各个阶段的成果,其中立项阶段是根据用户的业务需求,提出建设信息系统的初步构想,对信息系统的需求进行深入调研和分析,形成《需求规格说明书》并确定立项。所以 A 正确。

　　参考答案　A

2. **解析**　本题考查信息系统生命周期分为立项、开发、运维和消亡 4 个阶段,其中开发阶段又包括系统分析、系统设计和系统实施及系统验收阶段。

　　参考答案　B

3. **解析**　此题考查的是对常用的几种信息系统的开发方法的理解。

常用的开发方法	特点
结构化方法	把整个系统的开发过程自顶向下,逐步分解求精,划分为若干依次执行的阶段,每个阶段都有任务和文档成果,理论基础严密,注重开发过程的整体性和全局性,但是开发周期长、文档、设计说明烦琐,工作效率低；要求在开发之初全面认识系统的信息需求。 适用于需求明确或二次开发的项目
原型法	①实际可行；②具有最终系统的基本特征；③构造方便、快速、造价低。适用于用户需求开始时定义不清、管理决策方法结构化程度不高的系统开发。但如果用户配合不好,盲目修改,就会拖延开发进程。 原型分为：抛弃型原型(这类原型真正系统实现后就放弃不用了)和进化型(又叫演化型,这类原型通过不断修改追加功能演化成最终系统)
面向对象方法	关键点在于能否建立一个全面、合理、统一的模型,它既能反映问题域,又能被计算机系统求解域所接受
敏捷开发法	敏捷开发以用户的需求进化为核心,采用迭代、循序渐进的方法进行软件开发。换言之,就是把一个大项目分为多个相互联系、但也可独立运行的小项目,并分别完成,在此过程中软件一直处理可使用状态

　　参考答案　D

4．**解析** 敏捷开发以用户的需求进化为核心，采用迭代、循序渐进的方法进行软件开发。敏捷开发的原则有让测试人员和开发者参与需求讨论、编写可测试的需求文档、多沟通、尽量减少文档、做好产品原型、及早考虑测试。敏捷开发不是面向过程的开发方法。结构化开发是面向过程的开发方法。

参考答案 A

5．**解析** 结构化方法具有以下不足和局限性：
（1）开发周期长。
（2）难以适应需求变化。
（3）若用户参与程度不高，会造成系统交接过程不平稳，系统运行与维护管理难度加大。
（4）很少考虑数据结构。

参考答案 B

6．**解析** 诺兰模型6个发展阶段如下。
初始期：增长缓慢。
普及期：随着应用的普及快速增长。
控制期：因大力加强控制与改造，发展速度延缓。
整合期：基于主题数据库的第三类，数据环境应用发展加速。
数据管理期：继续加强整合应用，增速有所放缓。
成熟期：数据处理技术的发展与企业的发展相匹配。所以不属于诺兰模型的是A项。

参考答案 A

7．**解析** 诺兰模型中，信息系统发展过程中的6个增长要素为计算机硬软资源、应用方式、计划控制、MIS在组织中的地位、领导模式、用户意识。

参考答案 D

8．**解析** 总体规划报告的内容包括现状分析与诊断、组织/企业战略描述、信息化战略描述、业务架构、应用架构、数据架构、技术架构、治理架构、规划实施。

参考答案 D

9．**解析** 此题考查了信息系统总体规划的内容，但是总体规划内容细分项目太多，而且每个项目里还有许多小项目，所以就要在理解的基础上用排除法做此类题目，应用架构以业务架构为依据，对应用系统的结构和相互关系包括应用现状、应用要素和应用体系设计，应用建模比较具体，所以排除。

参考答案 A

10．**解析** 瀑布模型属于结构化开发方法下的一种模型，适合于需求明确或二次开发的项目。题目中商品的加工和销售过程中可能会发生变化，所以最不适合于瀑布模型，因为瀑布模型难以适应变化的需求，需要提前把需求明确。

参考答案 （1）B （2）C

11．**解析** 信息系统生命周期模型包括瀑布模型、迭代模型、螺旋模型等。

瀑布模型具有以下特点：分阶段进行，一个阶段的工作得到确认后，继续进行下一个阶段，否则返回前一个阶段。

在螺旋模型中，软件开发是一系列的增量发布。螺旋模型强调了风险分析，特别适用于庞大而复杂的、高风险的系统。

迭代模型在大多数传统的生命周期中，分阶段进行，每个阶段都执行一次传统的、完整的串行过程，其中都包括不同比例的需求分析、设计、编码和测试等活动。

参考答案 C

12．**解析** 结构化方法使用的主要分析设计工具是"程序流程图、数据流程图等"，"先开发一个简化系统，待用户认可后再开发最终系统"是原型法的特点。所以，该信息系统集成项目的开发方法属于"结构化方法与原型法的组合应用"。

参考答案 A

13．**解析** RUP 也称 UP、统一过程，其核心特点是以架构为中心，用例驱动，迭代与增量，该开发模型分为初始、细化、构造和移交 4 个阶段，题干中所描述的"确定体系结构"是细化阶段的主要工作。

参考答案 （1）C （2）B

14．**解析** 快速应用开发（RAD）是一种比传统生存周期法快得多的开发方法，它强调极短的开发周期，是瀑布模型的一个高速变种，通过基于构件的开发方法获得快速开发。RAD 对模块化的要求比较高，如果哪项功能不能被模块化，那么 RAD 所需的构建就会有问题。且 RAD 只能用于管理信息系统的开发，不适合技术风险很高的情况。

参考答案 （1）C （2）C

15．**解析** 单元测试是验证软件单元是否按照单元规格说明（详细设计说明）正确执行。

参考答案 A

16．**解析**，本题考查原型法的特点，敏捷的方法适合于开发团队较小的项目。

参考答案 B

17．**解析** 螺旋模型是在快速原型和瀑布模型结合的基础上扩展而成，以原型为基础加入瀑布模型的特点演化而成的模型。

参考答案 B

18．**解析** 螺旋模型将瀑布模型和快速原型模型结合起来，强调了其他模型所忽视的风险分析，特别适合于大型复杂的系统，它的特点之一是循环反复。在螺旋模型演进式的过程中，确定一系列的里程碑，以确保项目朝着正确的方向前进，同时降低风险。

参考答案 C

19．**解析** 原型应具有的特点：①实际可行；②具有最终系统的基本特征；③构造方便、快速、造价低。

参考答案 D

20．**解析** 面向对象具有符合人类思维习惯、普适于各类信息系统的开发、构造的系统复用性好的特点，但是不是任何信息系统开发的全生命周期都适合。

参考答案 B

21. **解析** 瀑布模型是面向过程的开发模型，采用自顶向下的方法把过程分为不同的阶段，适合于需求确定或二次开发的项目。

参考答案 D

22. **解析** 在软件开发模型中，增量模型的特点是引进了增量包的概念，无须等到所有需求都出来，只要某个需求的增量包出来即可进行开发；螺旋模型将瀑布模型和快速原型模型结合起来，强调了其他模型所忽视的风险分析，特别适合于大型复杂的系统；喷泉模型是一种以用户需求为动力，以对象为驱动的模型，主要用于描述面向对象的软件开发过程。

参考答案 （1）C （2）D （3）A

23. **解析** 敏捷软件开发宣言为相对于过程和工具，更强调个人和交互；相对于严格的文档，更重视可工作的软件；相对于合同谈判，更注重与客户的合作；相对于遵循计划，更专注于对变化的响应。

参考答案 C

1.4 IT 战略

一、基础部分

1. IT 战略规划包含 2 个部分，分别是 IT 战略的制定和_____。
   A．IT 服务 　　　　　　　　　　　B．IT 运维
   C．IT 治理 　　　　　　　　　　　D．信息技术行动计划的制定
2. IT 战略的组成部分包括使命、远景目标、中长期目标和_____。
   A．短期目标 　　　　　　　　　　B．策略路线/战略要点
   C．IT 规划 　　　　　　　　　　　D．信息系统战略规划
3. 企业信息化过程中有 3 个重要影响因素，分别为_____、业务流程与组织、信息架构。
   A．经营战略　　B．IT 战略　　C．信息技术行动计划　　D．投资分析
4. IT 战略策略路线/战略要点是实现中长期目标的途径或路线，主要从 4 个方面展开，分别是应用、数据、_____和组织。
   A．技术　　　　B．管理　　　　C．战略　　　　D．策略
5. IT 战略规划的核心是 (1)。终极任务是 (2)。
   (1) A．对信息技术内外部环境（现状）的分析
   　　B．业务分析、评估现行系统、识别机会、选择方案
   　　C．搞清现状与未来状态之间的差距并制定实施策略或解决方案（从现状到未来的路径）
   　　D．构建 IT 发展战略（未来状态）

(2) A．对信息技术内外部环境（现状）的分析
    B．业务分析、评估现行系统、识别机会、选择方案
    C．搞清现状与未来状态之间的差距并制定实施策略或解决方案（从现状到未来的路径）
    D．构建 IT 发展战略（未来状态）
6．IT 战略规划的核心组成要素有现状分析、战略分析、_____和路径分析。
    A．方案分析 B．管理分析 C．差距分析 D．行动规划
7．下列关于 IT 战略的规划方法的 4 个步骤，排序正确的是_____。
    ①评估现行系统 ②业务分析 ③识别机会 ④选择方案
    A．③①②④ B．②①④③ C．②①③④ D．①②③④

二、进阶部分

8．甲公司 CIO 会议上，对每个项目都进行了描述并且对项目的投资回报率做了分析。该会议的内容属于信息技术性的计划的_____阶段。
    A．信息化项目进程   B．项目描述和投资分析
    C．信息化核心能力发展计划   D．策略路线及战略要点
9．企业 IT 战略规划不仅要符合企业发展的长期目标，而且其战略规划的范围控制应该_____。
    A．紧密围绕如何提升企业的核心竞争力来进行
    B．为企业的全面发展提供一个安全可靠的信息技术支撑
    C．考虑在企业建设的不同阶段做出科学合理的投资成本比例分析
    D．面面俱到，全面真正地实现 IT 战略与企业业务的一致性

三、解析及答案

1．**解析** IT 战略规划包括 IT 战略的制定和信息技术行动计划 2 个部分。前者偏重战略方向，后者是具体的行动计划。

参考答案 D

2．**解析** IT 战略的组成部分及解释如下。

使命	阐述信息技术存在的理由、目的以及在企业中的作用
远景目标	信息技术的发展方向和结果
中长期目标	远景目标的具体化，即未来 2~3 年企业信息技术发展的具体目标
策略路线/战略要点	实现上述中长期目标的途径或路线。主要围绕信息技术内涵的 4 个方面展开，分别为应用、数据、技术、组织

参考答案 B

3．**解析** 企业信息化过程中 3 个重要影响因素为经营战略、业务流程与组织、信息架构。

参考答案 A

4．**解析** IT战略策略路线/战略要点是实现中长期目标的途径或路线，主要从4个方面展开，分别为应用、数据、技术和组织。

参考答案 A

5．**解析** IT战略规划始于对信息技术内外部环境（现状）的分析，核心是构建IT发展战略（未来状态），终极任务是弄清现状与未来状态之间的差距并制定实施策略或解决方案（从现状到未来的路径）。

参考答案 （1）D （2）C

6．**解析** IT战略规划的核心组成要素有现状分析、战略分析、差距分析和路径分析。

参考答案 C

7．**解析** IT战略规划包括的4个主要步骤为业务分析、评估现行系统、识别机会、选择方案。

参考答案 C

8．**解析** 信息技术行动计划组成部分及具体解释见下表。

信息化项目进程	未来2～3年信息化项目的投资进程及项目之间的逻辑关系
项目描述和投资分析	每个项目的具体描述和投资收益率分析
信息化核心能力发展计划	为了实现上述信息化进程，企业应相应具备的核心能力及其培养计划，同时也会涉及公司的IT资源策略，如外包策略、自主开发等

参考答案 B

9．**解析** IT战略规划的特点：①IT战略规划目标的制定要具有战略性，确立与企业战略目标相一致的企业IT战略规划目标；②IT战略规划要体现企业核心竞争力要求，规划的范围控制要紧密围绕如何提升企业的核心竞争力来进行，切忌面面俱到的无范围控制；③IT战略规划目标的制定要具有较强的业务结合性，深入分析和结合企业不同时期的发展要求；④IT战略规划对信息技术的规划必须具有策略性，对信息技术发展的规律和趋势要具有敏锐的洞察力；⑤IT战略规划对成本的投资分析要有战术性，既要考虑到总成本投资的最优，又要结合企业建设的不同阶段做出科学合理的投资成本比例分析；⑥IT战略规划要对资源的分配和切入时机进行充分的可行性评估。

参考答案 A

2 信息技术知识

2.1 信息技术

一、基础部分

1. 下列关于需求分析与定义的说法，错误的是_____。
   A. 软件需求是针对待解决问题的特征的描述，需求必须可以被验证
   B. 通过详细的需求分析，就可产生一个完整的体系结构
   C. 通过需求分析，可以检测和解决需求之间的冲突
   D. 通过需求分析，可以发现系统边界，并详细描述出系统需求

2. 在软件项目开发过程中，进行软件测试的目的是_____。
   A. 缩短软件开发的时间   B. 减少软件的维护成本
   C. 尽可能多地找出软件中的错误   D. 证明所开发软件的先进性

3. (1)的目的是检查模块之间，以及模块和已集成的软件之间的接口关系，并验证已集成的软件是否符合设计要求，其测试的技术依据是 (2)。
   (1) A. 单元测试   B. 集成测试   C. 系统测试   D. 回归测试
   (2) A. 软件详细设计说明书   B. 技术开发合同
       C. 软件概要设计文档   D. 软件配置文档

4. 软件质量是指软件特性的总和，是软件满足用户需求的能力。包括内部质量、外部质量和_____3部分。
   A. 使用质量   B. 管理质量
   C. 产品质量   D. 项目质量

5. 软件质量管理过程由许多活动组成，"确保活动的输出产品满足活动的规范说明"是 (1) 活动的目标。(2) 过程确保构造了正确的产品，即产品满足其特定的目的。(3) 可以提供软件产品

和过程对于可应用的规则、标准、指南、计划和流程的遵从性的独立评价。(4)的目的是监控进展，决定计划和进度的状态，或评价用于达到目标所用管理方法的有效性。

(1) A．软件确认　　　　　B．软件验证　　　　C．技术评审　　　　D．软件审计
(2) A．软件确认　　　　　B．软件验证　　　　C．技术评审　　　　D．软件审计
(3) A．软件确认　　　　　B．软件验证　　　　C．技术评审　　　　D．软件审计
(4) A．软件确认　　　　　B．软件验证　　　　C．技术评审　　　　D．管理评审

6. 配置项是构成产品配置的主要元素，其中_____不属于配置项。
    A．设备清单　　　　　　　　　　　　B．项目质量报告
    C．源代码　　　　　　　　　　　　　D．测试用例

7. 下列关于软件配置管理的说法，不正确的是_____。
    A．软件配置计划的制定需要了解组织结构环境和组织单元之间的联系，明确软件配置控制任务
    B．标识软件配置项的过程是识别要控制的配置项，并为这些配置项及其版本建立基线
    C．软件配置控制关注的是管理软件生命周期中的变更
    D．软件发布管理和交付通常需要创建特定的交付版本，完成此任务的关键是构件库

8. 软件开发工具是用于辅助软件生命周期过程的基于计算机的工具。下列对软件开发工具的分类，不正确的是_____。
    A．软件需求工具包括需求建模和需求跟踪工具
    B．软件设计工具包括软件设计创建工具和检查工具
    C．软件维护工具有理解工具和再造工具
    D．软件配置工具有程序编辑器、代码生成器、版本管理工具和发布工具等

9. 应用已有软件的各种资产构造新的软件，以缩减软件开发和维护的费用称为_____。
    A．软件继承　　　　　　　　　　　　B．软件利用
    C．软件复用　　　　　　　　　　　　D．软件复制

二、进阶部分

10. 以下关于软件需求分析、设计、测试与维护的叙述中，不正确的是_____。
    A．软件需求分析可以检测和解决需求之间的冲突，发现系统的边界，并详细描述系统需求
    B．软件设计可以划分为软件架构设计和软件详细设计两个阶段
    C．软件测试是在编码阶段完成后开始介入的
    D．软件维护指的是软件产品交付前和交付后需要提供的支持活动

11. 软件集成测试是将已通过单元测试的模块集成在一起，主要测试模块之间的协作性。从组装策略而言，可以分为(1)，集成测试计划通常是在(2)阶段完成，集成测试一般采用黑盒测试方法。

（1）A．批量式组装和增量式组装　　　　B．自顶向下和自底向上组装
　　　C．一次性组装和增量式组装　　　　D．整体性组装和混合式组装
（2）A．软件方案建议　　　　　　　　　B．软件概要设计
　　　C．软件详细设计　　　　　　　　　D．软件模块集成

12．系统交付用户使用后，为了改进系统的图形输出而对系统进行修改的维护行为属于 (1) 维护。将系统目前的专用报表功能改成通用报表功能，以适应未来用户可能提出的报表格式变化的需求属于 (2) 维护类型；修正用户报告的由于系统从 Win7 平台迁移到最新发布的 Win8 平台而导致的部分显示功能失效的问题属于 (3) 维护类型；修正用户报告的系统自动切换消防平面图形时部分器件位置显示错误问题，属于 (4) 维护类型。

（1）A．更正性　　　B．适应性　　　C．完善性　　　D．预防性
（2）A．更正性　　　B．适应性　　　C．完善性　　　D．预防性
（3）A．更正性　　　B．适应性　　　C．完善性　　　D．预防性
（4）A．更正性　　　B．适应性　　　C．完善性　　　D．预防性

13．系统设计是根据系统分析的结果，完成系统构建过程。系统设计的主要内容包括 (1) ；系统总体结构设计的主要任务是将功能需求分配给软件模块，确定每个模块的功能和调用关系，形成软件的 (2) 。

（1）A．概要设计和详细设计　　　　　　B．架构设计和对象设计
　　　C．部署设计和用例设计　　　　　　D．功能设计和模块设计
（2）A．用例图　　　　　　　　　　　　B．模块结构图
　　　C．系统部署图　　　　　　　　　　D．类图

14．软件测试的对象包括_____。
　　　A．目标程序和相关文档　　　　　　B．源程序、目标程序、数据及相关文档
　　　C．目标程序、操作系统和平台软件　D．源程序和目标程序

三、解析及答案

1．**解析**　软件需求是针对待解决问题的特征的描述，需求必须可以被验证。需求分析的目标是检测和解决需求之间的冲突、发现系统的边界、详细描述出系统需求。而 B 选项通过一个需求分析便可以产生一个完整的系统结构是不太可能的事情。

　　参考答案　B

2．**解析**　在软件项目开发过程中，进行软件测试的目的是为了发现尽可能多的缺陷。

　　参考答案　C

3．**解析**　单元测试也称模块测试，测试对象是可独立编译或汇编的程序模块，其目的是检查每个模块能否正确地实现设计说明中的功能、性能、接口和其他设计约束条件，单元测试的依据是软件详细设计说明书。集成测试的目的是检查模块之间以及模块和已集成的软件之间的接口关系，并验证已集成的软件是否符合设计要求，集成测试的技术依据是软件概要设计文档。系统测试的对

象是完整的、集成的计算机系统，系统测试的目的是真实系统工作环境下，验证完整的配置项能否和系统正确连接，满足软件设计文档和软件开发合同规定的要求，其技术依据是用户需求或开发合同。回归测试的目的是测试软件变更之后，变更部分的正确性和对变更需求的符合性。

参考答案　（1）B　（2）C

4．**解析**　软件质量是指软件特性的总和，是软件满足用户需求的能力。包括内部质量、外部质量和使用质量3部分。

参考答案　A

5．**解析**　软件质量管理过程由许多活动组成，其中包括质量保证过程、验证过程、确认过程、评审过程、审计过程等。其中，验证过程试图确保活动的输出产品构造正确，即活动的输出产品满足活动的规范说明。确认过程则试图确保构造了正确的产品，即产品满足其特定的目的。管理评审的目的是监控进展，决定计划和进度的状态，或评价用于达到目标所用管理方法的有效性。技术评审的目的是评价软件产品，以确定其对使用意图的适合性。软件审计的目的是提供软件产品和过程对于可应用的规则、标准、指南、计划和流程的遵从性的独立评价。

参考答案　（1）B　（2）A　（3）D　（4）D

6．**解析**　配置项是构成产品配置的主要元素，典型的配置项有源代码、测试用例、一些项目中使用的文档等。设备清单不是配置项。

参考答案　A

7．**解析**　软件配置管理活动包括软件配置管理计划、软件配置标识、软件配置控制、软件配置状态记录、软件配置审计、软件发布管理与交付等活动。软件配置计划的制定需要了解组织结构环境和组织单元之间的联系，明确软件配置控制任务。标识软件配置项的过程是识别要控制的配置项，并为这些配置项及其版本建立基线。软件配置控制关注的是管理软件生命周期中的变更。软件发布管理和交付通常需要创建特定的交付版本，完成此任务的关键是软件库，而不是构件库。

参考答案　D

8．**解析**　本题考查的是软件开发工具知识，其中软件配置工具有追踪工具、版本工具和发布工具。程序编辑器和代码生成器是软件开发构造工具的内容。所以D分类错误。

参考答案　D

9．**解析**　软件复用是指利用已有软件的各种有关知识构造新的软件，以缩减软件开发和维护的费用。其主要思想是将软件看成是由不同功能的"组件"组成的有机体，每一个组件在设计编写时可以被设计成完成同类工作的通用工具。面向对象的方法特别有利于软件复用。

参考答案　C

10．**解析**　软件测试不再只是编码阶段完成后才开始的活动，而是伴随着整个开发和维护过程。

参考答案　C

11．**解析**　集成测试可以分为一次性组装和增量式组装，增量式组装测试效果更好。集成测试计划一般在概要设计阶段完成。

参考答案 （1）C （2）B

12．**解析** 本题考查的是维护类型的分类，常见的分类标准包括以下几种。

软件维护类型	解释
更正性维护	更正交付后发现的错误
适应性维护	使软件产品能够在变化后或变化中的环境中继续使用
完善性维护	改进交付后产品的性能和可维护性
预防性维护	在软件产品的潜在错误成为实际错误前，检测并更正它们

参考答案 （1）C （2）D （3）B （4）A

13．**解析** 系统设计是根据系统分析的结果完成系统构建过程。系统设计的主要内容包括概要设计和详细设计，系统总体结构设计的主要任务是将功能需求分配给软件模块，确定每个模块的功能和调用关系，形成软件的模块结构图、HIPO 图。详细设计为每个模块完成的功能进行具体的描述，要把功能描述转变为精确的、结构化的过程描述。详细设计阶段常用的描述方式有流程图、N-S 图、PAD 图、伪代码等。

参考答案 （1）A （2）B

14．**解析** 软件测试的对象包括源程序、目标程序、数据及相关文档。

参考答案 B

2.2 面向对象系统分析与设计

一、基础部分

1．在面向对象方法中，对象可看成属性（数据）以及这些属性上的专用操作的封装体。封装是一种 (1) 技术。类是一组具有相同属性和相同操作的对象之集合，类的每个对象都是这个类的一个 (2) 。

（1）A．组装　　　　B．产品化　　　　C．固化　　　　D．信息隐蔽

（2）A．例证　　　　B．用例　　　　　C．实例　　　　D．例外

2．在面向对象方法中，多态指的是_____。

A．客户类无需知道所调用方法的特定之类的实现

B．对象动态地修改类

C．一个对象对应多张数据库表

D．同一操作作用于不同的对象有不同的解释，产生不同的执行结果

3．_____是面向对象方法中最基本的封装单元，它可以把客户要使用的方法和数据呈现给

外部世界，而将客户不需要知道的方法和数据隐藏起来。
    A．类　　　　　　　B．函数　　　　　　C．多态　　　　　　D．过程

4. 面向对象分析中，对象是类的实例。对象的构成成分包括_____、属性和方法（操作）。
    A．标识　　　　　　B．消息　　　　　　C．规则　　　　　　D．结构

5. 在 UML 的通用机制中，_____用于说明类或构件的某种服务的操作集合，并定义了该服务的实现。
    A．包　　　　　　　B．类　　　　　　　C．接口　　　　　　D．构件

6. 下列关于 UML 的叙述，正确的是_____。
    A．UML 是一种语言，语言的使用者不能对其扩展
    B．UML 仅是一组图形的集合
    C．UML 仅适用于系统的分析与设计阶段
    D．UML 是独立于软件开发过程的

7. _____是专业建模语言。
    A．XML　　　　　　B．UML　　　　　　C．VC++　　　　　　D．Java

8. 面向对象中的（1）机制是对现实世界中遗传现象的模拟。通过该机制，基类的属性和方法被遗传给派生类；(2) 是指把数据以及操作数据的相关方法组合在同一单元中，使我们可以把类作为软件复用中的基本单元，提高内聚度，降低耦合度。
  （1）A．复用　　　　　B．消息　　　　　　C．继承　　　　　　D．变异
  （2）A．多态　　　　　B．封装　　　　　　C．抽象　　　　　　D．接口

9. 应用已有软件的各种资产构造新的软件，以缩减软件开发和维护的费用，称为_____。
    A．软件继承　　　　　　　　　　　　B．软件利用
    C．软件复用　　　　　　　　　　　　D．软件复制

10. 以下不属于面向对象系统分析的模型的是_____。
    A．用例模型　　　　　　　　　　　　B．类－对象模型
    C．对象－关系模型　　　　　　　　　D．交互模型

11. 以下不属于面向对象系统设计的模型的是_____。
    A．用例设计　　　　　　　　　　　　B．类设计
    C．构件设计　　　　　　　　　　　　D．子系统设计

二、进阶部分

12. UML 图中，对新开发系统的需求进行建模，规划开发什么功能或测试用例，采用 (1) 是合适的。而展示交付系统的软件组件和硬件之间的关系的图是 (2) 。
  （1）A．类图　　　　　B．对象图　　　　　C．用例图　　　　　D．交互图
  （2）A．类图　　　　　B．配置图　　　　　C．序列图　　　　　D．状态图

13. 下面所示 UML 图为 (1) ，用以表示 (2) 。

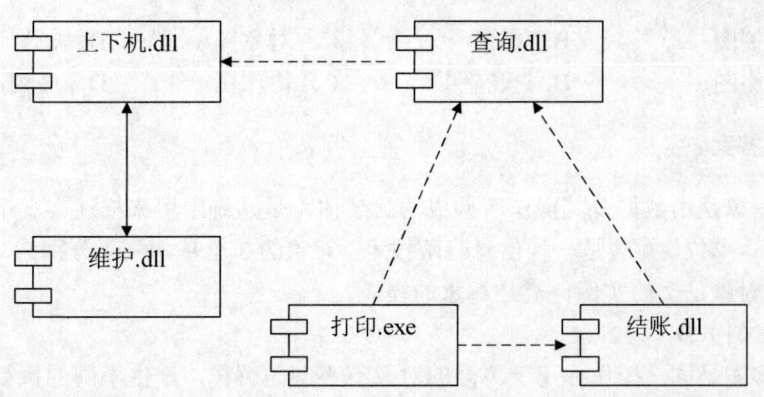

（1）A．类图 　　　　　B．对象图 　　　　C．组件图 　　　　D．交互图
（2）A．一组对象、接口、协作和它们之间的关系
　　 B．收发信息的对象的结构组织
　　 C．组件之间的组织和依赖
　　 D．显示系统中软件和硬件的物理架构

14．面向对象方法中，继承用于_____。
　　A．在已存在的类的基础上创建新类　　B．在已存在的类中添加新的方法
　　C．在已存在的类中添加新的属性　　　D．在已存在的类中添加新的状态

15．面向对象分析中，一个事务发生变化会影响另一个事物，两个事务之间的关系是 (1) 。 (2) 描述了一组链，链是对象之间的连接； (3) 描述特殊元素的对象可以替换一般元素的对象。 (4) 是接口和类的关系。
　　（1）A．依赖关系　　　B．关联关系　　　C．泛化关系　　　D．实现关系
　　（2）A．依赖关系　　　B．关联关系　　　C．泛化关系　　　D．实现关系
　　（3）A．依赖关系　　　B．关联关系　　　C．泛化关系　　　D．实现关系
　　（4）A．依赖关系　　　B．关联关系　　　C．泛化关系　　　D．实现关系

16．UML 图中用于描述系统在某个时刻的静态结构的是_____。
　　A．用例图　　　　B．对象图　　　　C．序列图　　　　D．协作图

17．UML 的设计视图包含了类、接口和协作，其中，设计视图的动态方面由_____表现。
　　A．协作图和构件图　　　　　　　B．活动图和用例图
　　C．类图和对象图　　　　　　　　D．交互图和状态图

18．活动图用于对一个系统的动态方面建模。活动图是描述交互关系的一种方式，着重体现_____。
　　A．对象的活动状态　　　　　　　B．对象的工作流程
　　C．对象的链接关系　　　　　　　D．对象间的消息顺序

19．在 UML 提供的图中， (1) 用于描述系统与外部系统及用户之间的交互； (2) 用于按时间顺序描述对象间的交互。

（1）A．用例图　　　　　B．类图　　　　　C．对象图　　　　　D．部署图

（2）A．网络图　　　　　B．状态图　　　　C．协作图　　　　　D．序列图

三、解析及答案

1．**解析**　对象是由数据及其操作所构成的封装体，是系统中用来描述客观事物的一个模块，是构成系统的基本单位。封装是一种信息隐蔽技术。对象的 3 个基本要素分别为对象标识、对象状态、对象行为。对象是类的实例，类是对象的模板。

参考答案　（1）D　（2）C

2．**解析**　多态是同一操作作用于不同的对象有不同的解释，产生不同的执行结果。

参考答案　D

3．**解析**　面向对象中最重要的概念就是类，类（Class）是面向对象程序设计（Object-Oriented Programming，OOP）实现信息封装的基础，它是面向对象方法中最基本的封装单元，它可以把客户要使用的方法和数据呈现给外部世界，而将客户不需要知道的方法和数据隐藏起来。

参考答案　A

4．**解析**　对象的 3 个基本要素分别为对象标识、对象状态、对象行为。

参考答案　A

5．**解析**　接口描述对操作规范的说明，其只说明操作应该做什么，并没有定义操作如何做。

参考答案　C

6．**解析**　统一建模语言（UML）用于对软件进行可视化描述、构造和建立软件系统的文档。UML 适用于各种软件开发方法，软件生命周期的各个阶段，所以 C 项不正确。UML 适应于各种应用领域以及各种开发工具，是一种可视化的建模语言而不是编程语言，适用于迭代式的开发过程，支持面向对象开发过程而设计。可扩展，所以 A 项不对。是一种图形建模语言而不仅仅是图形的集合，所以 B 项不对。

参考答案　D

7．**解析**　统一建模语言（UML）用于对软件进行可视化描述、构造和建立软件系统的文档，是一种可视化的建模语言而不是编程语言，适用于迭代式的开发过程，支持面向对象开发过程而设计。

参考答案　B

8．**解析**　本题考查的是基本概念。复用是将已有的软件及有效成分用于构造新的软件或系统。组件技术是软件复用实现的关键。消息是体现对象间的交互，通过它向目标对象发送操作请求。继承是表示类之间的层次关系（父类与子类），这种关系使得某类对象可以继承另一类对象的特征。面向对象的封装是指将数据和基于数据的操作封装成一个整体对象，对数据的访问或修改只能通过对象对外提供的接口进行。

参考答案　（1）C　（2）B

9．**解析**　软件复用是将已有的软件及有效成分用于构造新的软件或系统。组件技术是软件复用实现的关键。

参考答案 C

10．**解析** 面向对象系统分析即运用面向对象方法分析问题域，建立基于对象、消息的业务模型，形成对客观世界和业务本身的正确认识。面向对象系统分析的模型由用例模型、类－对象模型、对象－关系模型和对象－行为模型组成。

参考答案 D

11．**解析** 面向对象系统设计基于系统分析得出的问题域模型，用面向对象的方法设计出软件基础架构（概要设计）和完整的类结构（详细设计），以实现业务功能。主要包括用例设计、类设计和子系统设计。

参考答案 C

12．**解析** 用例图（Use Case Diagram）描述系统的功能，由系统、用例和角色3种元素组成。配置图（Deployment Diagram）用来显示系统中软件和硬件的物理架构。

参考答案 （1）C （2）B

13．**解析** 组件图（Component Diagram）用来反映组件之间相互依赖的组织结构，组件可以是源代码、二进制文件或可执行文件，包含逻辑类的实现信息。实现视图由组件图构成。图中描述的是 dll、exe 结尾的各种组件及其依赖关系，所以为组件图。

参考答案 （1）C （2）C

14．**解析** 继承是表示类之间的层次关系（父类与子类），这种关系使得某类对象可以继承另一类对象的特征。所以继承是在已存在的类的基础上创建新类的过程。

参考答案 A

15．**解析** 教程中没有针对关系的文字说明，但是这部分在 UML 中比较重要，所以单独以一个题目的形式把这几种关系的概念掌握一下。依赖关系是指一个事务发生变化会影响另一个事物。泛化关系是特殊与一般的关系；关联关系是描述了一组链，链是对象之间的连接；泛化关系描述特殊元素的对象可以替换一般元素的对象。实现是接口与类之间的关系。

参考答案 （1）A （2）B （3）C （4）D

16．**解析** UML 图中用于描述系统在某个时刻的静态结构的是对象图，是类图的示例，表示在某一时刻这些类的具体实例以及这些实例之间的具体连接关系，可以帮助人们理解比较复杂的类图。

参考答案 B

17．**解析** UML 图中分静态图和动态图，静态图有用例图、类图、对象图、组件图、配置图。动态图包括序列图、状态图、协作图、活动图。其中，用例图有时候也包括在动态图中，需要视情况而定。

参考答案 D

18．**解析** 活动图（Activity Diagram）显示系统的动作，着重描述操作实现中所完成的工作以及用例实例或对象中的活动。可以有并行的活动。

参考答案 B

19．**解析** 用例图（Use Case Diagram）描述系统的功能，由系统、用例和角色3种元素组成；

序列图（Sequence Diagram）面向对象系统中对象之间的交互表现为消息的发送和接收。序列图反映若干个对象之间的动态协作关系，即随着时间的流逝，消息是如何在对象之间发送和接收的。序列图中重点反映对象之间发送消息的先后次序。

参考答案 （1）A （2）D

2.3 应用集成技术

一、基础部分

1. 以下关于数据仓库与数据库的叙述中，_____是正确的。
   A. 数据仓库的数据高度结构化、复杂、适合操作计算；而数据库的数据结构比较简单，适合分析
   B. 数据仓库的数据是历史的、归档的、处理过的数据；数据库的数据反映当前的数据
   C. 数据仓库中的数据使用频率较高；数据库中的数据使用频率较低
   D. 数据仓库中的数据是动态变化的，可以直接更新；数据库中的数据是静态的，不能直接更新

2. 关于数据仓库的体系结构，以下说法错误的是_____。
   A. 数据源是数据仓库系统的基础，是整个系统的数据源泉
   B. 数据的存储与管理是整个数据仓库系统的核心
   C. OLAP 服务器是对分析需要的数据进行有效集成，按多维模型予以组织，以便进行多角度、多层次的分析，并发现趋势
   D. 前端工具中数据分析工具主要针对数据仓库，数据挖掘工具主要针对 OLAP 服务器，报表工具

3. 关于数据和数据仓库技术的描述，不正确的是_____。
   A. 数据仓库是一个面向主题的、集成的、相对稳定的、反映历史变化的数据集合，用于支持管理决策
   B. 企业数据仓库的建设是以现有企业业务系统和大量业务数据的积累为基础的，数据仓库一般不支持异构数据的集成
   C. 大数据分析相比传统的数据仓库应用，其数据量更大，查询分析复杂，且在技术上须依托于分布式、云存储、虚拟化等技术
   D. 数据仓库的结构通常包含数据源、数据集市、数据分析服务器和前端工具的 4 个层次

4. 数据仓库中，数据_____是指数据一旦进入数据仓库后，将被长期保留并定期加载和刷新，可以进行各种查询操作，但很少对数据进行修改和删除操作。
   A. 面向主题　　　　B. 集成性　　　　C. 相对稳定性　　　D. 反映历史变化

5. 以下关于大数据的叙述中，错误的是_____。

A．大数据的数量巨大　　　　　　　B．结构化的数据不属于大数据
C．大数据具有快变性　　　　　　　D．大数据具有价值

6．Web 服务是一种面向服务的架构的技术，通过标准的 Web 协议提供服务，目的是保证不同平台的应用服务可以互操作。Web 服务典型的技术包括 SOAP、WSDL、UDDI 和 XML，__(1)__ 是用于描述服务的 Web 服务描述语言。__(2)__ 是用来传递信息的简单对象访问协议。__(3)__ 是用于 Web 服务注册的统一描述、发现及集成。

　　（1）A．SOAP　　　　B．WSDL　　　　C．UDDI　　　　D．XML
　　（2）A．SOAP　　　　B．WSDL　　　　C．UDDI　　　　D．XML
　　（3）A．SOAP　　　　B．WSDL　　　　C．UDDI　　　　D．XML

7．JavaEE 应用服务器运行环境主要包括组件、容器、服务 3 部分，下列说法错误的是_____。
　　A．组件是代码　　B．容器是环境　　C．服务是接口　　D．组件是接口

8．_____不是 J2EE 的关键技术。
　　A．JSP　　　　　　B．RMI/IIOP　　　C．ASP　　　　　　D．EJB

9．关于中间件特点的描述，_____是不正确的。
　　A．中间件可运行于多种硬件和操作系统平台上
　　B．跨越网络、硬件、操作系统平台的应用或服务可通过中间件透明交互
　　C．中间件运行于客户机/服务器的操作系统内核中，提高内核运行效率
　　D．中间件应支持标准的协议和接口

10．中间件有多种类型，IBM 的 MQSeries 属于_____中间件。
　　A．面向消息　　　　B．分布式对象　　C．数据库访问　　D．事务

11．软件三层架构中，_____是位于硬件、操作系统等平台和应用之间的通用服务，用于解决分布系统的异构问题，实现应用与平台的无关性。
　　A．服务器　　　　　B．中间件　　　　C．数据库　　　　D．过滤器

12．中间件可以分为数据库访问中间件，远程过程调用中间件、面向消息中间件、事务中间件、分布式对象中间件等多种类，其中 Windows 平台的 ODBC 和 Java 平台的 JDBC 属于_____。
　　A．数据库访问中间件　　　　　　B．远程过程调用中间件
　　C．面向消息中间件　　　　　　　D．实务中间件

13．_____是一种分布式应用程序的处理方法，一个应用程序可以使用 RPC 来远程，执行一个位于不同地址空间内的过程，从效果上来看和执行本地调用相同。
　　A．面向消息中间件　　　　　　　B．面向过程中间件
　　C．远程过程调用中间件　　　　　D．分布式对象中间件

二、进阶部分

14．关于数据仓库的说法，正确的是_____。
　　A．数据仓库的用户是一线员工，并且数据仓库的数据应保持不变

B．数据仓库的用户是管理层，并且数据仓库的数据随业务持续增长
　　C．数据仓库的用户是一线员工，并且数据仓库的数据随业务持续增长
　　D．数据仓库的用户是管理层，但数据仓库的数据应保持不变
15．采用数据仓库技术进行数据收集时，有时会遇一些稍微不一致但可以纠正的数据，纠正这些数据的过程称为_____。
　　A．数据转换　　　　B．数据抽取　　　　C．数据清洗　　　　D．数据装载
16．某集团公司下属有很多分公司，集团总部高管需要从时间、地区和商品种类3个维度来分析某电器商品的销售数据，那么采用_____来完成。
　　A．数据挖掘　　　　B．OLAP　　　　C．OLTP　　　　D．ETL
17．关于大数据（Big Data）的叙述中，不正确的是_____。
　　A．大数据的4个特点是体量大、多样性、价值密度低和快速化
　　B．数据分析与挖掘技术是大数据特有的技术
　　C．大数据在电商、电信、金融等行业都有巨大的社会价值和产业空间
　　D．分布式文件系统能提供高吞吐量数据访问，适合在大规模数据集上应用
18．下列关于Web服务（Web Service）的特点，说法错误的是_____。
　　A．松散的、粗粒度的分布式计算模式
　　B．Web Service不适应于单机应用程序和局域网同构的应用程序中
　　C．Web Service适用于跨越防火墙和应用系统集成等情况下
　　D．Web Service中有3种角色，分别是服务提供者、服务注册者、服务接收者，三者都是必须的，不可以省略
19．以下_____是SOA概念的一种实现。
　　A．DCOM　　　　B．J2EE　　　　C．Web Service　　　　D．WWW
20．以下关于.NET架构和J2EE架构的叙述中，_____是正确的。
　　A．.NET只适用于Windows操作系统平台上的软件开发
　　B．J2EE只适用于非Windows操作系统平台上的软件开发
　　C．.NET不支持Java语言编程
　　D．J2EE中的ASP.NET采用编译方式运行
21．在.NET中类似于Java虚拟机功能的技术是_____。
　　A．ASP.NET　　　　　　　　　　B．ADO.NET
　　C．通用语言运行时　　　　　　　D．基础类库
22．底层型中间件的主流技术是_____。
　　①VM　　　　　　②CLR　　　　　　③CORBA　　　　　　④EAI
　　⑤ACE　　　　　　⑥JDBC　　　　　　⑦ODBC
　　A．①②③⑤⑥　　　B．①②③⑥⑦　　　C．①②⑤⑥⑦　　　D．以上都是

三、解析及答案

1. **解析** 本题考查数据库和数据仓库的特点。数据库一般处理日常的事务操作,强调响应时间、数据安全和完整性,其内部数据高度结构化、复杂、适合操作计算;数据仓库是一个面向主题的、集成的、相对稳定的、反映历史变化的数据集合,用于支持管理决策。面向主题即数据按主题组织;集成性即消除了源数据中的不一致性,提供整个企业的一致性全局信息;相对稳定主要是进行查询操作,只有少量的修改和删除操作或不删除;反映历史变化记录了企业从过去某一时刻到当前各个阶段的信息,可对发展历程和未来趋势做定量分析和预测。

   参考答案 B

2. **解析** 前端工具中数据分析工具主要针对 OLAP 服务器,报表工具、数据挖掘工具主要针对数据仓库。

   参考答案 D

3. **解析** 数据仓库(Data Warehouse)是一个面向主题的(Subject Oriented)、集成的、相对稳定的、反映历史变化的数据集合,用于支持管理决策。数据仓库是对多个异构数据源(包括历史数据)的有效集成,集成后按主题重组,且存放在数据仓库中的数据一般不再修改。

   参考答案 B

4. **解析** 数据仓库是一个面向主题的、集成的、相对稳定的、反映历史变化的数据集合,用于支持管理决策。面向主题即数据按主题组织;集成性即消除了源数据中的不一致性,提供整个企业的一致性全局信息;相对稳定主要是进行查询操作,只有少量的修改和删除操作或不删除;反映历史变化:记录了企业从过去某一时刻到当前各个阶段的信息,可对发展历程和未来趋势做定量分析和预测。

   参考答案 C

5. **解析** 本题考查对大数据特点的理解,大数据具有大量、种类多、处理速度快、价值密度低的特点,其中种类繁多包括结构化、半结构化和非结构化数据。所以 B 错误。

   参考答案 B

6. **解析** Web Services 的典型技术包括用于传递消息的简单对象访问协议(Simple Object Access Protocol,SOAP)、用于描述服务的 Web 服务描述语言(Web Service Description Language,WSDL)、用于 Web 服务注册的统一描述、发现及集成(Universal Description Discovery and Integration,UDDI)、用于数据交换的 XML。

   参考答案 (1)B (2)A (3)C

7. **解析** JavaEE 应用服务器运行环境主要包括组件、容器、服务 3 部分。组件是代码,容器是环境,服务是接口,所以选 D。

   参考答案 D

8. **解析** J2EE 的关键技术包括 JSP、RMI/IIOP、EJB 等,ASP 不是 J2EE 的关键技术。

   参考答案 C

9. **解析** 中间件是位于硬件、操作系统等平台和应用之间的通用服务。解决了分布系统的异构问题，具有标准的程序接口和协议。所以 C 选项的位于客户机和服务器内核中是错误的。

  参考答案 C

10. **解析** 面向消息中间件（Message-Oriented Middleware，MOM）利用高效可靠的消息传递机制进行平台无关的数据传递，并可基于数据通信进行分布系统的集成。通过提供消息传递和消息队列模型，可在分布环境下扩展进程间的通信，并支持多种通信协议、语言、应用程序、硬件和软件平台。典型产品如 IBM 的 MQSeries。

  参考答案 A

11. **解析** 本题考查了中间件的定义。中间件是位于硬件、操作系统等平台和应用之间的通用服务。中间件解决了分布系统的异构问题，具有标准的程序接口和协议。

  参考答案 B

12. **解析** 数据库访问中间件通过一个抽象层访问数据库，从而允许使用相同或相似的代码访问不同的数据库资源。典型技术有 Windows 平台的 ODBC 和 Java 平台的 JDBC。

  参考答案 A

13. **解析** 远程过程调用中间件（RPC）是一种分布式应用程序的处理方法，一个应用程序可以使用 RPC 来远程，执行一个位于不同地址空间内的过程，从效果上来看和执行本地调用相同。

  参考答案 C

14. **解析** 数据仓库是一个面向主题的、集成的、相对稳定的、反映历史变化的数据集合，用于支持管理决策。所以是面向管理层，仓库内的数据随着业务持续增长。

  参考答案 B

15. **解析** 进入数据仓库中的数据是从数据源采集，这些数据源可以来自企业内部或者外部，经过抽取、清理、装载、刷新进入数据仓库中，其中数据清洗是纠正一些不一致的数据的过程。数据抽取是抽取一些有用的信息，数据转换一般为格式的转换等。

  参考答案 C

16. **解析** 数据仓库中的数据通常是多维数据，包括维属性和量度属性，数据仓库中的数据组织是基于多维模型的，通过 OLAP 做联机分析处理对数据进行切片、切块、旋转、向上综合和向下钻取等多维分析，使用户能从多个维度多个侧面观察数据和剖析数据。

  参考答案 B

17. **解析** 大数据指无法在一定时间范围内用传统数据库软件进行捕捉、管理和处理的数据集合。大数据 4V 即体量大（Volume）、多样性（Variety）、价值密度低（Value）、快速化（Velocity）。也有 5V 说法，增加了 Veracity，即数据的准确性和可信赖度（数据的质量）。

  大数据关键技术主要包括数据采集、数据存储、数据管理、数据分析与挖掘 4 个环节。但数据分析与挖掘不是大数据特有的技术，属于以前数据仓库的范畴。大数据管理主要使用分布式并行处理技术，Google 的 MapReduce 是一种面向大规模数据处理的并行计算模型。

  参考答案 B

18. **解析** Web 服务是一种松散的、粗粒度的分布式计算模式，Web 服务的主要目标是跨平台的互操作性，适用于 Web Service 的情况有跨越防火墙、应用程序集成、B2B 集成、软件重用。不适用于 Web Service 的情况有单机应用程序、局域网上的同构应用程序。Web Service 中有 3 种角色，分别是服务提供者、服务注册者、服务接收者，其中服务注册者是可选的。

   参考答案 D

19. **解析** SOA 是面向服务的架构，Web Service 和 ESB 总线是 SOA 典型的实现技术。

   参考答案 C

20. **解析** 本题考查了.NET 架构和 J2EE 架构的主要区别，.NET 是微软公司开发的可以运行于 Windows 操作系统平台上，支持多种语言。而 Java 具有很好的跨平台能力，可以支持多厂商不同的中间件技术。

   参考答案 A

21. **解析** 本题考查.NET 架构和 J2EE 架构的技术的理解，Java 虚拟机的应用屏蔽了与具体平台相关的信息，使得 Java 语言编译程序只需生成在 Java 虚拟机上运行的目标代码（字节码），就可以在多种平台上不加修改地运行。在.NET 中通用语言运行环境是类似的功能。

   参考答案 C

22. **解析** 底层型中间件的主流技术有 VM、CLR、ACE、JDBC 和 ODBC。

   参考答案 C

2.4 计算机网络技术

一、基础部分

1. 在 OSI（Open System Interconnect）7 层协议中，_____有 IGMP 协议。

   A．物理层　　　　　　B．数据链路层　　C．应用层　　　　　D．网络层

2. 下列关于 OSI 7 层协议的叙述错误的是_____。

   A．物理层是物理连网媒介，该层的协议产生并检测电压以便发送和接收携带数据的信号，传输的基本单位是比特流

   B．数据链路层控制网络层与物理层之间的通信，传输的基本单位是帧

   C．应用层主要负责确保数据可靠、顺序、无错地从 A 点传输到 B 点

   D．会话层负责在网络中的两个节点之间建立和维持通信，以及提供交互会话的管理功能，常见的协议有 RPC、SQL、NFS

3. 在 TCP/IP 协议分层结构中，SNMP 是在_____协议之上的异步请求/响应协议。

   A．TCP　　　　　　　B．IP　　　　　　　C．UDP　　　　　　D．FTTP

4. 依照 TCP/IP 协议，_____不属于网络层的功能。

   A．路由　　　　　　　B．异构网互联　　　C．数据可靠性校验　D．拥塞控制

5. TCP 和 UDP 协议均提供了_____能力。
   A．连接管理　　　　　　　　　　　　B．差错校验和重传
   C．流量控制　　　　　　　　　　　　D．端口寻址

6. _____属于无线局域网 WLAN 标准协议。
   A．IEEE 802.6　　B．IEEE 802.7　　C．IEEE 802.8　　D．IEEE 802.11

7. 下列关于以太网规范 IEEE 802.3 局域网协议的叙述，不正确的是_____。
   A．IEEE 802.3 标准以太网 10Mb/s 传输介质为光纤
   B．IEEE 802.3u 快速以太网 100Mb/s 双绞线
   C．IEEE 802.3z 千兆以太网 1000Mb/s 光纤或双绞线
   D．802.5 是令牌环协议

8. 下列关于 IPv4 地址的说法，错误的是_____。
   A．IP 地址由网络地址和主机地址两部分组成
   B．IPv4 由 32 位二进制组成，每段以"."分隔
   C．IP 地址可分为 A、B、C 3 个类别
   D．随着网络主机的增多，IP 地址资源将要耗尽

9. 随着用户需求的增加，IP 地址从 IPv4 版本升级到 IPv6 版本，IPv6 由_____位二进制数组成。
   A．32　　　　　　B．256　　　　　　C．64　　　　　　D．128

10. 以下关于 IPv6 的论述中，正确的是_____。
    A．IPv6 数据包的首部比 IPv4 复杂　　　B．IPv6 的地址分为单播、广播和任意播
    C．IPv6 的地址长度位 128 比特　　　　D．每个主机拥有唯一的 IPv6 地址

11. 网络按照_____可划分为总线型结构、环型结构、星型结构、树型结构和网状结构。
    A．覆盖的地理范围　　　　　　　　　B．链接传输控制技术
    C．拓扑结构　　　　　　　　　　　　D．应用传输层

12. 网络和信息安全产品中，_____无法发现正在进行的入侵行为，而且成为攻击者的工具。
    A．防火墙　　　　　　　　　　　　　B．扫描器
    C．防毒软件　　　　　　　　　　　　D．安全审计系统

13. 网络交换是通过一定的设备将不同的信号或信号形式转换为对方可识别的信号类型从而达到通信目的的一种交换形式，下列不属于网络交换形式的有_____。
    A．数据交换　　B．线路交换　　C．报文交换　　D．包交换

14. 下列叙述错误的是_____。
    A．无线网络是指无线电波作为信息传输媒介
    B．网络接入技术分为光纤接入、同轴电缆接入、铜线接入、无线接入
    C．细同轴电缆是目前传输速率最高的传输介质
    D．网络服务器与个人计算机最大的差异就是在多用户多任务环境下的可靠性上

15. 在无线通信领域，现在主流应用的是第四代（4G）通信技术，5G 正在研发中，理论速度可达到_____。
    A．50Mb/s   B．100Mb/s   C．500Mb/s   D．1Gb/s
16. ATM 称为异步传输模式，采用光纤作为传输介质，传输以_____个字节为单位的超小数据单元（称为信元）。
    A．85   B．53   C．106   D．25
17. 综合布线系统是在楼宇或园区范围内建立的信息传输网络，综合布线系统可分为 6 个独立的子系统，其中 (1) 是干线子系统和水平子系统的桥梁，同时又可为同层组网提供条件。用于连接两幢建筑物的子系统是 (2)。
    （1）A．建筑群子系统   B．设备间子系统   C．工作区子系统   D．管理子系统
    （2）A．建筑群子系统   B．设备间子系统   C．工作区子系统   D．管理子系统
18. 局域网中，常采用广播消息的方法来获取访问目标 IP 地址对应的 MAC 地址，实现此功能的协议为_____。
    A．RARP 协议   B．SMTP 协议   C．SLIP 协议   D．ARP 协议
19. 在网络协议中，下列说法正确的是_____。
    A．HTTP 是应用层的协议，RPC 是会话层的协议，IGMP 是网络层的协议
    B．HTTP 是应用层的协议，RPC 是传输层的协议，IGMP 是网络层的协议
    C．HTTP 是表示层的协议，RPC 是网络层的协议，IGMP 是传输层的协议
    D．HTTP 是表示层的协议，RPC 是会话层的协议，IGMP 是传输层的协议
20. 在 TCP/IP 协议中，下列说法不正确的是_____。
    A．DNS 就是进行域名解析的服务器
    B．UDP 是一种不可靠的、无连接的协议
    C．ARP 用于动态地完成 IP 地址向物理地址的转换
    D．IGMP 是一个专门用于发送差错报文的协议
21. 下列说法错误的是_____。
    A．选择拓扑结构时，应该考虑的主要因素有地理环境、传输介质、传输距离、可靠性
    B．汇聚层的存在与否，最主要取决于网络用户的数量和路由策略
    C．核心层技术的选择需要根据用户网络规模大小、网上传输信息的种类和用户投入资金考虑
    D．网络通信设备选型包括核心交换机选型、汇聚层/接入层交换机选型、远程接入与访问设备选型
22. (1) 确保信息不暴露给未授权的实体或进程；(2) 得到授权的实体在需要时可访问数据，即攻击者不能占用所有的资源而阻碍授权者的工作；(3) 对出现的网络安全问题提供调查的依据和手段。
    （1）A．机密性   B．完整性   C．可用性   D．可审查性

（2）A．机密性　　　　　B．完整性　　　　　C．可用性　　　　　D．可审查性
（3）A．机密性　　　　　B．完整性　　　　　C．可用性　　　　　D．可审查性

23．可以被数据完整性机制防止的攻击方式是_____。
　　A．假冒源地址或用户的地址欺骗攻击
　　B．抵赖做过信息的递交行为
　　C．数据中途被攻击者窃听获取
　　D．数据在途中被攻击者篡改或破坏

24．典型的网络攻击步骤一般为信息收集、试探寻找突破口、实施攻击、消除记录、_____。
　　A．获取信息　　　B．保留访问权限　　C．篡改数据　　D．更改作业流程

25．在《计算机信息安全保护等级划分准则》中，确定了 5 个安全保护等级，其中最高一级是_____。
　　A．用户自主保护级　　　　　　　　　　B．结构化保护级
　　C．访问验证保护级　　　　　　　　　　D．系统审计保护级

26．当信息系统遭到破坏后，根据对国家安全、社会秩序、公共利益以及公民、法人和其他组织的合法权益的危害程度等因素确定信息系统的安全保护等级，其中会对公民、法人和其他组织的合法权益产生严重损害，或者对社会秩序和公共利益造成损害，但不损害国家安全的是_____级。
　　A．二　　　　　　　B．三　　　　　　　C．四　　　　　　　D．五

二、进阶部分

27．某公司欲构建一个网络化开放式数据存储系统，要求采用专用网络连接并管理存储设备和存储管理子系统。针对这种应用，采用_____存储方式最为合适。
　　A．SAN　　　　　　B．DAS　　　　　　C．内置存储器　　　D．NAS

28．在地址 http://www.idailynews.com.cn/channel/welcome.htm 中，www.idailynews.com.cn 表示__(1)__，welcome.htm 表示__(2)__。
（1）A．协议类型　　　B．主机域名　　　　C．网页文件名　　　D．路径
（2）A．协议类型　　　B．主机域名　　　　C．网页文件名　　　D．路径

29．配置 POP3 服务器时，邮件服务器中默认打开的是 TCP 的_____端口。
　　A．21　　　　　　　B．25　　　　　　　C．110　　　　　　D．53

30．以下关于网络层次与主要设备对应关系的叙述中，配对正确的是_____。
　　A．网络层—集线器　　　　　　　　　　B．数据链路层—网桥
　　C．传输层—路由器　　　　　　　　　　D．会话层—防火墙

31．在计算机网络设计中，主要采用分层（分级）设计模型。其中_____的主要目的是完成网络访问策略控制、数据包处理、过滤、寻址，以及其他数据处理的任务。
　　A．接入层　　　　　B．汇聚层　　　　　C．主干层　　　　　D．核心层

32．以下关于无线网络的叙述中，不正确的是_____。

A．无线网络适用于很难布线或经常需要变动布线结构的地方

B．红外线技术和射频技术也属于无线网络技术

C．无线网络主要适用于机场、校园，不适用于城市范围的网络接入

D．无线网络提供了许多有线网络不具备的便利性

33．在无线局域网中，AP 的作用是_____。

　　A．无线接入　　　　B．用户认证　　　C．路由选择　　　D．业务管理

34．在网络数据流中适当的位置插入同步点，当传输出现中断时，可以从同步点的位置开始重新传输，该网络功能的控制和管理属于_____。

　　A．网络层　　　　　B．会话层　　　　C．表示层　　　　D．传输层

35．某实验室准备建立一个由 20 台计算机组的局域网，为节约费用，适宜采用通用的_(1)_技术，采用交换机式 HUB 和双绞线进行组网，其网络拓扑结构为_(2)_，HUB 与微机工作站之间的最长距离为_(3)_米。

　　(1) A．以太网　　　　B．令牌环网　　　C．双总线网络　　D．ATM

　　(2) A．总线型　　　　B．星型　　　　　C．环型　　　　　D．混合型

　　(3) A．185　　　　　　B．580　　　　　　C．10　　　　　　D．100

36．某高校在进行新的网络规划和设计时，重点考虑的问题之一是网络系统应用和今后网络的发展。为了便于未来的技术升级与衔接，该高校在网络设计时应遵循_____原则。

　　A．先进性　　　　　B．高可靠性　　　　C．标准化　　　　D．可扩展性

37．由 IEEE 管理，硬件制造者指定，任何两个网卡都不会相同的是_____。

　　A．IP 地址　　　　　B．软件地址　　　　C．物理地址　　　D．逻辑地址

38．按照网络分级设计模型，通常把网络设计分为 3 层，即核心层、汇聚层和接入层。以下叙述中，_____是不正确的。

　　A．核心层承担访问控制列表检查功能　　　B．汇聚层实现网络的访问策略控制

　　C．工作组服务器放置在接入层　　　　　　D．在接入层可以使用集线器代替交换机

39．在 1 号楼办公的小李希望在本地计算机上通过远程登录的方式访问放置在 2 号楼的服务器，为此将会使用到 TCP/IP 协议族中的_____协议。

　　A．Telnet　　　　　B．FTP　　　　　　C．HTTP　　　　　D．SMTP

40．SAN 根据数据传输过程采用的协议，其技术划分为 FC SAN、IP SAN 和 IB SAN。下列说法错误的是_____。

　　A．FC SAN 由 3 个基本的组件构成，分别是接口（SCSI、FC）、连接设备（交换机、路由器）和协议（IP/SCSI）

　　B．IPSAN 是基于 IP 网络实现数据块级别存储方式的存储网络

　　C．IB SAN 结构设计得非常紧密，大大提高了系统的性能、可靠性和有效性，能缓解各硬件设备之间的数据流量拥塞

　　D．FC SAN 有两个较大的缺陷，分别是成本和简单性

41．下列攻击方式中，流量分析属于_____方式。
　　A．被动攻击　　　　　B．主动攻击　　　C．物理攻击　　　D．分发攻击
42．攻击者通过发送一个目的主机已经接收过的报文来达到攻击目的，这种攻击方式属于_____。
　　A．重放　　　　　　　　　　　　　　　B．拒绝服务
　　C．数据截获　　　　　　　　　　　　　D．数据流分析
43．《计算机信息系统安全保护等级划分准则》（GB 17859－1999）中规定了计算机系统安全保护能力的5个等级，其中要求对所有主体和客体进行自主和强制访问控制的是_____。
　　A．用户自主保护级　　　　　　　　　　B．系统审计保护级
　　C．安全标记保护级　　　　　　　　　　D．结构化保护级
44．根据《计算机信息安全保护等级划分准则》，对于广播电视台适用_____。
　　A．用户自主保护级　　　　　　　　　　B．系统审计保护级
　　C．安全标记保护级　　　　　　　　　　D．结构化保护级
45．_____通过独立的审查或审计，对网络行为和主机操作提供全面与忠实的记录，以方便用户分析与审查事故原因，像飞机上的黑匣子一样。
　　A．防火墙　　　　　　　　　　　　　　B．安全审计系统
　　C．扫描器　　　　　　　　　　　　　　D．防毒软件

三、解析及答案

1．**解析**　本题考查了OSI 7层对应的协议，其中网络层的主要功能是将网络地址（IP地址）翻译成对应的物理地址（网卡地址），并决定如何将数据从发送方路由到接收方。具体协议有IP、ICMP、IGMP、IPX、ARP和RARP等。

　　参考答案　D

2．**解析**　传输层主要负责确保数据可靠、顺序、无错地从A点传输到B点。具体协议有TCP、UDP、SPX，传输层主要有两个传输协议，分别是TCP和UDP，这些协议负责提供端到端的流量控制、错误校验和排序服务。所以C错误。

　　参考答案　C

3．**解析**　基于TCP协议的主要是需面向连接的，如Telnet、FTP、SMTP、HTTP、POP3、WWW等。基于UDP协议的主要用于那些面向查询-应答的服务，面向非连接、传输不可靠，主要有DNS、TFTP、SNMP、NTP等。

　　参考答案　C

4．**解析**　网络层负责管理网络地址、定位设备、决定路由。我们所熟知的IP地址和路由器就是在这一层工作。上层的数据段在这一层被分割，封装后叫作包（Packet），包有两种：一种叫作用户数据包（Data Packets），是上层传下来的用户数据；另一种叫路由更新包（Route Update Packets），是直接由路由器发出来的，用来和其他路由器进行路由信息的交换。网络层提供路由和寻址的功能，

使两终端系统能够互连且决定最佳路径，并具有一定的拥塞控制和流量控制的能力。TCP/IP 协议体系中的网络层功能由 IP 协议规定和实现，故又称 IP 层。具有网络层功能的协议有 IP、IPX、X.25、ARP、RARP、ICMP。

数据链路层负责准备物理传输、CRC 校验、错误通知、网络拓扑、流控等。我们所熟知的 MAC 地址和交换机都在这一层工作。上层传下来的包在这一层被分割封装后叫作帧（Frame）。

物理层就是实实在在的物理链路，负责将数据以比特流的方式发送、接收，为了实现比特流的传输，物理层必须解决传输介质、信道类型、数据与信号之间的转换、信号传输中的衰减和噪声等问题。

所以，数据可靠性校验不属于网络层的功能。

参考答案　C

5．**解析**　UDP 是一种无连接的传输层协议，它用于不要求分组顺序到达的传输中，分组传输顺序的检查和排序由应用层完成，提供了简单不可靠的信息传输服务。适用于对可靠性要求不高的应用程序中。但是需要端口寻址，传输到目的地。

参考答案　D

6．**解析**　IEEE 802.11 是无线局域网协议。

参考答案　D

7．**解析**　IEEE 802.3 标准以太网 10Mb/s 传输介质为细同轴电缆。

参考答案　A

8．**解析**　IP 地址不止 ABC 3 类，还有 D、E 等。所以 C 错误。常用的 IP 地址分 3 类。

参考答案　C

9．**解析**　Internet 的主机都有一个唯一的 IP 地址，IP 地址用一个 32 位二进制的数表示一个主机号码，但 32 位地址资源有限，已经不能满足用户的需求了，因此 Internet 研究组织发布新的主机标识方法，即 IPv6。IPv6 地址的 128 位（16 个字节）写成 8 个 16 位的无符号整数，每个整数用 4 个十六进制位表示，这些数之间用英文冒号（:）分开，例如，3ffe:3201:1401:1280:c8ff:fe4d:db39。

参考答案　D

10．**解析**　IPv6 数据包的首部比 IPv4 简单，IPv6 的地址分为单播、组播和任意播，每个主机拥有不止一个 IPv6 地址，IPv6 的地址长度位 128 比特。

参考答案　C

11．**解析**　根据网络拓扑结构分类，分为总线型、星型、树型、环型、网状。

参考答案　C

12．**解析**　防火墙无法阻止和检测基于数据内容的黑客攻击和病毒入侵，同时也无法控制内部网络之间的违规行为。扫描器无法发现正在进行的入侵行为，而且它还有可能成为攻击者的工具。防毒软件对基于网络的攻击行为（如扫描、针对漏洞的攻击）无能为力。目前市场上鲜见成熟的安全审计系统，即使存在冠以审计名义的产品，也更多的是从事入侵检测的工作。

参考答案　B

13．解析　网络交换是通过一定的设备将不同的信号或信号形式转换为对方可识别的信号类型从而达到通信目的的一种交换形式，常见的有数据交换、线路交换、报文交换和分组交换。

参考答案　D

14．解析　光纤是目前传输速率最高的传输介质。

参考答案　C

15．5G 技术可在 28GHz 超高频段以 1Gb/s 以上的速度传送数据，且最长传送距离可达 2 公里。相比之下，当前的第四代长期演进（4GLTE）服务的传输速率仅为 75Mb/s。

参考答案　D

16．解析　ATM 称为异步传输模式，采用光纤作为传输介质，传输以 53 个字节为单位的超小数据单元（称为信元）。

参考答案　B

17．解析　综合布线系统是一个用于传输语音、数据、影像和其他信息的标准结构化布线系统，是建筑物或建筑群的传输网络，它使语言和数据通信设备、交换设备和其他信息管理系统彼此相连接。综合布线的热物理结构一般采用模块化设计和分层星型拓扑结构。系统结构有 6 个独立的子系统：

（1）工作区子系统。它是工作区内终端设备连接到信息插座之间的设备组成，包括信息插座、连接软线等。

（2）水平子系统。水平子系统是布置在同一楼层上，一端接在信息插座，另一端接在配线间的跳线架上，它的功能是将干线子系统线路延伸到用户工作区，将用户工作区引至管理子系统，并为用户提供一个符合国际标准，满足语音及高速数据传输要求的信息点出口。

（3）管理子系统。管理子系统安装有线路管理器件及各种公用设备，实现整个系统集中管理，它是干线子系统和水平子系统的桥梁，同时又可为同层组网提供条件。其中包括双绞线跳线架、跳线（有快接式跳线和简易跳线之分）。

（4）垂直干线子系统。通常它是由主设备间至各层管理间，特别是在位于中央点的公共系统设备处提供多个线路设施，采用大对数的电缆馈线或光缆，两端分别端接在设备间和管理间的跳线架上，目的是实现计算机设备、程控交换机（PBX）、控制中心与各管理子系统间的连接，是建筑物干线电缆的路由。

（5）设备间子系统。该子系统是由设备间中的电缆、连接跳线架及相关支撑硬件、防雷电保护装置等构成。可以说是整个配线系统的中心单元，因此它的布放、造型及环境条件的考虑适当与否，直接影响到将来信息系统的正常运行及维护和使用的灵活性。

（6）建筑群子系统。它是将多个建筑物的数据通信信号连接成一体的布线系统，它采用架空或地下电缆管道或直埋敷设的室外电缆和光缆互连起来，是结构化布线系统的一部分，支持提供楼群之间通信所需的硬件。

参考答案　（1）D　（2）A

18．解析　ARP 是通过 IP 获取 MAC，RARP 是反过来通过 MAC 获取 IP。

参考答案 D

19．**解析** 物理层具体标准有 RS232、V.35、RJ-45、FDDI。数据链路层常见的协议有 IEEE 802.3/.2、HDLC、PPP、ATM。网络层具体协议有 IP、ICMP、IGMP、IPX、ARP 等。传输层在 TCP/IP 协议中，具体协议有 TCP、UDP、SPX。会话层常见的协议有 RPC、SQI、NFS。表示层常见的协议有 JPEG、ASCII、GIF、DES、MPEG。应用层在 TCP/IP 协议中，常见的协议有 HTTP、Telnet、FTP、SMTP。

参考答案 A

20．**解析** IGMP 允许 Internet 中的计算机参加多播，是计算机用作向相邻多目路由器报告多目组成员的协议。

参考答案 D

21．**解析** 汇聚层的存在与否，取决于网络规模的大小。

参考答案 B

22．**解析** 信息安全的基本要素有机密性、完整性、可用性、可控性、可审查性。

机密性：确保信息不暴露给未授权的实体或进程。

完整性：只有得到允许才能修改数据，并且能够判别出数据是否已被篡改。

可用性：得到授权的实体在需要时可访问数据，即攻击者不能占用所有的资源而阻碍授权者的工作。

可控性：可以控制授权范围内的信息流向及行为方式。

可审查性：对出现的网络安全问题提供调查的依据和手段。

参考答案 （1）A （2）C （3）D

23．**解析** 完整性只有得到允许才能修改数据，并且能够判别出数据是否已被篡改，所以 D 选项是对完整性攻击的行为。

参考答案 D

24．**解析** 典型的网络攻击步骤一般为信息收集、试探寻找突破口、实施攻击、消除记录、保留访问权限。

参考答案 B

25．**解析** 信息安全的 5 个等级分别为用户自主保护级、系统审计保护级、安全标记保护级、结构化保护级、访问验证保护级。

参考答案 C

26．**解析** 第一级，信息系统受到破坏后，会对公民、法人和其他组织的合法权益造成损害，但不损害国家安全、社会秩序和公共利益。第一级信息系统运营、使用单位应当依据国家有关管理规范和技术标准进行保护。

第二级，信息系统受到破坏后，会对公民、法人和其他组织的合法权益产生严重损害，或者对社会秩序和公共利益造成损害，但不损害国家安全。第二级信息系统运营、使用单位应当依据国家有关管理规范和技术标准进行保护。国家信息安全监管部门对该级信息系统信息安全等级保护工作进行指导。

第三级，信息系统受到破坏后，会对社会秩序和公共利益造成严重损害，或者对国家安全造成损害。第三级信息系统运营、使用单位应当依据国家有关管理规范和技术标准进行保护。国家信息安全监管部门对该级信息系统信息安全等级保护工作进行监督、检查。

第四级，信息系统受到破坏后，会对社会秩序和公共利益造成特别严重损害，或者对国家安全造成严重损害。第四级信息系统运营、使用单位应当依据国家有关管理规范、技术标准和业务专门需求进行保护。国家信息安全监管部门对该级信息系统信息安全等级保护工作进行强制监督、检查。

第五级，信息系统受到破坏后，会对国家安全造成特别严重损害。第五级信息系统运营、使用单位应当依据国家管理规范、技术标准和业务特殊安全需求进行保护。国家指定专门部门对该级信息系统信息安全等级保护工作进行专门监督、检查。

参考答案 A

27．解析 网络存储技术包括 DAS、NAS、SAN 3 种，DAS 在服务器上外挂了一组大容量硬盘，存储设备与服务器主机之间采用 SCSI 通道连接。网络接入存储（NAS）将存储设备连接在现有的网络上，提供数据存储和文件访问服务的设备，在专用主机上安装简化了的瘦操作系统的文件服务器。SAN 是一种连接存储设备和存储管理子系统的专用网络，专门提供数据存储和管理功能。被看作是负责数据传输的后端网络，也可以把 SAN 看作通过特定的互联方式连接的若干台服务器组成的单独的数据网络，提供企业级的数据存储服务。题干中需要采用专用网络连接并管理存储设备和存储管理子系统，所以为 SAN。

参考答案 A

28．解析 本题考查 URL 的规则，URL 为统一资源定位器，只要知道某网友的 URL 就可以打开该网页。它的格式是协议类型如 http://www.idailynews.com.cn 为主机域名，welcome.htm 为文件名。

参考答案 （1）B （2）C

29．解析 本题考查常见的协议端口，如 110 是 POP3，115 是 SFTP，137 是 NetBIOS，161 是 SNMP，443 是 HTTPS 等。

参考答案 C

30．解析 网络层次与主要设备是网络部分一个常见考点，书上虽未涉及但通过这一道题可以把各层与设备记清楚。物理层对应中继器和集线器。数据链路层对应网桥和交换机；网络层对应路由器；应用层对应网关。

参考答案 B

31．解析 汇聚层是核心层和接入层的分界面，完成网络访问策略控制、数据包处理、过滤、寻址，以及其他数据处理的任务。

参考答案 B

32．解析 无线网络可以城市接入。城市无线网络（City Wireless Network）是指在城市范围内提供的基于无线的网络服务。通过无线网络可以在城市范围内的任意位置进行上网操作，使得网络服务更加方便快捷。

参考答案 C

33．**解析** AP 接入点（Access Point）是用于无线网络的无线 HUB，是无线网络的核心。它是移动计算机用户进入有线以太网骨干的接入点，AP 可以简便地安装在天花板或者墙壁上，它在开放空间最大覆盖范围可达 300 米，无线传输速率可达 11Mb/s，理论上可以同时接入 1024 个移动设备。用于无线接入。

参考答案 A

34．**解析** 会话层管理主机之间的会话进程，即负责建立、管理、终止进程之间的会话。会话层还利用在数据中插入校验点来实现数据的同步。

参考答案 B

35．**解析** 本题考的都是常识，以太网技术为最通用的技术，用以太网技术组建局域网费用也较低，选 HUB，所以结构是星型结构。现在大部分采用的是星型。

双绞线最远距离不得超过 100 米。

参考答案 （1）A （2）B （3）D

36．**解析** 网络规划原则如下。

（1）实用性原则：实用原则强调设计目标和设计结果能满足需求并且行之有效。

（2）开放性原则：开放性原则包括采用开放标准、开放技术、开放结构、开放系统组件、开放用户接口。

（3）先进性原则：先进性原则包括设计思想先进、软硬件设备先进、网络结构先进、开发工具先进。

网络设计和实施原则如下。

（1）可靠性原则：网络的运行是稳固的。

（2）安全性原则：包括选用安全的操作系统、设置网络防火墙、网络防杀病毒、数据加密和信息工作制度的保密。

（3）高效性原则：性能指标高，软硬件性能充分发挥。

（4）可扩展性：能够在规模和性能两个方向上进行扩展。

参考答案 D

37．**解析** 网卡的物理地址（即 MAC 地）是不同的，全球唯一。以太网地址管理机构（IEEE）将以太网址，也就是 48 比特的不同组合，分为若干独立的连续地址组。地址的前半部分（24 位）标识网卡的制造商，由 IEEE 分配，称为 OUI（组织唯一标识符）；地址的后半部分由网卡制造商为其网卡分配一个唯一的编号。

参考答案 C

38．**解析** 层次化网络设计在互联网组件的通信中引入了 3 个关键层的概念，这 3 个层分别是核心层（Core Layer）、汇聚层（Distribution Layer）和接入层（Access Layer）。

（1）核心层为网络提供骨干组件或高速交换组件，高效速度传输是核心层的目标。所以 A 是错误的。

（2）汇聚层是核心层和终端用户接入层的分界面，汇聚层完成网络访问的策略控制、广播域的定义、VLAN 间的路由、数据包处理、过滤寻址及其他数据处理的任务。所以 B 是正确答案。

（3）接入层向本地网段提供用户接入，主要提供网络分段、广播能力、多播能力、介质访问的安全性、MAC 地址的过滤和路由发现等任务。工作组服务器提供文件共享等，一般算是低档服务器，可放置在接入层，C 也正确。使用集线器代替交换机跟哪个层无关，可以代替，所以 D 也正确。

参考答案　A

39．解析　Telnet 协议是 TCP/IP 协议族中的一员，是 Internet 远程登录服务的标准协议和主要方式。

参考答案　A

40．解析　FC SAN 有两个较大的缺陷，分别是成本和复杂性。

参考答案　D

41．解析　被动攻击是攻击者的目的只是获取信息，系统不会中断正常运行。常见的被动攻击类型有窃听、流量分析等。

参考答案　A

42．解析　本题考查计算机网络面临的 4 种威胁即截获、中断、篡改、伪造。其中重放攻击是攻击者通过发送一个目的主机已经接收过的报文来达到攻击目的，主要用于身份认证过程。拒绝服务是攻击者向因特网上的服务器不断发送大量的分组报文，使因特网或服务器无法提供正常服务。

参考答案　A

43．解析　安全标记保护级主要特征是计算机信息系统可信计算基对所有主体及其所控制的客体（例如进程、文件、段、设备）实施强制访问控制。

参考答案　C

44．解析　信息安全的 5 个等级分别为用户自主保护级、系统审计保护级、安全标记保护级、结构化保护级、访问验证保护级。

用户自主保护级：适用于普通内联网用户，系统破坏后对公民、法人和其他组织权益有损害，但不损害国家安全社会秩序和公共利益。

系统审计保护级：适用于通过内联网或国际网进行商务活动，需要保密的非重要单位。系统破坏后，对公民、法人和其他组织权益有严重损害或损害社会秩序和公共利益，但不损害国家安全。

安全标记保护级：适用于地方各级国家机关、金融机构、邮电通信、能源与水源供给部门、交通运输、大型工商与信息技术企业、重点工程建设等单位，系统破坏后对社会秩序和公共利益造成严重损害或对国家安全造成损害。

结构化保护级：适用于中央级国家机关、广播电视部门、重要物资储备单位、社会应急服务部门、尖端科技企业集团、国家重点科研机构和国防建设等部门，系统被破坏后对社会秩序和公共利益造成特别严重损害或对国家安全造成严重损害。

访问验证保护级：适用于国防关键部门和依法需要对计算机信息系统实施特殊隔离的单位，系统被破坏后，对国家安全造成特别严重损害。

参考答案 D

45．**解析** 安全审计系统通过独立的审查或审计，对网络行为和主机操作提供全面与忠实的记录，以方便用户分析与审查事故原因，像飞机上的黑匣子一样。

参考答案 B

2.5 新一代信息技术

一、基础部分

1．下列属于大数据 5V 特点的是_____。
   A．Volume，Variety，Value，Velocity，Veracity
   B．Voluma，Variety，Value，Velocity，Veracity
   C．Volume，Variaty，Value，Velocity，Veracity
   D．Volume，Variety，Value，Velocity，Verecity

2．大数据关键技术中，HBase 主要被应用于_____。
   A．数据采集　　　　B．数据分析　　　　C．数据存储　　　　D．数据挖掘

3．下列有关大数据的关键技术的说法错误的是_____。
   A．数据采集阶段主要使用数据抽取工具 ETL
   B．数据存储是结构化数据非结构化数据和半结构化数据的存储与访问
   C．数据管理中分布式并行处理技术比较常用的是 Chukwa
   D．数据处理需要需经过 5 个环节：①数据准备；②存储管理；③计算处理；④数据分析；⑤知识展现

4．从研究现状上看，下面不属于云计算特点的是_____。
   A．超大规模　　　　　　　　　　　　B．虚拟化
   C．极其昂贵　　　　　　　　　　　　D．高可靠性和按需服务

5．以下关于云计算架构及技术的说法，不正确的是_____。
   A．云计算的关键技术之一是网格计算，网格计算是一种计算能力提升的方式，其原理是依据串行计算理论，将子系统分布式提交到其他服务器上运行，以获得更强大的计算能力，基础是 Web Service
   B．云计算技术架构 4 层为设施层、资源层、资源控制层、服务层
   C．云计算的关键技术包括网格计算和虚拟化两种，其中虚拟化包括网络虚拟化和存储虚拟化等
   D．云计算的核心从内部结构来看，包括资源池、云操作系统和云接入平台

6. 以下关于物联网的描述中，错误的是_____。
   A．从技术架构上看，物联网可分为感知层、传输层和应用层
   B．物联网的核心和基础仍是 Internet，是在因特网基础上延伸和扩展的网络
   C．感知层由各种传感器以及传感器网关构成，是识别物体、采集信息的来源
   D．应用层是物联网和用户（包括人、组织和其他系统）的接口，它需与行业需求相结合
7. RFID 射频技术多应用于物联网的_____。
   A．感知层　　　　　　B．网络层　　　　　　C．应用层　　　　　　D．传输器
8. 从技术架构上看，物联网可分为 3 层：感知层、传输层和应用层，_____是物联网 3 层中标准化程度最高、产业化能力最强、最成熟的部分。
   A．感知层　　　　　　B．网络层　　　　　　C．应用层　　　　　　D．传输器
9. 下列关于"物联网"的说法错误的是_____。
   A．具有智能处理的能力
   B．不能对物体实施智能控制
   C．是各种感知技术的广泛应用
   D．感知层作为物联网架构的基础层面，主要技术包括产品和传感器（条码、RFID、传感器等）自动化识别技术、无线传输技术（WLAN、Bluetooth、ZigBee、UWB）、自组织组网技术、中间件技术
10. 关于移动互联网关键技术的描述，正确的是_____。
    A．Web2.0 保留了 Web1.0 用户体验的低参与度，被动接受的特征
    B．HTM5 支持地理位置定位，更适合移动应用开发
    C．Android 是一种基于 Linux 的自由及开放源代码的操作系统，主要应用于移动设备
    D．iOS 是一个开源操作系统，支持的应用开发语言包括 C、C#等
11. 移动互联网的主要特点是_____。
    ①接入移动性　　　　②时间碎片化　　　　③生活相关化　　　　④终端多样性
    ⑤小巧轻便随身携带　⑥具有传统互联网应用的简单复制和移植
    A．①②③⑤　　　　B．①②④⑤　　　　C．①②③④⑤⑥　　D．①②③④

二、进阶部分

12. 大数据中 Volume 指的是数据体量巨大，以下选项正确的是_____。
    A．1PB=1024B　　　B．1PB=1024EB　　C．1ZB=1024EB　　D．1TB=1024PB
13. 在下列应用场景中，属于 SaaS（软件即服务）模式的是_____。
    A．供应商通过 Internet 提供软件，消费者从供应商处租用基于 Web 的软件来管理企业经营活动
    B．供应商开拓新的 IT 基础设施业务，消费者通过 Internet 从计算机基础设施获得服务
    C．消费者从供应商处购买软件的 License

D. 消费者从互联网下载和使用免费软件

14. 关于常用的QQ、微信、手机中的购物软件App和百度网盘，下列说法正确的是_____。
    A. QQ是SaaS，在沟通模型中是解码工具
    B. 微信是IaaS，在沟通模型中是媒介
    C. 百度网盘是PaaS，在沟通模型中是编码工具
    D. 淘宝是SaaS，在沟通模型中是媒介

15. 区块链2.0技术架构自上而下分为数据层、网络层、共识层、激励层、智能合约层，传播机制、验证机制属于架构中的_____。
    A. 数据层　　　　B. 网络层　　　　C. 共识层　　　　D. 激励层

16. 区块链是_____、点对点传输、共识机制、加密算法等计算机技术的新型应用模式。
    A. 数据仓库　　　　　　　　　　B. 中心化数据库
    C. 非链式数据结构　　　　　　　D. 分布式数据存储

三、解析及答案

1. 解析　业界通常用5V［Volume（体量大）、Variety（多样性）、Value（价值密度低）、Velocity（快速化）和Veracity（数据的准确性和可信赖度）］来概括大数据的特征。

参考答案　A

2. 解析　HBase不同于一般的关系数据库，是非结构化数据存储的数据库。

参考答案　C

3. 解析　数据管理主要使用了分布式并行处理技术，比较常用的是MapReduce。

参考答案　C

4. 解析　云计算的特点有超大规模、虚拟化、高可靠性、通用性、高可扩展性、按需服务、极其廉价、潜在危险。

参考答案　C

5. 解析　云计算的关键技术包括网格计算和虚拟化两种，网格计算是一种计算能力提升的方式，其原理是依据并行计算理论，将子系统分布式提交到其他服务器上运行，以获得更强大的计算能力，基础是Web Service。虚拟化包括网络虚拟化和存储虚拟化等。

参考答案　A

6. 解析　物联网可分为感知层、网络层和应用层3层。

参考答案　A

7. 解析　物联网架构可分为3层，分别是感知层、网络层和应用层。感知层由各种传感器构成，包括温/湿度传感器、二维码标签、RFID标签和读写器、摄像头、GPS等感知终端。感知层是物联网识别物体、采集信息的来源；网络层由各种网络，包括互联网、广电网、网络管理系统和云计算平台等组成，是整个物联网的中枢，负责传递和处理感知层获取的信息；应用层是物联网和用户的接口，它与行业需求结合，实现物联网的智能应用。

参考答案 A

8．解析 物联网三层架构如下。

（1）感知层：负责信息采集和物物之间的信息传输。

（2）网络层：是物联网三层中标准化程度最高、产业化能力最强、最成熟的部分。

（3）应用层：实现应用是物联网发展的根本目标。

参考答案 B

9．解析 物联网具有智联属性，可进行智能控制，故本题答案选 B。

参考答案 B

10．解析 Web2.0 是高参与度、互动接受。HTML5 支持地理位置定位，更适合移动应用开发。iOS 是一个非开源的操作系统，iOS 的开发语言是 Objective-C、C 和 C++。

参考答案 C

11．解析 移动互联网=移动通信网络+互联网内容和应用，它不仅是互联网的延伸，而且是互联网的发展方向。其小巧轻便的特点决定了移动互联网不仅具有传统互联网应用的简单复制和移植，还具有接入移动性、时间碎片性、生活相关性、终端多样性等新特征。

参考答案 C

12．解析 1PB=1024TB，1EB=1024PB，1ZB=1024EB。

参考答案 C

13．解析 供应商通过 Internet 提供软件，消费者从供应商处租用基于 Web 的软件来管理企业经营活动。这属于 SaaS（软件即服务）模式。

参考答案 A

14．解析 QQ、微信和淘宝是 SaaS，在沟通模型中属于媒介，网络云盘是 IaaS。

参考答案 D

15．解析 区块链 2.0 技术架构及每层包括的内容如下图所示。

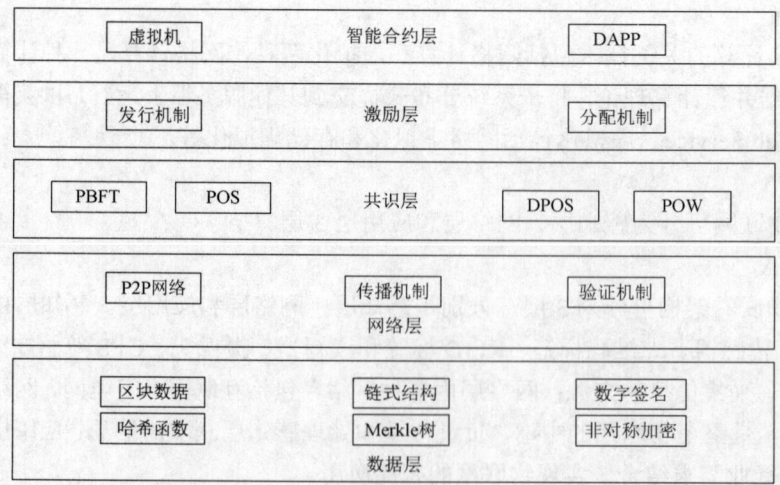

48

参考答案　B

16. **解析**　区块链是分布式数据存储、点对点传输、共识机制、加密算法等计算机技术的新型应用模式。所谓共识机制是区块链系统中实现不同节点之间建立信任、获取权益的数学算法。

区块链（Blockchain）是比特币的一个重要概念，它本质上是一个去中心化的数据库，同时作为比特币的底层技术。区块链是一串使用密码学方法相关联产生的数据块，每一个数据块中包含了一次比特币网络交易的信息，用于验证其信息的有效性（防伪）和生成下一个区块。

参考答案　D

3 信息技术服务知识

3.1 产品、服务和信息技术服务

一、基础部分

1. 产品的广义概念是指可以满足人们需求的载体，狭义概念是指被生产出的物品。产品是一组将输入转化为输出的相互关联或相互作用的活动的结果。通常有 4 种类别的产品，它们分别是_____。

   A. 软件、硬件、服务、管理过程产出物　　B. 服务、软件、硬件、流程性材料
   C. 交换、软件、硬件、流程性材料　　　　D. 软件、硬件、服务、交付材料

2. 服务作为产品，以下_____不是服务的特性。

   A. 无形性　　　B. 不可分离性　　　C. 易消失性　　　D. 易获取性

3. IT 服务供方为需方提供开发、应用信息技术的服务，以及供方以信息技术为手段提供支持需方业务活动的服务，下列不属于 IT 服务分类的是_____。

   A. 信息技术咨询服务　　　　　　B. 财务管理
   C. 运行维护服务　　　　　　　　D. 呼叫中心服务

二、进阶部分

4. 服务的提供常会因人、因时、因地而发生变化。随着服务提供者的不同或提供服务的时间与地点不同，都会使服务的效果不同体现了服务的_____特性。

   A. 无形性　　　B. 不可分离性　　　C. 易消失性　　　D. 异质性

三、解析及答案

1. **解析**　一种产品可由两个或多个不同类别的产品构成，产品类别（服务、软件、硬件或流程性材料）的区分取决于其主导成分，例如流程性材料（如燃料、冷却液）、软件（如发动机控制软件、驾驶员手册）和服务（如销售人员所做的操作说明）所组成。

参考答案 B

2．**解析** 服务不同于一般实体性产品的 4 个特性：无形性（Intangibility）、不可分离性（Inseparability）、异质性（Heterogeneity）与易消失性（Perishability）。

参考答案 D

3．**解析** IT 服务提供商为其客户提供信息咨询、软件升级、硬件维修等全方位的服务，具体包括产品维护服务、IT 专业服务、集成和开发服务、IT 管理外包服务等。财务管理不属于 IT 服务范畴。

参考答案 B

4．**解析** 服务的提供常会因人、因时、因地而发生变化。随着服务提供者的不同或提供服务的时间与地点不同，都会使服务的效果不同，体现了服务的异质性。

参考答案 D

3.2 运维、运营和经营

一、基础部分

1. 信息系统项目生命周期中，内容最多、最繁杂的阶段是_____。
   A．立项　　　　　　　B．消亡　　　　　　　C．实施　　　　　　　D．运维
2. _____是服务组织提供服务的必要条件。
   A．具备相应运维服务能力　　　　　　　B．人才
   C．资金　　　　　　　　　　　　　　　D．设备
3. 运行维护服务能力的 4 个关键要素是人员、资源、技术和_____。
   A．资金　　　　　　　B．设备　　　　　　　C．环境　　　　　　　D．过程
4. 运营管理指对生产和提供公司的产品和服务的系统进行设计、运行、评价和改进。其中，（1）是根据运营目标，根据企业对运营系统的要求，来设计实现目标的手段。（2）是在执行的过程中，不断地监控和追踪，衡量运营系统，与期望的结果进行对比，其目的是更好地实现运营目标。
   （1）A．设计　　　　　B．运行　　　　　　　C．评价　　　　　　　D．改进
   （2）A．设计　　　　　B．运行　　　　　　　C．评价　　　　　　　D．改进
5. 下列关于运营管理的说法，错误的是_____。
   A．运营是对组织经营过程的计划、组织、实施和控制，是与产品生产和服务创造等密切相关的各项管理工作的总称
   B．运营强调以运营管理为中心，是把投入的资源（生产要素）按照特定要求转换为产出（产品和服务）的过程
   C．运营管理的对象是运营过程和运营系统
   D．运营过程不仅是一个投入、转换、产出的过程，也是一个价值增值的过程，它是运营的第一大对象

6. 《信息技术服务分类与代码》（GB/T 29264－2012）中运行维护的定义是：采用信息技术手段及方法，依据需方提出的服务级别要求，对其信息系统的_____提供的各种技术支持和管理服务。
   A. 网络环境、硬件、软件及安全等　　　B. 基础架构、硬件、软件及安全等
   C. 基础环境、硬件、软件及网络等　　　D. 基础环境、硬件、软件及安全等

7. 下列关于经营的叙述，不正确的是_____。
   A. 经营需要经营者、经营对象、经营权和经营载体
   B. 经营者是主体，经营载体是客体
   C. 经营权是手段，经营载体是经营活动得以进行的组织
   D. 经济的载体被称为经济组织，一般是家庭、企业；政治的载体是政治组织，一般是政府

8. 下列不属于经营观念的是_____。
   A. 市场观念、创新观念　　　B. 市场观念、长远观念
   C. 竞争观念、社会观念　　　D. 宏观观念、保守观念

9. 下列不属于战略目标的是_____。
   A. 成长性目标　　B. 稳定性目标　　C. 需求性目标　　D. 竞争性目标

10. 下列_____不属于制定经营目标的原则。
    A. 关键性原则　　B. 可行性原则　　C. 激励性原则　　D. 临时性原则

11. 下列_____不属于制订经营计划的特点。
    A. 关键性　　B. 决策性　　C. 综合性　　D. 外向性

12. 下面不属于经营计划的任务的是_____。
    A. 把经营目标具体化　　　　　　　B. 分配各种资源
    C. 协调生产经营活动，提高经济效益　D. 完成战略目标

二、进阶部分

13. 对信息系统正常运行所需的电力、空调、消防和安防等基础环境的运维属于 IT 运维分类的_(1)_运维服务类型。面向台式机、便携式计算机、掌上电脑等计算机设备以及输入输出设备等的运维服务属于_(2)_运维服务类型。
    （1）A. 硬件运维　　B. 基础环境运维　　C. 网络运维　　D. 安全运维
    （2）A. 桌面运维　　B. 主机运维　　　　C. 网络运维　　D. 存储运维

14. 某企业信息中心王工负责操作系统和数据库系统及中间件的运维服务，该服务属于_____。
    A. 桌面运维服务　　　　B. 基础软件运维服务
    C. 应用软件运维服务　　D. 支撑软件运维服务

15. 信息技术服务标准（ITSS）定义了 IT 服务的核心要素由人员、过程、技术和资源组成。_____要素关注"正确做事"。
    A. 人员　　B. 过程　　C. 技术　　D. 资源

16. 用户需求是企业经营活动的出发点和归宿，是企业生存发展之源，企业生产什么、生产多少、什么时候生产反映了经营的 (1) 经营思想；(2) 是企业处理现状和变革之间关系的经营思想；(3) 是企业护理自身近期利益与长远发展关系的经营思想。

(1) A．市场观念　　　　B．创新观念　　　　C．竞争观念　　　　D．长远观念
(2) A．市场观念　　　　B．创新观念　　　　C．效益观念　　　　D．长远观念
(3) A．市场观念　　　　B．社会观念　　　　C．竞争观念　　　　D．长远观念

三、解析及答案

1．**解析**　运维是信息系统全生命周期中的重要阶段，也是内容最多、最繁杂的部分，是对信息系统提供维护和技术支持以及其他相关的支持和服务。

参考答案　D

2．**解析**　任何组织和个人提供运维服务需要依据需方提出的服务级别要求，并确保提供的运维服务符合与需方约定的质量要求，所以具备相应运维服务能力是服务组织提供服务的必要条件。

参考答案　A

3．**解析**　在《信息技术服务运行维护 第1部分：通用要求》（GB/T 28827.1—2012）中给出了供方运维服务的能力模型，该模型定义了运行维护服务能力的4个关键要素，即人员、资源、技术和过程，每个要素通过关键指标反映应具备的条件和能力。

参考答案　D

4．**解析**　运营管理指对生产和提供公司的产品和服务的系统进行设计、运行、评价和改进。其中，设计是根据运营目标，根据企业对运营系统的要求，来设计实现目标的手段。评价是在执行的过程中，不断地监控和追踪，衡量运营系统，与期望的结果进行对比，其目的是更好地实现运营目标。

参考答案　(1) A　(2) C

5．**解析**　运营强调以经营为中心，是把投入的资源（生产要素）按照特定要求转换为产出（产品和服务）的过程。运营管理的对象是运营过程和运营系统。运营过程不仅是一个投入、转换、产出的过程，也是一个价值增值的过程，它是运营的第一大对象。

参考答案　B

6．**解析**　《信息技术服务分类与代码》（GB/T 29264—2012）中运行维护的定义是：采用信息技术手段及方法，依据需方提出的服务级别要求对其信息系统的基础环境、硬件、软件及安全等提供的各种技术支持和管理服务。

参考答案　D

7．**解析**　经营需要经营者、经营对象、经营权和经营载体，经营者是主体，经营对象是客体，经营权是手段，经营载体是经营活动得以进行的组织。

参考答案　B

8．**解析**　企业的经营思想是指贯穿企业经营活动全过程的指导思想，具体地表现为6个观念：

市场观念、竞争观念、效益观念、创新观念、长远观念、社会观念。

参考答案 D

9. **解析** 企业的经营目标按其重要性来说可分为战略目标和战术目标。战略目标有成长性目标、稳定性目标和竞争性目标。

参考答案 C

10. **解析** 制定经营目标的原则有目标的关键性原则、目标的可行性原则、目标的定量化原则、目标的一致性原则、目标的激励性原则、目标的灵活性原则。

参考答案 D

11. **解析** 经营计划的特点有决策性、外向性、综合性、激励性。

参考答案 A

12. **解析** 经营计划的任务是把经营目标具体化、分配各种资源、协调生产经营活动、提高经济效益。

参考答案 D

13. **解析** 对信息系统正常运行所需的电力、空调、消防和安防等基础环境的运维属于IT运维分类的基础环境运维。面向台式机、便携式计算机、掌上电脑等计算机设备以及输入输出设备等的运维服务属于桌面运维。

参考答案 （1）B （2）A

14. **解析** 操作系统和数据库系统、中间件、语言处理系统和办公软件的运维服务属于基础软件运维服务。

参考答案 B

15. **解析** IT服务的核心要素由人员、过程、技术和资源组成，人员是正确选人，过程是正确做事，资源是保障做事，技术是高效做事。

参考答案 B

16. **解析** 企业的经营思想是指贯穿企业经营活动全过程的指导思想，具体地表现为6个观念：市场观念、竞争观念、效益观念、创新观念、长远观念、社会观念。企业生存发展之源，企业生产什么、生产多少、什么时候生产，反映了经营的市场观念经营思想；创新观念是企业处理现状和变革之间关系的经营思想；长远观念是企业护理自身近期利益与长远发展关系的经营思想。

参考答案 （1）A （2）B （3）D

3.3 IT治理

一、基础部分

1. IT治理强调信息化目标与企业_____保持一致。
   A．项目管理目标　　B．战略管理目标　　C．质量管理目标　　D．经营管理目标

2. 关于 IT 治理与 IT 管理的关系描述，不正确的是_____。
   A．IT 管理和 IT 治理相辅相成，缺一不可
   B．IT 治理是 IT 管理的基石
   C．IT 治理比 IT 管理更重要
   D．IT 治理是在 IT 管理既定模式下采取的行动

二、进阶部分

3. 下面关于 IT 治理的说法，不正确的是_____。
   A．IT 治理就是在信息化过程中关于各方利益最大化的制度安排
   B．IT 治理是企业 IT 部门在 IT 系统运维阶段中在管理方面采用的方法论、手段、制度、流程、文档的统称
   C．IT 治理保护利益相关者的权益，对风险进行有效管理，合理利用 IT 资源，平衡成本和收益
   D．IT 治理是企业利益相关者和经营者共同的责任

三、解析及答案

1. **解析** IT 治理强调信息化目标与企业战略目标保持一致，IT 利用其自身特点，为企业战略规划提供技术或控制方面的支持，以保证信息化建设能够真正落实和贯彻组织业务战略和目标。
   参考答案 B

2. **解析** IT 治理和 IT 管理二者相辅相成缺一不可，没有好的治理，企业管理的好是偶然的，管理不好是必然的；对于 IT，如果存在好的 IT 治理机制，IT 管理的好是必然的、管理不好是偶然的。IT 治理是 IT 管理的基石，某种意义上 IT 治理比 IT 管理更重要。IT 管理是在既定的 IT 治理模式下采取的行动。所以 D 错误。
   参考答案 D

3. **解析** IT 管理是企业 IT 部门在 IT 系统运维阶段中在管理方面采用的方法论、手段、制度、流程、文档的统称。所以 B 错误。
   参考答案 B

3.4 IT 服务管理

一、基础部分

1. 以下关于 ITSM 的说法中，错误的是_____。
   A．ITSM 的主要工作是提供低成本、高质量的服务
   B．ITSM 是一种以流程为中心的 IT 管理

C. ITSM 是通过 SLA 来提供服务的

D. ITSM 的基本原理是"二次转换"，第一次是梳理，第二次是打包

2. IT 服务管理（IT Service Management，ITSM）是一套帮助组织对 IT 系统的规划、研发、实施和运营进行有效管理的方法，是一套_____。

　　A．管理理论　　　　B．方法论　　　　C．技术资源库　　　　D．工具库

3. 实施 TISM 的根本目标有 3 个，分别是以客户为中心提供 IT 服务，提供高质量、低成本的服务和_____。

　　A．提供的服务是可准确计价

　　B．以流程为导向

　　C．通过 SLA（服务级别协议）来保证服务质量

　　D．二次转换

4. ITSM 的基本原理可简单地用"二次转换"来概括，下列说法正确的是_____。

　　A．第一次是"打包"，第二次是"梳理"　　B．梳理是流程管理转换为技术管理

　　C．打包是流程管理转化为服务管理　　　　D．打包是服务管理转化为流程管理

二、进阶部分

5. 下列关于 ITSM（IT 服务管理）与 IT 规划的叙述，不正确的是_____。

　　A．ITSM 适用于 IT 管理而不是组织的业务管理

　　B．ITSM 的重点是 IT 的运营和管理，而不仅仅是 IT 的战略规划

　　C．ITSM 关注的是组织的 IT 方面的战略问题，而 IT 规划关注的是确保 IT 战略得到有效执行的战术性和运营性活动

　　D．ITSM 的主要任务是管理客户和用户的 IT 需求

三、解析及答案

1. **解析**　ITSM 是一种 IT 管理，与传统的 IT 管理不同，它是一种以服务为中心的 IT 管理。以流程为导向，以客户为中心的方法。

　　参考答案　B

2. **解析**　IT 服务管理是一套帮助组织对 IT 系统的规划、研发、实施和运营进行有效管理的方法，是一套方法论。

　　参考答案　B

3. **解析**　实施 ITSM 的根本目标有 3 个，即以客户为中心提供 IT 服务，提供高质量、低成本的服务，提供的服务是可准确计价的。

　　参考答案　A

4. **解析**　ITSM 的基本原理可简单地用"二次转换"来概括，第一次是"梳理"，第二次是"打包"。梳理是技术管理转换为流程管理，打包是流程管理转化为服务管理。

参考答案 C

5. **解析** IT 规划关注的是组织的 IT 方面的战略问题，而 ITSM 关注的是确保 IT 战略得到有效执行的战术性和运营性活动。

参考答案 C

3.5 项目管理

一、基础部分

1. 下列关于项目管理特性的叙述，不正确的是_____。
   A．项目管理具有明确的开始和完成时间说的是项目临时性的特点
   B．项目的可交付成果（产品、服务）具有非重复性特点是项目独特性的特点
   C．项目实施过程体现了一个向目标推进不断完善的过程是项目不确定性的特点
   D．项目外部受到各种各样的风险，体现了项目的不确定性

2. 项目管理试图对 5 个变量进行控制，以下选项不属于 5 个变量的是_____。
   A．时间、成本   B．范围、风险
   C．采购、人力资源   D．范围、成本

3. (1)管理是为了确保项目最终按时完成的一系列管理过程。(2)是为了实现项目目标，对项目的工作内容进行控制的管理过程，包括范围的界定、范围规划等。(3)是为了从项目实施组织之外获得所需资源或服务所采取的一系列管理措施。
   (1) A．时间   B．范围   C．采购   D．成本
   (2) A．风险   B．范围   C．采购   D．成本
   (3) A．整体   B．干系人   C．采购   D．成本

4. 下列_____不属于项目群的生命周期的一个阶段。
   A．识别项目群   B．对项目群综合治理
   C．项目的组合管理   D．项目群的成本管理

5. _____不属于项目群管理的组织结构类型。
   A．单类项目群   B．多类项目群   C．集中式项目群   D．复合式项目群

6. 下列关于项目群管理的说法正确的是_____。
   A．在 IT 行业，IT 服务项目群划分往往以 IT 服务项目的规模进行合并，按项目集进行管理
   B．单业务项目群是指以实现客户目标为导向，对应单独的客户，每个客户有多个 IT 服务业务的项目
   C．单客户项目群是以服务为导向，对应单独的 IT 服务，每个 IT 服务有多个客户的项目
   D．多类项目群与单类项目群最大的区别在于项目规模较大，一名项目经理已经难以协调，需要设置 PMO 或者 IT 服务总监在上层进行统一协调管理

二、进阶部分

7. 项目管理各过程组成的 5 个过程组可以对应到 PDCA 循环，监控过程组对应到 PDCA 循环是_____。

   A．执行和检查　　　　B．执行和行动　　C．跟踪和控制　　D．以上都不是

8. 下列关于项目群管理的说法，不正确的是_____。

   A．复合项目群是指单类项目群和多类项目群的组合，往往区分大客户和中小客户
   B．复合项目群中大客户以客户目标管理，每个客户下有多个业务；中小客户以业务目标管理，每个业务下面有多个客户
   C．多客户项目群管理，按照业务目标管理，设置 PMO 或 IT 服务总监，分别管理多个 IT 服务业务，每个业务设置有项目经理，每个项目经理分管多个客户
   D．以业务为导向的多类项目群是多业务和多项目聚类整合后的项目群管理，以客户为导向的多类项目群是多客户和多项目聚类整合后的项目群管理

三、解析及答案

1. **解析**　不同的项目也许千差万别，但是它们至少都必须具备临时性、独特性、渐进性、不确定性。项目实施过程体现了一个向目标推进不断完善的过程是项目渐进性的特点。

   参考答案　C

2. **解析**　项目管理试图获得对时间、成本、质量、范围、风险 5 个变量的控制。

   参考答案　C

3. **解析**　时间管理是为了确保项目最终按时完成的一系列管理过程。范围管理是为了实现项目目标，对项目的工作内容进行控制的管理过程，包括范围的界定、范围规划等。采购是为了从项目实施组织之外获得所需资源或服务所采取的一系列管理措施。

   参考答案　（1）A　（2）B　（3）C

4. **解析**　项目群的生命周期包括识别项目群、定义项目群、对项目群综合治理、项目的组合管理、项目群的收益管理、项目群的收尾管理等。

   参考答案　D

5. **解析**　项目群管理组织结构的基本形式为单类项目群组织结构、多类项目群组织结构、复合式组织结构。

   参考答案　C

6. **解析**　A 选项在 IT 行业，IT 服务项目群划分往往以 IT 服务项目的规模进行合并，按项目群进行管理；单客户项目群是指以实现客户目标为导向，对应单独的客户，每个客户有多个 IT 服务业务的项目。单业务项目群是以服务为导向，对应单独的 IT 服务，每个 IT 服务有多个客户的项目。

参考答案 D

7. **解析** 项目管理各过程组成的5个过程组可以对应到PDCA循环,监控过程组对应到PDCA循环是"跟踪"和"控制"对应。

参考答案 C

8. **解析** 多业务项目群管理,按照业务目标管理,设置PMO或IT服务总监,分别管理多个IT服务业务,每个业务设置有项目经理,每个项目经理分管多个客户。

参考答案 C

3.6 质量管理理论

一、基础部分

1. 质量管理阶段,大致经历了手工艺人时代、质量检验阶段、统计质量控制阶段和_____4个阶段。
   A．零缺陷质量管理   B．全面质量管理
   C．过程质量管理   D．精益质量管理

2. 质量管理过程包括质量策划、质量控制、质量保证和_____。
   A．质量确认   B．质量改进   C．质量完善   D．质量评价

3. 下列关于质量管理过程的说法,不正确的是_____。
   A．质量策划是根据质量目标确定工作内容、职责权限、然后确定程序和要求,最后才付诸实施的一系列过程
   B．质量管理是指导和控制与质量有关的活动,质量保证是质量管理的一部分,致力于目标并规定必要的运行过程和相关资源以实现质量目标
   C．质量策划的输出是质量计划文件
   D．质量控制、质量保证、质量改进只有经过质量策划,才可能有明确的对象和目标,才可能有切实的措施和方法

4. 下列不属于质量策划阶段的输入的是_____。
   A．质量方针或上级质量目标的要求
   B．客户相关的需求和期望
   C．确定相关的职责和权限
   D．过去的经验教训

5. 六西格玛管理是一种改善企业质量流程管理方法,以"零缺陷"的完美商业追求带动质量成本的大幅度降低。关于六西格玛管理的描述,不正确的是_____。
   A．六西格玛遵循五步循环改进法,即定义、测量、分析、改进、回顾
   B．六西格玛人员包括绿带、黑带和黑带大师

C．六西格玛中过程能力用西格玛来度量，西格玛越大，过程波动越小

D．六西格玛管理既着眼于产品、服务质量，又关注过程改进

6. 以下关于质量控制要点的说法，错误的是_____。

A．质量控制的范围包含生产过程和质量管理过程

B．质量控制的关键是使所有质量过程和活动始终处于完全受控状态

C．质量控制的主要内容包括制定质量保证计划、过程与产品质量检查等

D．质量控制的基础是过程控制

7. 以下不属于质量策划内容的是_____。

A．设定质量目标　　　　　　　　　B．确定所需的其他资源

C．确定相关的职责和权限　　　　　D．建立质量管理体系程序

8. 下列关于质量改进和质量控制的说法，不正确的是_____。

A．质量控制是为了消除系统性或者长期性的资料问题，对现有的质量水平在控制的基础上加以提高，使质量达到一个新水平、新高度

B．质量控制是质量改进的前提，质量改进是质量控制的发展方向，控制意味着维持其质量水平，改进的效果则是突破或提高

C．质量控制是面对"今天"的要求，而质量改进是为了"明天"的需要

D．质量改进的对象包括产品或服务的质量但是不包括各部门的工作质量

9. 质量管理常见的方法有 PDCA 循环、_____等。

A．零缺陷、质量三部曲和 CMMI　　　B．零缺陷、六西格玛和客户关系管理

C．质量三部曲、零缺陷和六西格玛　　D．质量三部曲、零缺陷和客户关系管理

10. 下面_____不属于常见的质量改进的项目。

A．市场上质量竞争不敏感的项目

B．质量指标达不到规定"标准"的项目

C．产品或服务质量低于行业先进水平的项目

D．客户意见集中的项目或质量成本高的项目

11. 质量改进实施方法中，PDCA 的实施方法步骤，正确的是_____。

①明确问题　　②掌握现状　　③确认效果　　④分析问题产生的原因

⑤拟定对策并实施　　⑥防止问题再发生并标准化　　⑦总结

A．①②③④⑤⑥⑦　　　　　　　　B．①②④③⑤⑥⑦

C．①②④⑤③⑥⑦　　　　　　　　D．①②④⑤⑥⑦③

12. 质量改进实施方法的 DMAIC 方法的步骤，正确的是_____。

①定义（Define）　　②测量（Measure）　　③分析（Analyze）

④改进（Improve）　　⑤控制（Control）

A．①②③④⑤　　B．④⑤③②①　　C．①④⑤③②　　D．③④⑤①②

13. DMAIC 质量改进法中，(1)是辨认需要改进的产品或过程，确定项目所需的资源。(2)

定义缺陷，收集此产品或过程的表现作为底线，建立改进目标。

（1）A．定义　　　　　B．测量　　　　　C．分析　　　　　D．控制

（2）A．定义　　　　　B．测量　　　　　C．分析　　　　　D．控制

14．质量管理中_____方法工具是利用统计表对数据进行整理和初步原因分析。其格式多种多样，方法虽然简单，但是实用有效。

　　A．表格法　　　　　B．统计分析表　　　C．数据分层法　　　D．原因分析法

15．质量管理工具中，_____将性质相同的，在同一条件下收集的数据归纳在一起，以便进行比较分析。

　　A．数据分层法　　　B．统计分析表　　　C．因果图法　　　　D．归纳法

16．排列图（帕累托图）可以用来进行质量控制是因为_____。

　　A．它按缺陷的数量多少画出一条曲线，反映了缺陷的变化趋势

　　B．它将缺陷数量从大到小进行了排列，使人们关注数量最多的缺陷

　　C．它将引起缺陷的原因从大到小排列，项目团队应关注造成最多缺陷的原因

　　D．它反映了按时间顺序抽取的样本的数值点，能够清晰地看出过程实现的状态

17．寻找影响质量主次因素的质量控制工具是_____。

　　A．直方图　　　　　B．因果分析图　　　C．控制图　　　　　D．排列图

18．在质量控制中,要分析判断质量分布状态应采用_____。如何合理分组是其中关键问题。

　　A．直方图法　　　　　　　　　　　　　B．因果分析图法

　　C．排列图法　　　　　　　　　　　　　D．控制图法

19．_____主要靠用事实说话，靠灵感发现新思想，解决新问题。

　　A．KJ法　　　　　　B．关联图　　　　　C．控制图　　　　　D．鱼骨图

20．关于质量管理7种描述，不正确的是_____。

　　A．帕累托图用于识别造成大多数问题的少数重要原因

　　B．控制图展示了项目进展信息，用于判断某一过程是否失控

　　C．直方图用于描述几种趋势分散程度和统计分布，反应了时间对分布内的变化的影响

　　D．过程决策程序图用于理解一个目标与达成此目标的步骤之间的关系

21．在质量管理中，可以使用_____判断一个过程是处于控制状态还是处于失控状态。

　　A．散点图　　　　　B．运行图　　　　　C．控制图　　　　　D．因果图

22．质量管理工具中，_____是借助数学上矩阵的形式，把与问题有对应关系的各个因素，从问题事项中找出成对的因素群，分别排列成行和列，找出其间行与列的相关性或相关程度大小的一种方法。

　　A．系统图　　　　　B．关联图　　　　　C．亲和图　　　　　D．矩阵图

23．A公司项目经理正在借助电子计算机用数据分析需求相关的问题，项目经理正在用_____质量管理方法。

　　A．亲和图　　　　　B．系统图　　　　　C．矩阵数据分析法　D．关联图

24. 以下关于质量管理工具的说法，错误的是_____。
    A. PDPC法又称过程决策程序图法。它是在制订达到研制目标的计划阶段，对计划执行过程中可能出现的各种障碍及结果作出预测，并相应地提出多种应变计划的一种方法
    B. "旧七种工具"的特点是强调用数据说话，重视对制造过程的质量控制
    C. 箭条图法，又称矢线图法。它是计划评审法在质量管理中的具体运用，使质量管理的计划安排具有时间进度内容的一种方法。它有利于从全局出发、统筹安排、抓住关键线路，集中力量，按时和提前完成计划
    D. "新七种工具"基本是整理、分析语言文字资料（非数据）的方法，着重用来解决全面质量管理中PDCA循环的C（控制）阶段的有关问题

二、进阶部分

25. 质量管理发展过程中，从_____开始，质量管理从"对已完成产品的事后检验"提前到"对产品生产过程中的全过程监控"。
    A. 手工艺人时代　　　　　　　　　B. 质量检验阶段
    C. 统计质量控制阶段　　　　　　　D. 全面质量管理阶段

26. 下列关于质量保证的说法，错误的是_____。
    A. 质量保证活动侧重于满足质量要求提供使对方信任的证据
    B. 质量控制侧重于如何满足质量要求
    C. 质量保证工作的主要内容是制定质量保证计划、质量保证工作报告和问题跟踪与持续改进
    D. 对于质量工作中检查发现的问题，质量控制人员需要负责跟踪质量整改情况，直至问题关闭

27. _____质量活动侧重于满足质量要求提供使对方信任的证据。
    A. 质量保证　　　B. 质量控制　　　C. 质量策划　　　D. 质量改进

28. 项目管理过程5个过程组可以对应到PDCA循环中，_____过程组与PDCA循环中的检查和行动相对应。
    A. 规划　　　　　B. 执行　　　　　C. 监控　　　　　D. 收尾

29. 在下列质量控制的统计分析方法中，需要听取各方意见，集思广益，相互启发的是_____。
    A. 排列图法　　　　　　　　　　　B. 因果分析图法
    C. 直方图法　　　　　　　　　　　D. 控制图法

30. 某制造商面临大量产品退货，产品经理怀疑是采购和货物分类流程存在问题，此时应该采用_____进行分析。
    A. 流程图　　　　B. 质量控制图　　C. 直方图　　　　D. 鱼骨图

31. 项目经理试图确定两个变量之间是否存在联系。项目经理应该采用下列_____工具。
    A. 因果图　　　　B. 控制图　　　　C. 帕累托图　　　D. 散点图

32. 使用控制图的优点之一是它能告诉你在过程中什么时候采取纠正措施；另外一个重要的结果是控制图_____。
　　A．识别特殊原因　　　　　　　　　B．告诉你何时不应该采取纠正措施
　　C．显示过失的成本是多少　　　　　D．显示谁是过失的责任人

33. 控制图中的控制上限和控制下限标明_____。
　　A．客户将要接受的界限　　　　　　B．可以接受的规范界限
　　C．可以接受的过程的偏差范围　　　D．判断项目成败的统计控制点

34. 甲公司正在新产品研制开发中，_____质量工具最适合应用于新产品研制开发中的设计方案的展开。
　　A．系统图　　　　B．关联图　　　　C．亲和图　　　　D．矩阵图

三、解析及答案

1．**解析**　质量管理阶段大致经历了手工艺人时代、质量检验阶段、统计质量控制阶段和全面质量管理4个阶段。
　　参考答案　B

2．**解析**　质量管理过程包括质量策划、质量控制、质量保证和质量改进。
　　参考答案　B

3．**解析**　质量管理是指导和控制与质量有关的活动，质量策划是质量管理的一部分，致力于目标，并规定必要的运行过程和相关资源以实现质量目标。而不是质量保证。
　　参考答案　B

4．**解析**　质量策划的输入是质量方针或上级质量目标的要求、客户相关的需求和期望、与策划内容有关的业绩或成功经历、过去的经验教训、存在的问题点或难点。
　　参考答案　C

5．**解析**　六西格玛遵循五步循环改进法，即定义、测量、分析、改进、控制。
　　参考答案　A

6．**解析**　质量保证的主要内容包括制定质量保证计划、过程与产品质量检查、编制质量保证工作报告和问题跟踪与持续改进。
　　参考答案　C

7．**解析**　质量策划的内容有设定质量目标、确定达到目标的途径、确定相关的职责和权限、确定所需的其他资源、确定实现目标的方法和工具、确定其他的策划需求。
　　参考答案　D

8．**解析**　本题考查的是质量控制和质量改进的关系，其中D选项质量改进的对象包括产品或服务的质量也包括各部门的工作质量。
　　参考答案　D

9．**解析**　质量管理常见理论方法包括戴明环、质量三部曲、零缺陷和六西格玛。

参考答案　C

10．解析　一般从以下几个方面考虑选择改进项目：①市场上质量竞争最敏感的项目；②质量指标达不到规定"标准"的项目；③产品或服务质量低于行业先进水平的项目；④其他比如质量成本高、用户意见集中、索赔与诉讼和影响产品信誉的项目。

参考答案　A

11．解析　PDCA实施方法七步骤为明确问题、掌握现状、分析问题产生的原因、拟订对策并实施、确认效果、防止问题再发生并标准化、总结。

参考答案　C

12．解析　DMAIC方法为定义（Define）、测量（Measure）、分析（Analyze）、改进（Improve）、控制（Control）5个阶段构成的过程改进方法。

参考答案　A

13．解析　DMAIC质量改进法中，定义是辨认需要改进的产品或过程，确定项目所需的资源。测量是定义缺陷，收集此产品或过程的表现作为底线，建立改进目标。

参考答案　（1）A　（2）B

14．解析　统计分析表是利用统计表对数据进行整理和初步原因分析的一种工具，其格式多种多样，方法虽然简单，但是实用有效。

参考答案　B

15．解析　数据分层法就是将性质相同的、在同一条件下收集的数据归纳在一起，以便进行比较分析。

参考答案　A

16．解析　排列图又称为帕累托图，是分析和寻找影响质量主要因素的一种工具，通过对排列图的观察分析可抓住影响质量的主要因素。

参考答案　C

17．解析　对排列图的观察分析可抓住影响质量的主要因素，又称为帕累托图。

参考答案　D

18．解析　直方图又称柱状图，它是表示数据变化情况的一种主要工具，通过直方图的分布，便于分析判断总体质量分布情况。如何合理分组是其中的关键问题。

参考答案　A

19．解析　亲和图也叫KJ法，是指把收集到大量的各种数据、资料，按照其间的亲和性（相近性）归纳整理，使问题明朗化，从而有利于问题解决的一种方法。

参考答案　A

20．解析　直方图是一种特殊形式的条形图，用于描述集中趋势、分散程度和统计分布形状。与控制图不同，直方图不考虑时间对分布内的变化的影响。

参考答案　C

21．解析　控制图就是对生产或者服务过程的关键质量特性值进行测定、记录、评估并监测过程是否处于控制状态的一种图形方法。所以选 C。

参考答案 C

22．**解析** 矩阵图是借助数学上矩阵的形式，把与问题有对应关系的各个因素，从问题事项中找出成对的因素群，分别排列成行和列，找出其间行与列的相关性或相关程度大小的一种方法。

参考答案 D

23．**解析** 矩阵数据分析法与矩阵图法类似。它区别于矩阵图法的是不在矩阵图上填符号，而是填数据，形成一个分析数据的矩阵。它是一种定量分析问题的方法，在质量管理新七大手法中，矩阵数据分析法是唯一一种利用数据分析问题的方法，应用这种方法，往往需要借助电子计算机来求解。

参考答案 C

24．**解析** "旧七种工具"的特点是强调用数据说话，重视对制造过程的质量控制；而"新七种工具"则基本是整理、分析语言文字资料（非数据）的方法，着重用来解决全面质量管理中 PDCA 循环的 P（计划）阶段的有关问题。

参考答案 D

25．**解析** 20 世纪 60 年代初，美国的费根鲍姆和朱兰提出全面质量管理理论（TQM），将质量控制扩展到产品寿命循环的全过程，强调全体员工都参与质量控制。在全面质量管理阶段，TQM 的发展又经历了 3 个步骤，从最初的以顾客为中心的质量保证，到强调持续改进的质量管理阶段，最终发展成为现在的全面质量管理阶段。

参考答案 D

26．**解析** 质量保证和和质量控制都是质量管理活动的一部分，两者都以满足质量要求为目的。质量保证活动侧重于满足质量要求提供使对方信任的证据。质量控制侧重于如何满足质量要求。

质量保证工作的主要内容包括，制定质量保证计划、过程与产品质量检查、编制质量保证工作报告和问题跟踪与持续改进。

对于质量工作中检查发现的问题，质量保证人员需要负责跟踪质量整改情况，直至问题关闭。

参考答案 D

27．**解析** 质量保证活动侧重于满足质量要求提供使对方信任的证据。

参考答案 A

28．**解析** 项目管理过程组成的 5 个过程组可以对应到 PDCA 循环，即戴明环："计划（Plan）－执行（Do）－检查（Check）－行动（Act）"循环。规划过程组与"计划－执行－检查－行动"循环中的"计划"对应；执行过程组与"计划－执行－检查－行动"循环中的"执行"对应；而监控过程组与"计划－执行－检查－行动"循环中的"检查"和"行动"对应。此外，因为一个项目的管理是一种有限的努力，所以启动过程组是这些循环的开始，而收尾过程组是其结束。项目管理的综合性要求监督与控制过程组与其他过程组的所有方面相配合。

参考答案 C

29．**解析** 因果分析图是以结果作为特性，以原因作为因素，在它们之间用箭头联系表示因果关系，是一种充分发动员工动脑筋、查原因、集思广益的好办法，也特别适应于工作小组中实行质量的民主管理。

参考答案 B

30. **解析** 产品经理怀疑是采购和货物分类流程存在问题，此时需要找出问题的原因，需要因果分析图，因果分析图又叫鱼骨图。

参考答案 D

31. **解析** 散点图又叫相关图，它是将两个可能相关的变量数据用点画在坐标图上，用来表示一组成对的数据之间是否有相关性。

参考答案 D

32. **解析** 控制图就是对生产或者服务过程的关键质量特性值进行测定、记录、评估并监测过程是否处于控制状态的一种图形方法，3 条平行于横轴的直线（中心线、上控制线和下控制线），控制界限设定在±3 个标准差的位置。如果控制图的描点落在控制线外面，表明过程异常，要采取纠正措施。

参考答案 B

33. **解析** 控制图就是对生产或者服务过程的关键质量特性值进行测定、记录、评估并监测过程是否处于控制状态的一种图形方法，3 条平行于横轴的直线（中心线、上控制线和下控制线），控制界限设定在±3 个标准差的位置。上下控制线内是可以接受的过程的偏差范围。如果控制图的描点落在控制线外面，表明过程异常，要采取纠正措施。

参考答案 C

34. **解析** 系统图法在新产品研制开发中，应用于设计方案的展开；在质量保证活动中，应用于质量保证事项和工序质量分析事项的展开；应用于目标、实施项目的展开；应用于价值工程的功能分析的展开等方面；结合因果分析图，使之进一步系统化。

参考答案 A

3.7　信息安全管理

一、基础部分

1. 信息安全中的 __(1)__ 是指只有得到允许的人才能修改数据，并且能够判别出数据是否已被篡改。信息可被合法用户访问并能按要求顺序使用的特性即在需要时就可以取用所需的信息，指的是信息安全的 __(2)__ 。__(3)__ 是指信息不被泄露给非授权的个人和实体，或供其使用的特性。

（1）A．机密性　　　　B．完整性　　　　C．可用性　　　　D．可控性
（2）A．机密性　　　　B．完整性　　　　C．可用性　　　　D．可控性
（3）A．机密性　　　　B．完整性　　　　C．可用性　　　　D．可控性

2. 在《计算机信息安全保护等级划分准则》中，确定了 5 个安全保护等级，其中最高一级是 _____。

A．用户自主保护级　　　　　　　　B．结构化保护级
C．访问验证保护级　　　　　　　　D．系统审计保护级

3．下列不属于信息安全管理活动的是_____。
A．定义信息安全策略　　　　　　　B．定义信息安全管理体系的范围
C．进行信息安全风险评估　　　　　D．实施安全检查

4．_____是一个机构信息安全的最高方针，必须形成书面文件，分发到所有员工手中，并要对所有相关员工进行培训。
A．安全文件　　　　　　　　　　　B．安全制度
C．信息安全政策　　　　　　　　　D．信息安全手册

5．《信息安全等级保护管理办法》中规定，如果信息系统受到破坏，会对社会秩序和公共利益造成特别严重损害，或者对国家安全造成严重损害，则该系统应该受到（1）保护。信息系统受到破坏后，会对社会秩序和公共利益造成严重损害，或者对国家安全造成损害，属于信息系统安全等级保护的（2）要求。

（1）A．第二级　　　B．第三级　　　C．第四级　　　D．第五级
（2）A．第二级　　　B．第三级　　　C．第四级　　　D．第五级

6．信息系统定义按照自主定级、专家评审、主管部门审批、_____审核的流程进行。
A．上级部门　　　B．公安机关　　　C．财政部门　　　D．审计部门

7．_____是我国在信息化推进进程中实施的对信息系统安全保护的基本制度、方法和策略。
A．信息安全等级保护　　　　　　　B．信息安全策略
C．信息安全保护条例　　　　　　　D．信息安全制度

二、进阶部分

8．安全等级保护工作的主要环节是_____。
①定级　　②安全检查　　③等级评测　　④备案　　⑤信息系统安全建设整改
A．①②③④⑤　　B．①④⑤③②　　C．③①②④⑤　　D．③④⑤①②

9．从信息安全属性对各种网络攻击进行分类，阻断攻击是针对_____的攻击。
A．机密性　　　　B．完整性　　　　C．可用性　　　　D．可控性

10．依据国家信息安全等级保护相关标准，军用不对外公开的信息系统的安全等级至少应该属于_____。
A．二级及二级以上　　　　　　　　B．三级及三级以上
C．四级及四级以上　　　　　　　　D．五级

三、解析及答案

1．**解析**　完整性指信息在存储或传输的过程中保持不被修改、不被破坏、不被插入、不延迟、不乱序和不丢失的特性，数据是否已被篡改说的是完整性。信息的可用性指的是信息可被合法用户

访问并能按要求顺序使用的特性。即在需要时就可以取用所需的信息。保密性指信息不被泄露给非授权的个人和实体，或供其使用的特性。

参考答案　(1) B　(2) C　(3) A

2. **解析**　在《计算机信息安全保护等级划分准则》中，从小到大确定了5个安全保护等级，见下表。

等级	安全功能	保障/有效性	国家管理程度	对象
一级	用户自主保护	基本保障	自主	中小企业
二级	系统审计保护	计划跟踪	指导	政府机构业务用的一般系统，企事业单位内部生产管理和控制的信息系统
三级	安全标记保护	良好定义	监督	基础信息网络、政府、重点工程、大型国企
四级	结构化保护	持续改进	强制	国家政府机关的重要部门的信息系统重要子系统
五级	验证保护	严格监控	专控	国家重要核心部门的专用信息系统

参考答案　C

3. **解析**　信息安全管理活动主要有定义信息安全策略、定义信息安全管理体系的范围、进行信息安全风险评估、确定管理目标和选择管理措施、准备信息安全适用性申明。

参考答案　D

4. **解析**　信息安全政策是一个机构信息安全的最高方针，必须形成书面文件，分发到所有员工手中，并要对所有相关员工进行培训。

参考答案　C

5. **解析**　第一级，用户自主保护级。适用于普通内联网用户，系统破坏后对公民、法人和其他组织权益有损害，但不损害国家安全社会秩序和公共利益。

第二级，系统审计保护级。适用于通过内联网或国际网进行商务活动，需要保密的非重要单位。系统破坏后，对公民、法人和其他组织权益有严重损害或损害社会秩序和公共利益，但不损害国家安全。

第三级，安全标记保护级。适用于地方各级国家机关、金融机构、邮电通信、能源与水源供给部门、交通运输、大型工商与信息技术企业、重点工程建设等单位，系统破坏后对社会秩序和公共利益造成严重损害或对国家安全造成损害。

第四级，结构化保护级。适用于中央级国家机关、广播电视部门、重要物资储备单位、社会应急服务部门、尖端科技企业集团、国家重点科研机构和国防建设等部门，系统被破坏后对社会秩序和公共利益造成特别严重损害或对国家安全造成严重损害。

第五级，访问验证保护级。适用于国防关键部门和依法需要对计算机信息系统实施特殊隔离的单位，系统被破坏后，对国家安全造成特别严重损害。

参考答案　(1) C　(2) B

6. 解析　信息系统定义按照自主定级、专家评审、主管部门审批、公安机关审核的流程进行。

　　参考答案　B

7. 解析　信息安全等级保护是我国在信息化推进进程中实施的对信息系统安全保护的基本制度、方法和策略。

　　参考答案　A

8. 解析　等级保护的主要环节有定级、备案、安全建设整改、等级评测和安全检查。

　　参考答案　B

9. 解析　网络安全威胁是以网络为手段窃取网络上其他计算机的资源或特权，对其安全性或可用性进行破坏的行为，依据攻击的特征分为如下类型。

类型	定义	攻击要素
中断	攻击计算机或网络系统，使资源不可用或不能用	可用性
窃取	访问未授权的资源	机密性
篡改	截获并修改资源内容	完整性
伪造	伪造信息	真实性

　　参考答案　C

10. 解析　依据国家信息安全等级保护相关标准，军用不对外公开的信息系统的安全等级至少达到三级或三级以上。

　　参考答案　B

4 IT 服务规划设计

4.1 概述

一、基础部分

1. 下列_____不属于规划设计内容。
   A. 服务要素　　　　B. 服务模式　　　　C. 服务对象　　　　D. 服务方案
2. 下列_____不是服务级别协议的内容。
   A. 连续性　　　　　B. 可用性　　　　　C. 服务能力　　　　D. 服务质量

二、进阶部分

3. 以下关于 IT 服务规划设计主要目的的叙述中，错误的是_____。
   A. 设计满足业务需求的 IT 服务
   B. 设计 SLA、测量方法和指标
   C. 无需识别风险，应由客户定义风险控制措施
   D. 规划服务的组织架构、人员编制、岗位及任职要求
4. 服务要素不包括_____。
   A. 方案　　　　　　B. 资源　　　　　　C. 技术　　　　　　D. 过程
5. 规划设计会为 IT 运维服务、数据处理和存储服务及运营服务带来的益处包括_____。
   ①增加总体拥有成本　　　　　　　　　②使新的或变更的服务的实施更便利
   ③改进服务流程　　　　　　　　　　　④服务执行更有效
   ⑤识别风险，并定义风险控制措施和机制　⑥服务管理更有效
   A. ①②④⑥　　　　B. ②③④⑥　　　　C. ③④⑤⑥　　　　D. ①②⑤⑥

三、解析及答案

1. **解析** 规划设计通过对服务要素（包括人员、资源、技术和过程）、服务模式和服务方案的具体设计，最终形成服务级别协议。

   参考答案 C

2. **解析** 服务级别协议包括服务的内容、连续性、可用性、服务能力和服务费用等。

   参考答案 D

3. **解析** IT 服务规划设计的主要目的如下。

   （1）设计满足业务需求的 IT 服务。
   （2）设计 SLA、测量方法和指标。
   （3）设计服务过程及其控制方法。
   （4）规划服务组织架构、人员编制、岗位及任职要求。
   （5）识别风险，并定义风险控制措施和机制。
   （6）识别和规划支持服务所需的技术及资源。

   参考答案 C

4. **解析** 服务要素包括人员、资源、技术和过程。

   参考答案 A

5. **解析** 规划设计会为 IT 运维服务、数据处理和存储服务及运营服务带来如下益处。

   （1）减少总体拥有成本（Total Cost of Ownership，TCO）。
   （2）使新的或变更的服务的实施更便利。
   （3）改进服务流程。
   （4）服务执行更有效。
   （5）提升 IT 服务管理。
   （6）服务管理更有效。

   参考答案 B

4.2 IT 服务规划设计活动

一、基础部分

1. 下列_____不是规划设计的有效实施需充分考虑的内容。

   A．确保规划设计考虑全面
   B．综合考虑有关职能、管理和运营等层面的问题
   C．明确重点，保证质量
   D．策划、实施、检查和改进

二、进阶部分

2. 规划设计的优劣对 IT 服务的目标的实现有重大影响。_____不属于规划设计阶段的主要活动。

   A．应急响应预案的制定　　　　　　B．服务目录设计
   C．服务需求识别　　　　　　　　　D．服务方案设计

3. 某企业组织级服务目录新增一种"安全运维服务"，为保障运维活动有效开展，其 IT 服务规划设计活动不包括_____。

   A．运维相关人员岗位设置　　　　　B．安全运维服务模式
   C．知识库知识分类　　　　　　　　D．服务台管理与评价

4. 服务方案设计不包括_____。

   A．服务模式　　　　　　　　　　　B．服务类型设计
   C．过程要素设计　　　　　　　　　D．资源要素设计

5. 规划设计从_____出发，终点为设计出符合业务需求和成果的服务方案。

   A．服务质量　　　B．服务级别　　　C．服务需求　　　D．服务类型

三、解析及答案

1. **解析**　规划设计的有效实施，需充分考虑如下内容：①确保规划设计考虑全面；②综合考虑有关职能、管理和运营等层面的问题；③明确重点，充分沟通；④策划、实施、检查和改进。

   参考答案　C

2. **解析**　IT 服务规划设计的主要活动有服务需求识别、服务目录设计、服务方案设计、服务成本和服务级别协议设计。

   参考答案　A

3. **解析**　规划设计处于整个 IT 服务生命周期中的前端，可以帮助 IT 服务供方了解客户的需求，并对其进行全面的需求分析，然后通过对服务要素（包括人员、资源、技术和过程）、服务模式和服务方案的具体设计，最终形成服务级别协议（SLA），包括服务的内容、连续性、可用性、服务能力和服务费用等，题中提到了人员设置、服务模式、知识库的分类（属于资源要素）都属于服务方案的服务要素在规划设计阶段要完成的活动，服务台管理和评价属于运营阶段要做的事，在规划设计阶段，服务台需要设置专门的沟通渠道，设定专人负责，针对沟通渠道整合服务过程，建立管理制度。

   参考答案　D

4. **解析**　服务方案设计包括服务模式、服务级别设计、人员要素设计、过程要素设计、技术要素设计、资源要素设计。

   参考答案　B

5. **解析**　规划设计从服务需求出发，终点为设计出符合业务需求和成果的服务方案。

参考答案　C

4.3 服务目录管理

一、基础部分

1. 服务目录的两种形态是业务服务目录和_____。
   A．技术服务目录　　　　　　　　B．文档服务目录
   C．产品服务目录　　　　　　　　D．配置服务目录
2. 实施一套正规 IT 服务目录的潜在效益不包括_____。
   A．促进部门同外部及内部的沟通
   B．能有效地把适当的成本分配给某个具体的业务部门、单位
   C．降低 IT 服务和流程的效率
   D．IT 资源重新分派到核心业务系统中
3. IT 服务目录的设计需与服务供方的总目标和服务能力相一致，一般步骤为确定小组成员、列举服务清单、服务分类与编码、_____、评审并发布服务目录、完善服务目录。
   A．确认服务标准　　　　　　　　B．服务项详细描述
   C．服务项概述　　　　　　　　　D．确认服务目标
4. 下列_____不是服务目录中可能包含的一些变量及促进因素。
   A．对服务进行统一收费
   B．确定服务使用费或基于服务能力的收费额
   C．增加循环过程中服务消费的数量或单元
   D．简化附加客户的流程及程序
5. 下列_____不属于服务目录设计活动关键成功因素。
   A．确保向需方提供的每个服务都是独立的，而不是某个大服务的一部分
   B．可以根据客户的需求和内部情况，对服务内容进行控制和衡量
   C．服务成本不因客户需求的不同而进行改变
   D．客户容易认可和感受对服务成本有较大影响的服务

二、进阶部分

6. IT 服务目录的设计一般按照_____的步骤进行。
   ①服务分类与编码　　②确定小组成员　　③服务详细描述　　④评审及发布服务目录
   ⑤列举服务清单　　　⑥完善服务目录
   A．①→②→④→⑤→③→⑥　　　B．②→⑤→①→③→④→⑥
   C．①→②→⑤→④→③→⑥　　　D．②→⑤→④→③→①→⑥

7. _____ 标志着 IT 服务目录条款的最终确定。
   A．服务目录通过了组织内部的逐层审核或评审
   B．服务目录中的服务项大部分有效实施
   C．服务目录中的服务项逐一实施并被客户认同
   D．服务目录通过第三方的评审

8. 参与服务目录设计活动的小组成员至少应包括_____。
   A．需方业务代表、质量管理工程师、系统规划与管理师
   B．系统规划与管理师、运维项目经理、研发工程师
   C．需方业务代表、系统规划与管理师、IT 服务工程师
   D．运维项目经理、IT 服务工程师、风险评估师

9. 在服务目录设计中，可以通过_____为 IT 组织和部门创造更多、更有意义的附加价值。
   ①对桌面运维服务进行统一收费　　②根据服务呼叫数量来确定费用
   ③降低服务器巡检频率、性能优化次数　　④增加数据迁移服务等其他运维服务
   A．①②③　　　　B．①②④　　　　C．②③④　　　　D．①③④

10. 服务目录设计的目的是为所有商定的服务提供_____、连贯的信息来源，并且确保所有获准使用相关服务的人能够知道这些信息。
    A．单一　　　　B．完整　　　　C．清楚　　　　D．统一

11. 服务目录管理中的核心信息的主要输入来自服务组合和通过_____或服务级别管理流程了解到的业务情况。
    A．服务级别协议　　　　　　　　B．服务目录设计
    C．服务项目描述　　　　　　　　D．业务关系管理

三、解析及答案

1. **解析**　服务目录的两种形态是业务服务目录和技术服务目录。
   参考答案　A

2. **解析**　实施一套正规 IT 服务目录的潜在效益：①促进部门同外部及内部的沟通；②对业务要求和挑战有更好的理解；③能有效地把适当的成本分配给某个具体的业务部门、单位；④服务供方能积极、有效地改变终端用户的消费量及其消费行为；⑤增强客户的需求意识，提高 IT 服务供方的市场可视性；⑥提高 IT 服务和流程的效率；⑦把 IT 资源重新分派到核心业务系统中；⑧降低服务提供的出错率；⑨降低 IT 部门的操作成本。
   参考答案　C

3. **解析**　IT 服务目录的设计需与服务供方的总目标和服务能力相一致，一般步骤为确定小组成员、列举服务清单、服务分类与编码、服务项详细描述、评审并发布服务目录、完善服务目录。
   参考答案　B

4. **解析**　服务目录中可能包含的一些变量及促进因素如下。

(1) 对服务进行统一收费。
(2) 确定服务使用费或基于服务能力的收费额。
(3) 增加循环过程中服务消费的数量或单元。
(4) 确定相似服务提供时的优先次序。
(5) 获取新的服务或添加附加客户的流程及程序。

参考答案 D

5．解析 服务目录设计活动关键成功因素如下。
(1) 确保向需方提供的每个服务都是独立的，而不是某个大服务的一部分。
(2) 可以根据客户的需求和内部情况，对服务内容进行控制和衡量。
(3) 服务成本可以根据客户需求的不同而进行改变。
(4) 客户容易认可和感受对服务成本有较大影响的服务。

参考答案 C

6．解析 IT 服务目录的设计一般按照如下步骤进行，这都需要与服务供方的总目标和服务能力相一致。
(1) 确定小组成员：参与人员至少应包括需方业务代表、系统规划与管理师、IT 服务工程师，以确保制订服务目录时的视角是全面的。
(2) 列举服务清单：小组应当列出一个包括所有 IT 服务在内的清单，不管它们是否真的被包括在现有的 IT 服务内。
(3) 服务分类与编码：对服务清单中的内容，按服务对象的技术维度或服务性质维度进行分类，如硬件、软件、环境、响应支持、例行操作、优化改善、调研评估等。
(4) 服务项详细描述：详细描述各服务项包括的内容、价值、目标、服务级别指标、技术实现方法等。
(5) 评审并发布服务目录：服务目录在经修改、评审、定稿后，就可正式在供方组织内部发布，作为服务交付和服务管理的基准。
(6) 完善服务目录：根据客户服务需求或行业要求，继续改进服务目录，包括服务时间、服务方式、服务人员、服务定价等，并保持与需方服务需求或供方服务能力的一致性。

参考答案 B

7．解析 不同的组织针对 IT 服务目录的制订成本、复杂性及实施难度会有所不同，这完全取决于最终存档的服务目录的服务项数量。因此，只有在服务目录中的服务项逐一实施并被客户认同之后，服务目录的条款才能最终确定。

参考答案 C

8．解析 服务目录设计活动中第一步确定小组成员，参与人员至少应包括需方业务代表、系统规划与管理师、IT 服务工程师以确保制订服务目录时的视角是全面的。

参考答案 C

9．解析 服务目录包含的一些变量及促进因素如下。

（1）对服务进行统一收费。
（2）确定服务使用费或基于服务能力的收费额。
（3）增加循环过程中服务消费的数量或单元。
（4）确定相似服务提供的优先次序。
（5）获取新服务或添加附加客户的流程及程序。

参考答案　B

10．**解析**　服务目录设计的目的是为所有商定的服务提供单一、连贯的信息来源，并且确保所有获准使用相关服务的人能够知道这些信息。

参考答案　A

11．**解析**　服务目录管理中的核心信息的主要输入来自服务组合和通过业务关系管理（BRM）或服务级别管理（SLM）流程了解到的业务情况。

参考答案　D

4.4　服务级别协议

一、基础部分

1．_____是在一定的成本控制下，为保障 IT 服务的性能和可靠性，服务供方与客户间定义的一种双方认可的协定。

　　A．SLA　　　　　　B．OLA　　　　　　C．UC　　　　　　D．UD

二、进阶部分

2．_____是一个连接 IT 服务提供商和使用服务的客户双方的流程，通过识别、定义、定约、监控、报告和评审等活动，整合提供 IT 服务所需的各种要素，形成清晰地描述服务项目中各种要素的文档，以可控的方式改进 IT 服务，满足需方对服务质量的要求。

　　A．服务报告管理　　　　　　　　　　B．服务需求管理
　　C．服务级别管理　　　　　　　　　　D．服务协议管理

3．_____是指组织与外部服务供应商之间签订的有关服务实施的正式合同，是 SLA 中的重要部分。

　　A．服务级别协议（SLA）　　　　　　B．服务级别管理（SLM）
　　C．运营级别协议（OLA）　　　　　　D．支持合同（UC）

4．关于服务级别协议的描述，不正确的是_____。

　　A．服务级别协议包括服务范围、服务时间、服务交付方式、服务交付内容等，各方代表签字

B．服务级别协议是在一定的成本控制之下，为保障 IT 服务性能和可维护性，服务供方与其内部部门间定义的一种双方认可的协定

C．如果服务级别协议中包含了针对某个具有高优先事件的总目标，则运营级别协议中就应该包括针对整个支持链的每个环节的具体目标

D．一个完整的服务级别协议包括涉及的当事人、协定条款、违约处罚、双方义务等

5．某项目服务级别协议约定为甲方提供网络运维服务，提供 7×24 小时服务，服务响应时间为 5 分钟内，响应及时率达 90%，备件到场时间为 6 小时，每月提交服务报告，通过 400 电话受理服务请求。根据该级别协议进行服务方案设计，不正确的是_____。

A．定义备件响应级别，备件到场时间不多于 6 小时

B．人员培训方案设计包含桌面及应用软件运维服务知识

C．在服务台中配置客户信息、服务内容、服务级别等服务信息

D．建立服务报告计划，包括提交方式、时间、需方接受对象等

6．从内容上看，_____主要由依据 SLA 的内容加上法律条文中的责任、权利和义务构成，是 SLA 中的重要部分。

A．OLA　　　　　B．SLM　　　　　C．UD　　　　　D．UC

三、解析及答案

1．**解析**　SLA 是在一定成本控制下，为保障 IT 服务的性能和可靠性，服务供方与客户间定义的一种双方认可的协定。

参考答案　A

2．**解析**　服务级别管理是一个连接 IT 服务提供商和使用服务的客户双方的流程。服务级别管理流程具有如下多个目标。

（1）整合提供 IT 服务所需的各种要素。

（2）生成清晰地描述服务项目中各种要素的文档。

（3）以一种客户能够理解并涉及的术语对所要提供的服务进行描述。

（4）整合 IT 战略和业务需求。

（5）以一种可控的方式改进 IT 服务提供。

参考答案　C

3．**解析**　服务级别协议（Service Level Agreement，SLA）是在一定的成本控制下，为保障 IT 服务的性能和可靠性，服务供方与客户间定义的一种双方认可的协定。

运营级别协议（Operational Level Agreement，OLA）是与某个内部 IT 部门就某项 IT 服务所签订的后台协议，OLA 在 IT 内部定义了所有参与方的责任，并将这些参与方联合在一起提供某些特别服务。

支持合同（Underpinning Contract，UC）是组织与外部服务供应商之间签订的有关服务实施的正式合同，是 SLA 中的重要部分；UC 是正规的、具备法律效力的协议；UC 主要由 SLA 内容加

上法律条文中的责任、权利和义务构成。服务级别管理是定义、协商、订约、检测和评审提供给客户服务的质量水准的流程。

参考答案　D

4．**解析**　服务级别协议是由 IT 服务提供方和顾客在一定的成本控制下为保障系统的性能和可靠性签订的，描述将要提供的一项或多项服务的一份协议，是服务供方与客户间定义的一种双方认可的协定，运营级别协议（OLA）是服务供方与其内部部门间定义的一种双方认可的协定。

参考答案　B

5．**解析**　根据题目中描述的服务级别、备件响应级别、服务报告、服务台可知是网络运维服务，所以对人员培训应该是网络方面的培训，而不是桌面及应用软件，所以选 B。

参考答案　B

6．**解析**　从内容上看，UC 主要由依据 SLA 的内容加上法律条文中的责任、权利和义务构成，是 SLA 中的重要部分。

参考答案　D

4.5　服务需求识别

一、基础部分

1．下列_____不是服务需求识别的目的。
   A．了解客户的基本需求，分析潜在客户的不同需求，为 IT 服务方案设计打下基础
   B．了解客户对系统可用性和连续性的需求
   C．进行合理的 IT 服务资源配置
   D．为提高 IT 服务质量奠定基础

2．下列_____不属于信息安全需求识别。
   A．精确性　　　　　B．机密性　　　　　C．完整性　　　　　D．可用性

3．_____是指保护信息防止未授权的修改。
   A．机密性　　　　　B．可用性　　　　　C．完整性　　　　　D．精确性

二、进阶部分

4．系统运行时间/系统在运行时间的故障次数是_____。
   A．平均故障修复时间　　　　　　　B．平均无故障时间
   C．平均故障间隔　　　　　　　　　D．平均故障发生时间

5．下列_____不是服务需求识别关键成功因素。
   A．了解客户的基本需求，分析潜在客户的不同需求，为 IT 服务方案设计打下基础
   B．明确服务范围、服务内容和服务目标

C. 识别客户对于可用性、连续性、信息安全、服务能力、价格和服务报告方面的需求，以便对规划设计进行规划

D. 与需方进行充分的沟通，全面了解明示的和隐含的服务需求

6. 从业务角度分析，IT服务不可用（或质量下降）时造成的成本损失，属于_____。

A. 业务连续性需求识别　　　　　　B. IT服务能力需求识别

C. 可用性需求识别　　　　　　　　D. 服务报告需求识别

7. SLA中明确规定的可用性指标，不包括_____。

A. 平均无故障时间　　　　　　　　B. 平均故障修复时间

C. 平均故障间隔　　　　　　　　　D. 平均报修时间

三、解析及答案

1. **解析**　服务需求识别的目的如下。

（1）了解客户的基本需求，分析潜在客户的不同需求，为IT服务方案设计打下基础。

（2）了解客户对系统可用性和连续性的需求。

（3）进行合理的IT服务资源配置。

（4）为预算IT服务成本、设计定价和收费模式奠定基础。

参考答案　D

2. **解析**　信息安全需求识别包括：①机密性；②完整性；③可用性。

参考答案　A

3. **解析**　完整性是指保护信息防止未授权的修改。

参考答案　C

4. **解析**　可用性指标（示例）见下表。

可用性指标	标杆	备注
平均无故障时间	5.0小时	平均无故障时间=系统运行时间/系统在运行时间的故障次数 平均无故障时间越长，系统的可靠性越高
平均故障修复时间	0.5小时	平均故障修复时间=系统故障耗时/故障次数 平均故障修复时间越短，表示易恢复性越好
平均故障间隔	5.5小时	平均故障间隔=平均无故障时间+平均故障修复时间 平均故障间隔越长，表示可靠性越高

参考答案　B

5. **解析**　服务需求识别关键成功因素如下。

（1）明确服务范围、服务内容和服务目标。

（2）识别客户对于可用性、连续性、信息安全、服务能力、价格和服务报告方面的需求，以便对规划设计进行规划。

（3）与需方进行充分的沟通，全面了解明示的和隐含的服务需求。

参考答案 A

6. **解析** 可用性需求识别包括：①IT 服务不可用对业务的影响，即客户可以承受多长的停机时间；②从业务角度分析，IT 服务不可用（或质量下降）时造成的成本损失。

参考答案 C

7. **解析** SLA 中明确规定可用性指标包括平均无故障时间、平均故障修复时间和平均故障间隔。

参考答案 D

4.6 服务方案设计

一、基础部分

1. _____是整个规划设计阶段的核心工作。
   A．IT 服务方案设计　　　　　　　B．服务需求识别
   C．IT 服务规划设计　　　　　　　D．服务级别协议

2. 常见的 IT 服务模式不包括_____。
   A．远程支持（电话或邮件）　　　B．集中监控
   C．业务流程分包　　　　　　　　D．知识流程外包

3. IT 服务模式设计关键成功因素中，错误的是_____。
   A．选择的 IT 服务模式与客户需求一致
   B．跟踪客户需求的变化，固定 IT 服务模式
   C．IT 服务供方具备同时提供多种 IT 服务模式的能力
   D．IT 服务供方人员配置和资源配置与 IT 服务模式匹配

4. 下列_____不是服务级别设定的活动。
   A．了解服务内容　　　　　　　　B．确定服务范围、服务对象和服务内容
   C．识别风险　　　　　　　　　　D．确定服务质量

5. 资源要素设计的目的不包括_____。
   A．确保服务供方具备提供足够资源的能力，以满足客户的服务需求
   B．确保服务团队组织架构与业务需求和服务模式相适应
   C．分析当前的业务需求并预测将来的业务需求，确保这些需求有足够的服务资源进行保障
   D．确保当前的服务资源能够发挥最大的效能，提供最佳的服务品质

6. 技术要素设计的活动不包括_____。
   A．技术研发　　　　　　　　　　B．发现问题的技术
   C．总结问题的技术　　　　　　　D．解决问题的技术

二、进阶部分

7. 下列_____不是过程管理模型的特性。
   A．有明确的标准　　　　　　　　B．可重复性
   C．可衡量性　　　　　　　　　　D．明确的服务提供者和服务对象

8. 过程 KPI 设计通常采用如下过程：
   ①明确 KPI 计算方法　　②明确 KPI 信息来源　　③确定过程 KPI 指标
   ④定义过程 KPI 评价、评估及改进机制　　　　　⑤定义 KPI 考核周期
   A．②-①-③-⑤-④　　　　　　　B．②-①-③-④-⑤
   C．③-①-②-④-⑤　　　　　　　D．③-①-②-⑤-④

9. 以下不属于服务设计关键成功因素的是_____。
   A．获取新的服务或添加附加客户的流程及程序
   B．备件管理规范与 SLA 的协调性
   C．服务人员能力达标，能正确使用各种服务工具
   D．及时根据服务级别和服务需求的变更调整服务资源的配置

10. 在服务设计过程中，需针对如下_____方面进行风险评估。
    ①IT 服务可用性　　②业务连续性　　③IT 服务能力
    ④信息安全　　　　⑤价格　　　　　⑥IT 服务报告
    A．①③⑤　　　B．①②④　　　C．②③④　　　D．②④⑥

11. 关于 IT 服务人员要素设计活动的描述，不正确的是_____。
    A．服务团队对关键岗位采取 A/B 岗机制，并适当进行人员储备
    B．每年一次对运输人员的绩效进行考核评估，对不达标者进行培训
    C．服务团队每年至少进行一次交付和应急培训，并进行效果评价
    D．IT 服务团队的人员岗位设计为管理岗和操作岗两类

12. 服务级别设定的目的不包括_____。
    A．对其服务水平做出正确的决定，调整客户对更高服务水平的需求而对成本产生影响，限制用户需求的膨胀
    B．重视服务级别设定，投入足够的资源和时间
    C．提高客户满意度，以改善与客户的关系
    D．督促 IT 服务供方

13. 关于服务级别设定的关键成功因素的描述，错误的是_____。
    A．应尽可能地获得多数人的同意和认可，以获得必要的支持
    B．充分考虑客户需求，服务级别是根据 IT 与业务需求的结合面设定的
    C．提高客户满意度，以改善与客户的关系
    D．在设定服务级别过程中各方的责任定义明确

14. 关于人员要素设计目的的描述，错误的是_____。
    A. 确保服务团队组织架构与业务需求和服务模式相适应
    B. 确保配置的服务人员数量能同时满足服务和成本两方面的需求
    C. 确保服务人员的能力持续满足服务的需求
    D. 保持服务人员的服务意识
15. 人员要素设计关键成功因素不包括_____。
    A. 是否具有成熟的考核体系
    B. 进行服务意识及沟通能力培训
    C. 人员考核指标设定是否符合 SMART 原则
    D. 设计有效的人员储备管理措施
16. 培训内容设计不包括_____。
    A. 管理培训　　　B. 人员培训　　　C. 工具培训　　　D. 交付和应急培训
17. 资源要素设计活动不包括_____。
    A. 服务工具选择　　B. 服务台设计　　C. 数据库设计　　D. 知识库设计
18. 过程要素设计目的不包括_____。
    A. 过程符合可行性、适用性　　　　B. 过程符合效益要求
    C. 过程可追溯、可审计　　　　　　D. 过程可控制
19. 关于过程要素设计活动的描述，错误的是_____。
    A. 识别需要的过程及过程目标，常用过程包括需求管理、事件管理、目标管理、变更管理、发布管理等管理过程
    B. 定义角色和职责对应选择的过程定义相应的角色
    C. 定义相关活动详细操作规程及衡量标准过程活动的定义是相对高级别的操作汇总，需要选择和定义更细致的操作规程
    D. 定义过程的表单及信息记录保存要求
20. 关于过程 KPI 设计的目标的描述，错误的是_____。
    A. 通过分层细化过程 KPI，确保过程可管理性、可衡量性
    B. 控制风险，消除因未明确定义而引发的潜在风险
    C. 定义过程评价、评估及改进机制对过程的评价衡量可结合服务协议约定的报告周期进行
    D. 对过程进行定期评价与衡量，改进调整 KPI 设计，保持过程的有效性

三、解析及答案

1. **解析**　IT 服务方案设计是整个规划设计阶段的核心工作。
   参考答案　A
2. **解析**　常见的 IT 服务模式划分方法如下：①将 IT 服务模式划分为远程支持（电话或邮件）、

现场服务（上门技术支持、常驻现场）、集中监控等多种技术支持服务模式；②将 IT 服务模式分为 IT 外包（ITO）、业务流程外包（BPO）和知识流程外包（KPO）等外包服务和新兴服务模式，如 SaaS、云计算等。

参考答案　C

3．**解析**　IT 服务模式设计关键成功因素如下。

（1）选择的 IT 服务模式与客户需求一致。

（2）跟踪客户需求的变化，及时调整 IT 服务模式。

（3）IT 服务供方具备同时提供多种 IT 服务模式的能力。

（4）IT 服务供方人员配置和资源配置与 IT 服务模式匹配。

参考答案　B

4．**解析**　服务级别设定的活动如下。

（1）了解服务内容。

（2）确定服务范围、服务对象和服务内容。

（3）定义服务级别目标。

（4）明确双方职责。

（5）识别风险。

（6）对服务级别设定的评审和修改。

（7）服务级别谈判和沟通。

参考答案　D

5．**解析**　资源要素设计的目的如下。

（1）确保服务供方具备提供足够资源的能力，以满足客户的服务需求。

（2）确保服务供方可以使用有效手段和方法受理客户的服务请求，及时跟踪服务请求的处理进展，确保达到 SLA 要求。

（3）分析当前的业务需求并预测将来的业务需求，确保这些需求有足够的服务资源进行保障。

（4）确保当前的服务资源能够发挥最大的效能，提供最佳的服务品质。

参考答案　B

6．**解析**　技术要素设计的活动有技术研发、发现问题的技术、解决问题的技术。

参考答案　C

7．**解析**　过程管理模型包括以下特性：有明确的目标、可重复性、可衡量性、明确的服务提供者和服务对象、对特定事件的响应。

参考答案　A

8．**解析**　过程 KPI 设计通常采用如下过程：①确定过程 KPI 指标；②明确 KPI 计算方法；③明确 KPI 信息来源；④定义 KPI 考核周期；⑤定义过程 KPI 评价、评估及改进机制。

参考答案　D

9．**解析**　资源要素的关键成功因素如下。

（1）服务人员能力达标，能正确使用各种服务工具。
（2）服务台的职能明确、服务过程规范。
（3）备件管理规范与 SLA 中的条款相一致。
（4）有效的监控平台能提高主动发现事故或事件的概率，提前做好预防工作。
（5）及时根据服务级别和服务需求的变更调整服务资源的配置。
（6）如备件库由第三方提供，第三方的支持服务级别充分满足服务需求。

选项 A 获取新的服务或添加附加客户的流程及程序是服务目录中可能包含的一些变量及促进因素。

参考答案　A

10．**解析**　进行风险评估可以确定可能造成信息系统中断、灾难的潜在威胁，包括具有负面影响的事件、存在安全隐患的环境因素等。风险评估可以预测这些威胁可能造成的损失，并且控制措施是否能有效防止威胁的发生，是否能有效防止威胁发生后造成的损失。从这句话来看应该涉及连续性、服务能力和安全等方面。

参考答案　C

11．**解析**　一个完整的 IT 服务团队应该包括管理岗、技术支持岗和操作岗等。

参考答案　D

12．**解析**　服务级别设定的目的如下。
（1）对其服务水平做出正确的决定，调整客户对更高服务水平的需求而对成本产生影响，限制用户需求的膨胀。
（2）采取适当的行动来消除或改进不符合级别要求的 IT 服务。
（3）提高客户满意度，以改善与客户的关系。
（4）督促 IT 服务供方。

参考答案　B

13．**解析**　服务级别设定的关键成功因素如下。
（1）重视服务级别设定，投入足够的资源和时间。
（2）应尽可能地获得多数人的同意和认可，以获得必要的支持。
（3）充分考虑客户需求，服务级别是根据 IT 与业务需求的结合面设定的。
（4）验证服务目标是否可实现。
（5）正确识别供方服务能力。
（6）在设定服务级别过程中各方的责任定义明确。

参考答案　C

14．**解析**　人员要素设计目的如下。
（1）确保服务团队组织架构与业务需求和服务模式相适应。
（2）确保配置的服务人员数量能同时满足服务和成本两方面的需求。
（3）确保服务人员的能力持续满足服务的需求。

(4) 保持服务人员稳定的工作状态。
(5) 保持服务人员的连续性。

参考答案 D

15. **解析** 人员要素设计关键成功因素如下。
(1) 是否具有成熟的知识管理体系。
(2) 岗位培训是否充足且适用。
(3) 进行服务意识及沟通能力培训。
(4) 团队内人员能力的互备性。
(5) 人员考核指标设定是否符合 SMART 原则。
(6) 人员考核结果应用是否真正落地有效。
(7) 建立良好的沟通协作机制。
(8) 设计有效的人员储备管理措施。
(9) 引导积极向上的团队文化,举行团队活动或其他方式进行团队建设。

参考答案 A

16. **解析** 培训内容设计包括管理培训、技术培训、工具培训、过程培训、交付和应急培训。

参考答案 B

17. **解析** 资源要素设计活动如下。
(1) 服务工具选择。
(2) 服务台设计。
(3) 备件及备件库设计。
(4) 知识库设计。

参考答案 C

18. **解析** 过程要素设计目的如下。
(1) 过程符合可行性、适用性。
(2) 过程稳定,可重复使用。
(3) 过程符合效率要求。
(4) 过程符合效益要求。
(5) 过程可被监控和管理。
(6) 过程可追溯、可审计。
(7) 过程可被衡量和评价。

参考答案 D

19. **解析** 过程要素设计活动如下。
(1) 过程的识别和定义要围绕客户服务内容、范围、目标、管理要求而展开。
(2) 识别需要的过程及过程目标常用过程包括需求管理、事件管理、问题管理、变更管理、发布管理等管理过程。

（3）定义角色和职责对应选择的过程定义相应的角色。

（4）识别过程的活动，定义活动的相互关系、顺序、活动目标、活动的资源限制及管理要求。

（5）定义相关活动详细操作规程及衡量标准过程活动的定义是相对高级别的操作汇总，需要选择和定义更细致的操作规程。

（6）定义过程的表单及信息记录保存要求。

（7）定义过程评价、评估及改进机制对过程的评价衡量可结合服务协议约定的报告周期进行。

参考答案　A

20．解析　过程 KPI 设计的目标如下。

（1）通过分层细化过程 KPI，确保过程可管理性、可衡量性。

（2）控制风险，消除因未明确定义而引发的潜在风险。

（3）对过程进行定期评价与衡量，改进调整 KPI 设计，保持过程的有效性。

参考答案　C

5

IT 服务部署实施

5.1 概述

一、基础部分

1. IT 服务部署实施主要包括运作机制和_____两方面的内容。
   A. 监督管理机制　　B. 持续改进机制　　C. 服务机制　　D. 控制机制
2. IT 服务部署实施的目标，不包括_____。
   A. 标准化部署实施过程，提升新服务或变更服务的交付质量
   B. 确保新服务或变更的服务与客户的业务组织、业务过程的顺利衔接
   C. 衔接 IT 服务规划设计阶段与 IT 服务运营阶段
   D. 为 IT 服务运营提供标准化与规范化的管理方法，识别和管理服务运营过程中存在的风险

二、进阶部分

3. IT 服务部署实施的作用与收益，不包括_____。
   A. IT 服务部署实施可视为 IT 服务运营的规划阶段和初始化阶段，搭建起合理、有效的管理体系
   B. 在服务初始化阶段为服务团队定义量化的服务目标，规划目标的发展轨道，并定义目标的测量周期与测量方式
   C. IT 服务部署实施为 IT 服务运营过程中不同客户的差异化服务需求提供服务交付基线
   D. 协调并组织组成服务的所有要素

三、解析及答案

1. **解析**　IT 服务部署实施主要包括运作机制和持续改进机制两方面的内容。

参考答案　B

2．**解析**　IT 服务部署实施的目标可以进一步分解为以下 7 个方面。

（1）协调并组织组成服务的所有要素。

（2）标准化部署实施过程，提升新服务或变更服务的交付质量。

（3）确保客户、终端用户及服务团队等相关方的满意度。

（4）确保新服务或变更的服务与客户的业务组织、业务过程的顺利衔接。

（5）确保新服务或变更的服务可以正常运转、有效管理，使客户对其有更明确的、合理的期望。

（6）为 IT 服务运营提供标准化与规范化的管理方法，识别和管理服务运营过程中存在的风险。

（7）为 IT 服务运营提供切实可行的服务质量管理方法和指导，以缩小实际的服务绩效与预期的服务绩效之间的差异。

参考答案　C

3．**解析**　IT 服务部署实施的作用与收益如下。

（1）衔接 IT 服务规划设计阶段与 IT 服务运营阶段。

（2）IT 服务部署实施可视为 IT 服务运营的规划阶段和初始化阶段，搭建起合理、有效的管理体系。

（3）导入 IT 服务管理体系，包括 IT 服务质量管理（安全性、可靠性、响应性、有形性、友好性）、信息安全管理（如账号安全、数据安全、数据交互验证机制等）、业务关系管理（客户满意度、投诉、服务回顾）等方面。

（4）在服务初始化阶段为服务团队定义量化的服务目标，规划目标的发展轨道，并定义目标的测量周期与测量方式。

（5）IT 服务部署实施为 IT 服务运营过程中不同客户的差异化服务需求提供服务交付基线。

（6）IT 服务部署实施阶段会全面考虑 IT 服务运营过程中的风险。

参考答案　D

5.2　IT 服务部署实施要素

一、基础部分

1．技术要素部署实施不包括_____。

　　A．外部招聘和内部调岗　　　　　　B．知识转移
　　C．应急响应预案的制订与演练　　　D．SOP 标准操作规范

2．在技术要素部属实施中，下面知识转移的内容，错误的是_____。

　　A．历史运维资料　　　　　　　　　B．基础架构资料
　　C．应用系统资料　　　　　　　　　D．服务资料

3. "系统性故障造成 20%～60%的集中的基础、核心、关键的应用系统不可用且在 12 小时内不可恢复。"属于突发事件_____。
   A．Ⅰ级　　　　　B．Ⅱ级　　　　　C．Ⅲ级　　　　　D．其他

二、进阶部分

4. _____不属于 IT 服务项目经理在人员要素部署阶段应该完成的活动。
   A．协助 HR 采用外部招聘和内部招聘的方式来组建服务团队
   B．组织相关人员编写培训教材并完善知识体系
   C．协助 HR 定期组织技术、管理、组织等方面的培训
   D．根据公司业务和人员实际状况编制培训计划
5. A 公司服务团队正在依据风险级别与影响范围，讨论一个服务平台语音监控工具部署上线的方式，据此推断，他们正在开展_____服务要素的部署实施工作。
   A．人员　　　　　B．资源　　　　　C．技术　　　　　D．过程
6. _____不属于过程要素部署实施的工作内容。
   A．过程与制度的发布　　　　　B．过程电子化管理和数据初始化
   C．知识库内容初始化　　　　　D．体系试运行
7. 突发事件等级划分不包括_____。
   A．特别重大突发事件（Ⅰ级）　　B．重大突发事件（Ⅱ级）
   C．较大突发事件（Ⅲ级）　　　　D．一般突发事件（Ⅳ级）
8. 应急响应演练过程不包括_____。
   A．演练培训　　　　　　　　　B．演练结束与终止
   C．应急演练评估与总结　　　　D．文件归档与备案

三、解析及答案

1. **解析**　技术要素部署实施包括：①知识转移；②应急响应预案的制订与演练；③SOP 标准操作规范；④技术手册发布。
   参考答案　A
2. **解析**　在技术要素部署实施中，知识转移的内容包括：历史运维资料、基础架构资料、应用系统资料、业务资料。
   参考答案　D
3. **解析**　重大突发事件（Ⅱ级）：系统性故障造成 20%～60%的集中的基础、核心、关键的应用系统不可用且在 12 小时内不可恢复。
   参考答案　B
4. **解析**　人员要素部署实施包括以下内容。
   （1）外部招聘和内部调岗：协助 HR 组建服务团队。

（2）建立培训教材库及知识转移方法：与 HR 定期组织相关培训，体系化地补充现有服务团队人员的知识，组织相关人员编写培训教材并完善知识体系，适当形成培训教材库并进行定期的维护和更新。

参考答案 D

5. **解析** 资源要素部署实施包括：①知识库内容初始化；②工具部署、使用手册与相关制度；③备件库建立与可用性测试；④服务台管理制度的初始化。

参考答案 B

6. **解析** 过程要素部署实施包括：过程与制度发布、过程电子化管理和数据初始化、体系试运行。

参考答案 C

7. **解析** 突发事件等级划分：特别重大突发事件（Ⅰ级）、重大突发事件（Ⅱ级）、较大突发事件（Ⅲ级）、其他造成区域性业务中断的故障。

参考答案 D

8. **解析** 应急响应演练过程：演练启动、演练执行、演练结束与终止、应急演练评估与总结、成果运用、文件归档与备案、考核与奖惩。

参考答案 A

5.3 IT 服务部署实施方法

一、基础部分

1. IT 服务部署实施过程不包括_____。
   A．IT 服务部署实施计划阶段　　　　B．IT 服务部署实施执行阶段
   C．IT 服务部署实施验收阶段　　　　D．IT 服务部署实施结束阶段
2. IT 服务部署实施计划本身的可用性不包括_____。
   A．可操作性　　　B．可靠性　　　C．可交付性　　　D．可控制性
3. 在 IT 服务部署实施执行阶段，与客户的回顾内容不包括_____。
   A．服务合同执行情况
   B．服务范围与工作量
   C．客户满意度
   D．本周期内的服务运营团队的各项绩效指标总结

二、进阶部分

4. IT 服务部署实施计划阶段的主要活动包括计划沟通、计划制订、计划评估确认与计划修订。"通过与服务团队负责人交流，了解其服务支持和提供的能力，以确保为其计划培训时间、培训内

容、同时依据其服务能力定义合理的服务目标和实施里程碑"应属于_____活动。
　　A．计划沟通　　　　B．计划制订　　　C．计划评估确认　　D．计划修订
5. _____不属于IT服务部署实施阶段考虑的风险和问题。
　　A．IT服务部署实施计划的完整性和条理性
　　B．客户IT服务需求识别的完整性和条理性
　　C．IT服务部署实施交付物的可验收性
　　D．与IT服务规划设计和IT服务运营的吻合性
6. IT服务部署实施执行阶段，采用_____等方法可以有效控制项目变更。
①制定项目变更控制程序　　　　　　②记录所有引起变更的项目问题
③非计划性地对项目进展进行评审　　④评估变更对项目的影响
⑤对引起变更的问题进行评价并确定优先顺序　⑥建立变更控制委员会以控制变更批准
　　A．①②④⑤⑥　　　B．①②③④⑤　　C．①②③④⑥　　D．①②③④⑤⑥
7. 交付物验收是部署实施验收阶段最重要的工作，若发现交付物与计划有出入，应该_____。
　　A．与项目干系人进行口头沟通，并对交付物做确认
　　B．与项目干系人通过邮件沟通，并对验收标准达成一致
　　C．编制一个正式的书面声明，并获得项目干系人签字确认
　　D．编制一个正式的书面声明，并获得客户项目经理签字确认
8. 开发工作指导书和标准操作规范属于_____阶段的工作内容。
　　A．IT服务部署实施计划　　　　　B．IT服务部署实施执行
　　C．IT服务部署实施改进　　　　　D．IT服务部署实施验收
9. A项目按照部署实施计划阶段的交付物验收标准进行验收，验收过程中发现交付物与交付计划标准不符，则需_____。
　　A．重新制定交付计划　　　　　　B．做出正式书面声明，项目干系人确认签字
　　C．按实际交付物完成验收　　　　D．通过电话与项目干系人确认
10. 关于IT服务部署的活动的说法，错误的是_____。
　　A．按规划开展活动，以实现项目目标，创造项目的可交付成果
　　B．执行已经计划好的过程、方法、标准
　　C．标准操作程序（服务作业指导书）
　　D．IT服务可持续性管理机制
11. IT服务部署活动不包括_____。
　　A．实施期报告　　　　　　　　　B．IT服务部署实施回顾
　　C．执行报告　　　　　　　　　　D．交付物验收

三、解析及答案

1. **解析**　IT服务部署实施过程通常划分为IT服务部署实施计划阶段、IT服务部署实施执行

阶段和IT服务部署实施验收阶段。

参考答案 D

2．解析 IT服务部署实施计划本身的可用性是指计划本身的可操作性、可交付性和可控制性。

参考答案 B

3．解析 在IT服务部署实施执行阶段，与客户的回顾内容主要包括以下几点。

（1）服务合同执行情况。

（2）服务目标达成情况。

（3）服务绩效（服务级别协议）与成果。

（4）服务范围与工作量。

（5）客户业务需求的变化。

（6）本周期内遇到的特殊或疑难问题。

（7）本周期内的服务运营团队的各项绩效指标总结。

（8）下周期工作计划安排等。

参考答案 C

4．解析 计划沟通是在制订部署实施计划之前，需要分别与客户、规划设计环节的负责人和服务交付团队的负责人进行详细的沟通，各自的要点如下：

（1）在与客户的沟通中，着重了解客户的期望，以及客户能够提供何种资源上的支持。

（2）在与规划设计环节负责人的沟通中，着重了解规划设计的要素，确保无遗漏，避免出现与规划设计差距较大的情况；同时要详细了解规划设计环节中已经考虑到的风险控制机制，以确保在部署实施阶段将其导入生产环境。

（3）在与服务交付团队负责人的沟通中，着重了解其服务支持和提供的能力，以确保为其计划培训时间与培训内容，同时依据其服务能力定义合理的服务目标和实施里程碑。

参考答案 A

5．解析 在IT服务部署实施的计划阶段，可能存在的风险或问题包括：①IT服务部署实施计划的完整性和条理性；②IT服务部署实施计划本身的可用性；③IT服务部署实施交付物的可验收性；④与IT服务规划设计和IT服务运营的吻合性。

参考答案 B

6．解析 非计划性地对项目进展进行评审不利于有效控制项目变更。

参考答案 A

7．解析 交付物验收是部署实施阶段最重要的工作，按照部署实施计划阶段的交付物验收标准验收即可。需要说明的是，若交付物与计划有出入，需要做正式的书面声明，并经过项目干系人签字确认。同时，验收结果也形成正式的、书面验收报告，且经过项目干系人的签字确认。

参考答案 C

8．解析 IT服务部署实施计划中主要进行的工作内容有IT服务部署实施启动会、服务团队组建计划、服务团队培训与知识转移计划、服务工具采购、安装部署、测试、初始化与上线计划、核对服务目标、核对服务目录、设定服务模型、客户化服务管理过程、设定过程绩效指标、初始化服务文档体系与文档管理规范、初始化配置管理数据库（CMDB）、客户化服务规范、开发工作指导书和标准操作规范、编写服务计划、服务发布会、部署实施总结会。

参考答案 A

9. **解析** 交付物验收是部署实施阶段最重要的工作，按照部署实施计划阶段的交付物验收标准验收即可。需要说明的是，若交付物与计划有出入，需要做正式的书面声明，并经过项目干系人签字确认。同时，验收结果也形成正式的、书面验收报告，且经过项目干系人的签字确认。

参考答案 B

10. **解析** IT服务部署的活动有如下内容。
（1）按规划开展活动，以实现项目目标，创造项目的可交付成果。
（2）管理、培训、配置运维团队成员。
（3）验证、获取、使用和管理资源。
（4）执行已经计划好的过程、方法、标准。
（5）可信赖的发布管理机制。
（6）IT服务连续性管理机制。
（7）IT服务回顾机制。
（8）满意度管理机制。
（9）标准操作程序（服务作业指导书）。
（10）IT服务质量计划。
（11）特有的过程、专有的规范。

参考答案 D

11. **解析** IT服务部署活动有实施期报告、IT服务部署实施回顾、交付物验收。

参考答案 C

6 IT 服务运营管理

6.1 概述

一、基础部分

1. 下面_____不属于需要在 IT 服务运营的过程中进行有效管控的要素。
    A．人员　　　　　B．资源　　　　　C．技术　　　　　D．流程

二、进阶部分

2. _____是 IT 服务运营过程的直接参与者。
    A．技术人员　　　B．项目团队　　　C．客户　　　　　D．项目经理

三、解析及答案

1. **解析**　IT 服务运营的主要目的就是提供低成本、高质量的 IT 服务。为了达成上述目的，需要在 IT 服务运营的过程中对人员要素、资源要素、技术要素和过程要素进行有效的管控。
    参考答案　D
2. **解析**　客户是 IT 服务运营过程的直接参与者。
    参考答案　C

6.2 人员要素管理

一、基础部分

1. 人员管理成功的关键因素不包括_____。
    A．是否具有成熟的质量管理体系

B．岗位培训是否充足且适用

C．人员考核指标设定是否符合 SMART 原则

D．人员考核结果应用是否真正落地有效

2．在人员要素管理的风险控制中，负面情绪的控制措施是_____。

A．建立良好的沟通协作机制，进行服务意识及沟通能力培训

B．实行有效的人员连续性管理措施

C．引导积极向上的团队文化，举行团队活动等其他方式进行团队建设

D．按照 SMART 原则定义人员绩效指标

3．人员储备与连续性管理目标不包括_____。

A．保证 IT 服务连续性，满足客户对服务质量及满意度的要求

B．保持客户对 IT 服务的信心和信任，并获取支持

C．保持供应商及第三方接口关系的连续性

D．保持供应商及第三方的沟通顺畅

4．人员连续性管理活动可以分为_____和被动性活动。

A．主动性活动　　　　B．预防性活动　　　C．关注性活动　　　D．连续性活动

二、进阶部分

5．建立人员能力现状评估和差异分析表不包括_____。

A．能力现状评估　　　　　　　　　　B．能力差异分析

C．能力评价结果　　　　　　　　　　D．评价结果运用

6．人员绩效管理活动不包括_____。

A．绩效考核标准　　　　　　　　　　B．绩效考核成果报告

C．绩效考核成果分析　　　　　　　　D．基于绩效考核分析的改进

7．人员培训计划执行活动不包括_____。

A．按人员培训计划进行培训　　　　　B．绩效对培训结果进行评价

C．对培训过程进行监督　　　　　　　D．人员培训回顾和改进过程

8．在人员要素管理中，人员要素风险控制涉及许多内容，下面_____不是服务运营管理中的人员要素风险控制项。

A．人员连续性问题　　　　　　　　　B．负面情绪

C．软件开发过程指标　　　　　　　　D．考核指标不明确

9．在 IT 服务运营管理阶段，人员连续性管理分为预防性活动和被动性活动，以下_____属于被动性活动。

①运维工程师小张离职后及时清理他的相关账号

②每月 3 号开展内部技术交流会，将成果转化为知识库条目

③为服务器运维工程师配备一名徒弟，在 3 个月后考核徒弟技能达标情况

④因某网络工程师出国参加 3 周的培训，与客户协商更换该网络工程师

A．①②　　　　　B．②③　　　　　C．②④　　　　　D．①④

三、解析及答案

1. **解析**　人员管理成功的关键因素：①是否具有成熟的知识管理体系；②岗位培训是否充足且适用；③团队能力的互备性；④人员考核指标设定是否符合 SMART 原则；⑤人员考核结果应用是否真正落地有效。

    参考答案　A

2. **解析**　在人员要素管理的风险控制中，负面情绪的控制措施是引导积极向上的团队文化，举行团队活动等其他方式进行团队建设。

    参考答案　C

3. **解析**　人员储备与连续性管理目标如下。

    （1）保证 IT 服务连续性，满足客户对服务质量及满意度的要求。

    （2）保持客户对 IT 服务的信心和信任，并获取支持。

    （3）保持供应商及第三方接口关系的连续性。

    （4）保持供应商及第三方的信心，并获取支持。

    参考答案　D

4. **解析**　人员连续性管理活动可以分为预防性活动和被动性活动。

    参考答案　B

5. **解析**　建立人员能力现状评估和差异分析表包括能力现状评估、能力差异分析、评价结果运用。

    参考答案　C

6. **解析**　人员绩效管理活动包括绩效考核成果报告、绩效考核成果分析和基于绩效考核分析的改进。

    参考答案　A

7. **解析**　人员培训计划执行活动包括以下几点。

    （1）按人员培训计划进行培训。

    （2）对培训结果进行评价。

    （3）培训机构与培训讲师管理。

    （4）人员培训回顾和改进过程。

    参考答案　C

8. **解析**　人员要素风险控制包括沟通问题、人员连续性问题、负面情绪、考核指标不明确。

    参考答案　C

9. **解析**　预防性活动有服务能力规划；知识管理及培训；岗位互备及轮换；识别能力发展曲线；明确岗位交接管理说明；与客户、供应商及第三方明确相关的人员连续性管理流程。

被动性活动有岗位交接及培训、面向客户及服务团队进行人员更换说明、面向供应商及相关第三方进行接口关系变更、人员连续性安全管理。

参考答案 D

6.3 资源要素管理

一、基础部分

1. 知识管理包括系统规划与管理师对知识的获取、共享、保留（归档）、_____。
   A．学习　　　　　　B．评审　　　　　　C．分析　　　　　　D．运用
2. 下列_____不属于知识提取和获取的方法及途径。
   A．根据知识的覆盖使用范围分类　　　B．根据知识评分分类
   C．知识地图同样是知识分类的好方法　D．按照知识结构分类
3. 知识具有_____的要求，需制订知识共享制度，分级审批。
   A．保密性　　　　　B．可用性　　　　　C．精确性　　　　　D．验证性
4. 知识的评审的内容，不包括_____。
   A．时效性　　　　　B．完整性　　　　　C．及时性　　　　　D．正确性
5. 设置知识使用的衡量指标进行考核，来判断知识管理的成熟度，不包括_____。
   A．知识积累的数量　　　　　　　　　B．知识的效率
   C．知识的完整性　　　　　　　　　　D．各类知识的比重
6. 知识管理可能存在的风险和控制，不包括_____。
   A．知识私有化观念（主动性）　　　　B．知识共享的风险
   C．知识管理工具使用风险　　　　　　D．评审风险

二、进阶部分

7. 服务台在 IT 服务运营中的主要工作不包括_____。
   A．接收信息　　　　　　　　　　　　B．供应商联络
   C．运营任务　　　　　　　　　　　　D．基础设施监控
8. 在资源要素管理中，涉及多种资源类别，下面_____不属于资源要素管理类别。
   A．服务台管理与评价　　　　　　　　B．服务报告管理
   C．备品备件管理　　　　　　　　　　D．知识管理
9. 在资源要素管理中，工具管理是其一项主要管理内容，其中工具的基本运营管理中不包括下面选项中的_____。
   A．保持稳定性，按生产系统管理　　　B．挑选合适的员工进行日常维护
   C．适时的改进　　　　　　　　　　　D．不断进行工具测试

10. 知识管理是资源要素管理的重要组成部分，以下关于知识管理的描述，不正确的是_____。

　　A．知识管理应包括知识的获取、共享、保留（归档）和评审

　　B．对知识库的知识要从时效性、安全性、一致性3方面进行全面评审

　　C．知识入库时应按照分类进行保存，知识地图也是一种好的分类方式

　　D．隐性知识很难转化成显性知识，解决方法是把知识管理融入日常工作过程中

三、解析及答案

1．**解析**　知识管理包括系统规划与管理师对知识的获取、共享、保留（归档）、评审。

　　参考答案　B

2．**解析**　知识提取和获取的方法及途径是根据知识的覆盖使用范围分类，根据知识评分分类，按照浏览量分类，知识地图同样是知识分类的好方法。

　　参考答案　D

3．**解析**　知识具有保密性的要求，需制订知识共享制度，分级审批。

　　参考答案　A

4．**解析**　知识的评审的内容涉及以下3个方面：①时效性；②完整性；③正确性。

　　参考答案　C

5．**解析**　知识管理关键成功因素中，设置知识使用的衡量指标进行考核，来判断知识管理的成熟度：①知识积累的数量；②知识的利用率；③知识的更新率；④知识的完整性；⑤各类知识的比重；⑥知识新增数量与事件、问题发生数量的对比关系。

　　参考答案　B

6．**解析**　知识管理可能存在的风险和控制如下。

（1）知识私有化观念（主动性）。

（2）知识共享的风险。

（3）知识管理工具使用风险。

（4）持续性风险（知识的有效性、时效性）。

（5）隐性知识很难转化成显性知识。

　　参考答案　D

7．**解析**　服务台在IT服务运营中的主要工作有响应呼叫请求、发布信息、供应商联络、运营任务、基础设施监控。

　　参考答案　A

8．**解析**　资源要素管理包括工具管理、知识管理、服务台管理与评价、备品备件管理。

　　参考答案　B

9．**解析**　工具的基本运营管理：①保持稳定性，按生产系统管理；②挑选合适的员工进行日常维护（工具维护岗）；③适时的改进。

　　参考答案　D

10. **解析** 知识库的知识评审应该从时效性、完整性、正确性等方面进行评审。

参考答案 B

6.4 技术要素管理

一、基础部分

1. 技术成果的运行与改进不包括_____。
   A．对技术成果进行培训与知识转移　　B．对技术成果进行分类
   C．对技术成果的内容进行演练或推演　　D．对技术成果进行优化改进
2. 对技术成果进行培训与知识转移不包括_____。
   A．根据分析或在实践中的信息，对技术成果进行新一轮的开发，并增加相应的预算
   B．知识性研发成果培训
   C．工具类研发成果培训
   D．应急预案与解决方案手册的知识转移

二、进阶部分

3. A 公司为某数据中心提供网络设备运维服务，开发部署了一套网络监控工具，运行过程中发现告警过多需要改进，IT 服务项目经理依据改进需求重新进行了技术研发规划，并严格按照增量预算方式进行费用管理，他做的这些工作属于_____阶段的工作内容。
   A．IT 服务规划设计的服务需求识别　　B．IT 服务部署实施的资源要素部署实施
   C．IT 服务运营管理的技术要素管理　　D．IT 服务持续改进的服务测量

三、解析及答案

1. **解析** 技术成果的运行与改进包括：①对技术成果进行培训与知识转移；②对技术成果的内容进行演练或推演；③对技术成果进行优化改进。

   参考答案 B

2. 对技术成果进行培训与知识转移包括：①知识性研发成果培训；②工具类研发成果培训；③应急预案与解决方案手册的知识转移。

   参考答案 A

3. **解析** 技术研发预算属于 IT 运营阶段的技术要素管理。

   参考答案 C

6.5 过程要素管理

一、基础部分

1. 服务级别管理流程，在IT服务运营的流程中应当充分执行的事项不包括_____。
    A．更新服务目录并管理服务级别变更
    B．监控服务级别协议执行情况
    C．更新服务流程
    D．对服务目录定义的完整性，签订服务级别协议文件的规范性，服务级别考核评估机制的有效性和完整性等关键指标进行管理
2. 服务报告管理流程在IT服务运营的流程中应当充分执行的事项不包括_____。
    A．建立、审批、分发服务报告　　　　B．对服务报告进行评审
    C．对服务报告进行归档　　　　　　　D．更新服务报告模板
3. 事件管理流程在IT服务运营的流程中应当充分执行的事项不包括_____。
    A．对事件进行评审　　　　　　　　　B．对事件进展进行监控与跟踪
    C．进行事件满意度调查　　　　　　　D．完成事件报告
4. 问题管理流程在IT服务运营的流程中应当充分执行的事项不包括_____。
    A．对问题管理进行受理　　　　　　　B．采用并更新知识库
    C．完成问题报告　　　　　　　　　　D．更新报告模板
5. 配置管理流程在IT服务运营的流程中应当充分执行的事项不包括_____。
    A．对配置项进行识别、记录、更新　　B．对配置项进行分析
    C．对配置数据库进行管理与维护　　　D．对配置项进行审计

二、进阶部分

6. 变更管理流程在IT服务运营的流程中应当充分执行的事项不包括_____。
    A．对变更进行控制　　　　　　　　　B．对变更进行评估、审核
    C．对变更进行实施、确认和回顾　　　D．生成变更报告
7. 发布管理流程在IT服务运营的流程中应当充分执行的事项不包括_____。
    A．执行发布计划　　　　　　　　　　B．发布失败时执行回退方案
    C．对发布进行归档　　　　　　　　　D．生成发布报告
8. 安全管理的关键指标不包括_____。
    A．运行维护服务过程中信息的保密性　B．运行维护服务过程中信息的可用性
    C．运行维护服务过程中信息的完整性　D．运行维护服务过程中信息的准确性
9. 连续性和可用性管理流程在IT服务运营的流程中应当充分执行的事项不包括_____。

A．当业务环境发生重大变更时，可用性和连续性计划必须被重新测试
B．评估变更对可用性和连续性计划的影响
C．可用性可以不被测量和记录
D．连续性计划必须被测试，以保证与业务的需求一致

10．容量管理流程在 IT 服务运营的流程中应当充分执行的事项不包括_____。
A．必须产生、维护一个能力计划
B．确定容量管理流程
C．容量管理必须满足业务需求
D．监控服务能力、调整服务绩效、提供足够能力的方法、步骤和技术必须被明确

三、解析及答案

1．**解析**　服务级别管理流程，在 IT 服务运营的流程中应当充分执行的事项：①更新服务目录并管理服务级别变更；②监控服务级别协议执行情况；③对服务目录定义的完整性，签订服务级别协议文件的规范性，服务级别考核评估机制的有效性和完整性等关键指标进行管理。

　　参考答案　C

2．**解析**　服务报告管理流程在 IT 服务运营的流程中应当充分执行的事项：①建立、审批、分发服务报告；②对服务报告进行归档；③更新服务报告模板。

　　参考答案　B

3．**解析**　事件管理流程在 IT 服务运营的流程中应当充分执行的事项：①对事件进行受理与处理；②对事件进展进行监控与跟踪；③对事件进行升级；④进行事件满意度调查；⑤完成事件报告；⑥对事件管理过程的完整性、有效性，事件解决评估机制的有效性关键指标进行管理。

　　参考答案　A

4．**解析**　问题管理流程在 IT 服务运营的流程中应当充分执行的事项：①对问题管理进行受理；②采用并更新知识库；③完成问题报告；④对问题管理过程的完整性，问题解决评估机制的有效性关键指标进行管理。

　　参考答案　D

5．**解析**　配置管理流程在 IT 服务运营的流程中应当充分执行的事项：①对配置项进行识别、记录、更新；②对配置数据库进行管理与维护；③对配置项进行审计；④对配置管理过程的完整性，配置数据的准确性、完整性、有效性、可用性、可追溯性，配置项审计机制的有效性关键指标进行管理。

　　参考答案　B

6．**解析**　变更管理流程在 IT 服务运营的流程中应当充分执行的事项：①受理变更请求；②对变更进行评估、审核；③对变更进行实施、确认和回顾；④生成变更报告；⑤对变更管理过程的完整性、变更记录的完整性关键指标进行管理。

　　参考答案　A

7. **解析** 发布管理流程在 IT 服务运营的流程中应当充分执行的事项：①执行发布计划；②发布失败时执行回退方案；③对发布进行记录，更新配置数据库；④生成发布报告；⑤对发布管理过程的完整性，发布过程记录的完整性、准确性关键指标进行管理。

参考答案 C

8. **解析** 安全管理的关键指标包括运行维护服务过程中信息的保密性，运行维护服务过程中信息的可用性，运行维护服务过程中信息的完整性。

参考答案 D

9. **解析** 连续性和可用性管理流程在 IT 服务运营的流程中应当充分执行的事项：①可用性和连续性计划必须至少每年开发、检查，确保协定的需求在从遭受一般损失到巨大损失的任何情况下，都得到满足，计划必须被维护来反映协议下的业务要求变更；②当业务环境发生重大变更时，可用性和连续性计划必须被重新测试；③评估变更对可用性和连续性计划的影响；④可用性必须被测量和记录；⑤连续性计划、联系列表和配置管理数据库在正常办公室访问被禁止时必须仍可使用，连续性计划必须包括对正常工作的恢复；⑥连续性计划必须被测试，以保证与业务的需求一致；⑦所有的连续性计划的测试必须被记录，对测试失败必须产生行动计划。

参考答案 C

10. **解析** 容量管理流程在 IT 服务运营的流程中应当充分执行的事项：①必须产生、维护一个能力计划；②容量管理必须满足业务需求；③监控服务能力、调整服务绩效、提供足够能力的方法、步骤和技术必须被明确。

参考答案 B

6.6 常见运营管理关键考核指标

一、基础部分

1. [1−(退回的派单/派单总数)]×100%是_____的公式。
   A．服务台录入事件的完整性　　　　B．服务台一次派单成功率
   C．备件可用率　　　　　　　　　　D．变更成功率

二、进阶部分

2. 质量的考核项目不包括_____。
   A．客户满意度　　B．管理评审次数　C．外部审核次数　D．内部审核次数

三、解析及答案

1. **解析** [1−(退回的派单/派单总数)]×100%是服务台一次派单成功率的公式。

参考答案 B

2. **解析** 质量的考核项目包括客户满意度、管理评审次数、内部审核次数。

参考答案 C

6.7 常见监控内容

一、基础部分

1. 消防系统的监控内容不包括_____。
   A．消防系统报警　　　　　　　　B．消防系统的消防控制系统状态
   C．气体灭火钢瓶压力　　　　　　D．灭火器有效期检查
2. 服务器的监控内容不包括_____。
   A．服务器整体运行情况　　　　　B．服务器电源工作情况
   C．服务器修复情况　　　　　　　D．服务器网络端口工作情况
3. 中间件的监控内容不包括_____。
   A．中间件运行状态　　　　　　　B．中间件端口连接情况
   C．应用服务运行情况　　　　　　D．中间件通信网络连接情况

二、进阶部分

4. 服务运营过程中，对硬件设备进行监控时，监控内容不包括_____。
   A．服务器电源工作情况　　　　　B．设备软件配置变动审计
   C．储存介质空间使用情况　　　　D．进程状态
5. 在服务运营过程中，_____属于应用资源监控的内容。
   ①应用服务运行情况　　②服务或端口响应情况　　③作业执行情况
   ④资源消耗情况　　　　⑤安全事件审计　　　　　⑥管理权限用户的行为审计
   A．④⑤⑥　　　　B．③④⑤　　　　C．①③⑥　　　　D．②③④

三、解析及答案

1. **解析** 消防系统的监控内容有消防系统的消防控制系统状态、气体灭火钢瓶压力、灭火器有效期检查等。

参考答案 A

2. **解析** 服务器的监控内容有服务器整体运行情况、服务器电源工作情况、服务器CPU工作情况、服务器内存工作情况、服务器硬盘工作情况、服务器网络端口工作情况。

参考答案 C

3. **解析** 中间件的监控内容有中间件运行状态、主要进程运行状态、应用服务运行情况、中

间件通信网络连接情况、中间件日志是否有报错信息。

参考答案 B

4．**解析** 进程状态属于基础软件部分的监控内容。

参考答案 D

5．**解析** 在服务运营过程中，应用资源监控内容有应用的请求和反馈响应时间、资源消耗情况、进程状态、服务或端口响应情况、会话内容情况、日志和告警信息、数据库连接情况、存储连接情况、作业执行情况。

参考答案 D

7 IT 服务持续改进

7.1 概述

一、基础部分

1. 以下关于服务持续改进的说法，错误的是_____。
   A．服务持续改进的主要目标是使得 IT 服务可以一直适应不断变化的业务需求，通过识别改进机会并实施改进活动，使得 IT 服务有效支持相关的业务活动
   B．持续改进通过评审和分析服务级别实现的结果，识别和改进 IT 服务的效率和有效性，在不影响客户满意度的情况下改进 IT 服务提供的成本效益
   C．改进活动存在明显的起止时间
   D．持续改进方法是实现服务改进的有效方法，贯穿于服务改进的全过程

2. 持续改进方法的过程包含：①识别改进战略/策略；②识别需要测量什么；③收集数据；④处理数据；⑤分析信息和数据；⑥展示并使用信息；⑦实施改进。其正确的顺序是_____。
   A．①②③④⑤⑥⑦   B．①③②④⑥⑦⑤
   C．②③④①⑤⑦⑥   D．⑦⑥③④①⑤②

3. 以下关于服务持续改进活动的叙述中，正确的是_____。
   A．服务持续改进活动存在明显的起止时间
   B．服务持续改进活动具有阶段性
   C．服务持续改进活动贯穿 IT 服务的整个生命期
   D．服务持续改进活动对客户的预期进行管理

4. _____是 IT 服务持续改进方法过程的第一步。
   A．收集数据   B．识别改进战略/策略
   C．识别需要测量什么   D．分析信息和数据

二、进阶部分

5. ① 的主要目标是使得 IT 服务可以一直适应不断变化的业务需求,通过识别改进机会并实施改进活动,使得 IT 服务有效支持相关的业务活动。改进活动贯穿于 IT 服务的全生命周期,且是持续性的,而 ② 明显的起止时间。持续改进通过评审和分析服务级别实现的结果,识别和改进 IT 服务的效率和有效性,在不影响客户满意度的情况下改进 IT 服务提供的成本效益。 ③ 是实现服务改进的有效方法,贯穿于服务改进的全过程。

  A．①服务测量　　　　②不存在　　　③服务连续性方法
  B．①服务回顾　　　　②存在　　　　③服务连续性方法
  C．①服务持续改进　　②不存在　　　③持续改进方法
  D．①服务改进　　　　②存在　　　　③持续改进方法

6. 持续改进通过评审和分析服务级别实现的结果,识别和改进 IT 服务的效率和有效性,在不影响客户满意度的情况下改进 IT 服务提供的成本效益。持续改进方法是实现服务改进的有效方法,贯穿于服务改进的全过程。下图给出了持续改进方法的模型,在不同的服务项目中,可以结合客户的要求和组织结构的特点,制订更具体和更细化的服务改进流程。图中持续改进方法中,识别改进战略/策略是站在（ ① ）视角;识别需要测量什么是站在（ ② ）视角。

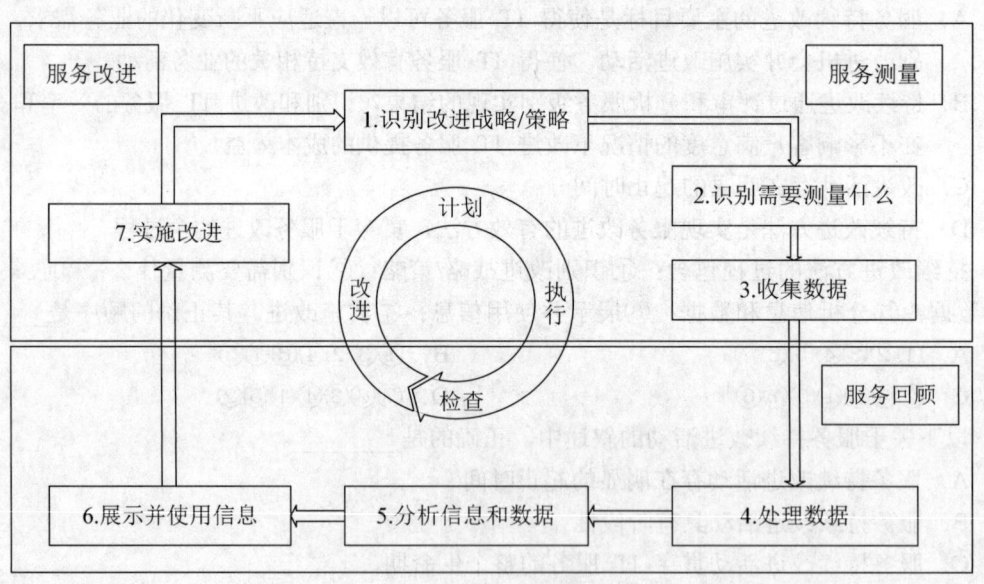

  A．①业务　　　②战略　　　　　B．①业务　　　②管理
  C．①战略　　　②管理　　　　　D．①业务　　　②技术

7. 随着 IT 服务运营过程中知识的不断沉淀和积累、客户期望值的不断提高,必然带来不间断的服务改进需求,所以需要对 IT 服务进行持续改进,持续改进方法的过程中包括下面 7 个阶段

（①、②、③、④、⑤、⑥、⑦未按顺序排列）：①分析信息和数据；②实施改进；③识别改进战略/策略；④收集数据；⑤识别需要测量什么；⑥展示并使用信息；⑦处理数据。按照持续改进方法的正确过程顺序，下面_____选项是正确的。

A．③→⑤→②→①→⑥→④→⑦　　　B．④→⑦→③→⑤→①→②→⑥
C．③→⑤→④→⑦→①→⑥→②　　　D．④→⑤→⑥→⑦→③→①→②

三、解析及答案

1．**解析**　这道题考查的是服务持续改进的内容。改进活动贯穿于 IT 服务的全生命周期，且是持续性的，而不存在明显的起止时间。

参考答案　C

2．**解析**　这道题考查的是服务持续改进的步骤。持续改进方法的步骤是：①识别改进战略/策略；②识别需要测量什么；③收集数据；④处理数据；⑤分析信息和数据；⑥展示并使用信息；⑦实施改进。

参考答案　A

3．**解析**　考查的是服务持续改进的相关知识。服务持续改进是持续性的，不存在明显的起止时间。持续改进活动是以客户的需求为基础，随着运营过程的不断改进，是不断适应业务需求，而不是客户期望。

参考答案　C

4．**解析**　在服务生命周期的一开始，规划设计需要识别业务需求和运营目标，确定服务改进的愿景。在服务改进活动中，可以从业务视角着手，从明确业务目标和服务级别开始，为 IT 服务的改进活动确定目标和方向，实现有错必纠。所以识别改进战略/策略应为 IT 服务持续改进方法过程一开始的活动。

参考答案　B

5．**解析**　服务持续改进的主要目标是使得 IT 服务可以一直适应不断变化的业务需求，通过识别改进机会并实施改进活动，使得 IT 服务有效支持相关的业务活动。改进活动贯穿于 IT 服务的全生命周期，且是持续性的，而不存在明显的起止时间。持续改进通过评审和分析服务级别实现的结果，识别和改进 IT 服务的效率和有效性，在不影响客户满意度的情况下改进 IT 服务提供的成本效益。持续改进方法是实现服务改进的有效方法，贯穿于服务改进的全过程。

参考答案　C

6．**解析**　持续改进通过评审和分析服务级别实现的结果，识别和改进 IT 服务的效率和有效性，在不影响客户满意度的情况下改进 IT 服务提供的成本效益。持续改进方法是实现服务改进的有效方法，贯穿于服务改进的全过程。图中给出了持续改进方法的模型。在不同的服务项目中，可以结合客户的要求和组织结构的特点，制订更具体和更细化的服务改进流程。图中持续改进方法中，识别改进战略/策略是站在业务视角；识别需要测量什么是站在技术视角。

参考答案 D

7. **解析** 持续改进方法的过程如下。

(1) 识别改进战略/策略。

(2) 识别需要测量什么。

(3) 收集数据。

(4) 处理数据。

(5) 分析信息和数据。

(6) 展示并使用信息。

(7) 实施改进。

参考答案 C

7.2 服务测量

一、基础部分

1. 测量指标的类型不包含_____。

   A．技术指标　　　　　　　　　　B．过程指标

   C．服务指标　　　　　　　　　　D．持续改进指标

2. 服务测量用于获得与服务交付过程相关的各种数据，进而获得服务改进活动所需的各种原始资料，其测量指标可分为3种类型，下面_____选项包括了正确的3种类型。

   A．技术指标，人员能力指标，过程指标

   B．技术指标，过程指标，服务指标

   C．人员能力指标，服务指标，过程指标

   D．技术指标，服务指标，人员能力指标

3. 在服务过程的测量工作中，对事件统计分析的描述，不正确的是_____。

   A．重大事件回顾指分析过去一段时间内所发生的重大事件或故障，总结经验教训，并对所采取的纠正弥补措施进行有效性分析

   B．事件统计和分析指在项目执行阶段，将对执行过程中发生的所有事件进行统计和分析

   C．汇总和发布指定期将总结报告进行汇总，并发布给客户及用户，出具重大事件报告、事件分析总结报告

   D．事件统计分析的目标是动态跟踪服务过程中关键事件的完成情况，及时发现服务过程的不足之处，并予以纠正

4. A公司知识库管理员每月初向服务质量负责人提交上个月知识的新增人员数据和知识的利

用率数据，该项工作属于 IT 服务持续改进的_____的测量。
   A．服务资源　　　　B．服务技术　　　C．服务人员　　　D．服务过程
5．在组织中，_____对人员、资源、技术及过程等要素的改进承担管理责任。
   A．服务团队负责人　　　　　　　　　B．项目经理
   C．运维工程师　　　　　　　　　　　D．服务质量负责人
6．下列不属于服务人员要素测量的指标的是_____。
   A．识别备份工程师对项目的满足度和可用性
   B．测量人员招聘需求匹配率
   C．服务工作量测量
   D．录单率和派单量的测量
7．下列不属于常见的备件库测量指标的是_____。
   A．盘点备件资产　　　　　　　　　　B．统计备件损坏率
   C．监视 IT 服务运维工具的健康状态　　D．统计备件命中率
8．下列关于问题统计分析，不正确的是_____。
   A．问题统计分析由系统规划与管理师定期制订并发布
   B．问题统计分析的目标是降低事件发生概率，提高事件处理效率
   C．问题统计需要定期统计周期范围内产生的问题和解决方案，并形成相关报告发布给所有服务实施团队，出具问题分析报告
   D．问题统计分析内容包括周期内问题数量、已解决问题数量、遗留问题数量、知识库更新信息等
9．服务测量用于获得与_____过程相关的各种数据，进而获得服务改进活动所需的各种原始资料。
   A．服务设计　　　　B．持续改进　　　C．服务交付　　　D．服务运营

二、进阶部分

10．服务测量的范围包括 IT 服务全生命周期的各个方面，覆盖战略、战术、操作等多个层面，需要从_____两个不同的视角来确定测量指标。
   A．服务和过程　　　　　　　　　　　B．技术和服务
   C．技术和业务　　　　　　　　　　　D．业务和服务
11．_____不是服务测量活动的价值体现。
   A．验证之前所做的决策是否正确，所做的工作是否有效
   B．较目前的服务在成本、质量、有效性等方面是否比之前得到了改进
   C．证明服务改进活动的必要性，并向管理层争取必要的资源，以支持服务改进
   D．改进服务流程

12. _____是服务资源测量中的服务台关键测量指标。
    ①接听率   ②派单准确率   ③录单率   ④平均通话时间
    A. ①②③④   B. ②③   C. ①④   D. ①②④

13. 下列关于服务过程测量的描述中，错误的是_____。
    A. 服务管控是从技术视角来测量服务过程，关注具体的服务过程和细节
    B. 事件统计分析的目标是动态跟踪服务过程中每个事件的完成情况，及时发现服务过程的不足之处，并予以纠正
    C. 问题统计分析的方式是由问题管理负责人定期制定并发布
    D. 服务测量过程活动至少应该覆盖服务管控和服务执行两个层次

14. _____用于获得与服务交付过程相关的各种数据，进而获得服务改进活动所需的各种原始资料。
    A. 服务监督   B. 服务测量
    C. 服务回顾   D. 服务改进

15. _____属于服务测量的关键成功因素。
    ①针对性的服务测量框架   ②有效的自动化监控和测量工具   ③渠道的测量方法
    ④避免成本约束   ⑤降低人员阻力   ⑥获取管理层的支持
    A. ①③④   B. ①⑤⑥
    C. ①②③⑤⑥   D. ①②③④⑤⑥

16. 在IT服务持续改进中，确定业务、IT能力和可用预算对新的服务、级别的限制之后，需要从技术视觉着眼，使用差距分析来判断服务改进的可能性有多少，现有技术手段可以测量到何种数据，属于_____的内容。
    A. 识别改进战略/策略   B. 识别需要测量什么
    C. 收集数据   D. 分析信息和数据

17. 服务测量的范围包括IT服务生命周期阶段的每个方面，覆盖战略、战术和操作等多个层面，需要系统规划与管理师从技术和业务两个不同的视角来确定测量指标，下列_____不是测量指标的类型。
    A. 技术指标   B. 过程指标
    C. 可靠指标   D. 服务指标

18. 服务过程测量活动是分层次的，对于单一服务项目而言，测量活动至少应该覆盖_____和服务执行两个层次。前者主要从业务和用户的视角来测量服务过程，关注服务交付结果，后者主要从技术视角来测量服务过程，关注具体的服务过程和细节。
    A. 服务管控   B. 服务级别
    C. 问题统计   D. 服务框架

19. 下列不属于服务执行测量的是_____。
   A. 事件统计分析   B. 服务 SLA 达成率分析
   C. 问题统计分析   D. 配置统计分析

20. 服务测量的目标是监视、测量并评审服务及服务管理目标的完成情况，分析与服务计划的差距，并为服务改进提供依据。服务测量活动的价值体现不包括_____。
   A. 验证之前所做的决策是否正确，所做的工作是否有效
   B. 较目前的服务在成本、质量、有效性等方面是否比之前得到了改进
   C. 证明服务改进活动的必要性，并向管理层争取必要的资源，以支持服务改进
   D. 有效支持相关的业务活动

21. 在实施服务测量的各项数据收集活动前，系统规划与管理师应明确测量的目标和方向是否与服务供方的运营目标及业务需求相匹配。需要从人员、资源、技术及过程几个要素分别描述具体测量活动和收集项目。下列_____不属于服务人员测量。
   A. 识别备份工程师的满足度和可用性   B. 人员能力测量
   C. 监控 IT 服务运维工具的健康状态   D. 实时监控团队工作状态

22. 服务过程测量活动是分层次的，至少有服务管控和服务执行两个层次。服务管控主要是从业务和用户的视角来衡量服务过程关注服务交付成果；服务执行主要是从技术视角来测量服务过程，关注具体的服务过程和细节。其中服务管控测量测评内容不包括_____。
   A. 服务 SLA 达成率分析   B. 重大事项分析（MTTR、服务效率）
   C. 人员绩效分析   D. 事件及问题统计分析

23. 下列_____不属于服务测量的关键成功因素。
   A. 明确岗位职责和过程清晰，有问题时应及时进行调整
   B. 渠道的测量方法有监控、评估、调查、座谈、抽样
   C. 通过接受培训等方式，获取成熟的服务管理过程
   D. 利用机制管理技术部门与业务部门之间的有效沟通和协调

三、解析及答案

1. **解析** 本题考查的是服务测量指标的内容。测量指标的类型可分为如下 3 种。
   （1）技术指标：基于 IT 组件和应用的测量，如可用性、性能。
   （2）过程指标：通常以 KPI 表示，反映服务管理过程的运行或健康状况。KPI 有助于回答过程的质量、绩效、价值和符合性 4 个关键问题，持续服务改进利用这些 KPI 识别对各过程的改进机会。
   （3）服务指标：对端到端的服务绩效的测量，通过技术和过程指标加以计算。

   参考答案 D

2. **解析** 本题考查的是测量指标的类型，可分为如下 3 种。
   （1）技术指标：基于 IT 组件和应用的测量，如可用性、性能。

（2）过程指标：通常以 KPI 表示，反映服务管理过程的运行或健康状况。KPI 有助于回答过程的质量、绩效、价值和符合性 4 个关键问题，持续服务改进利用这些 KPI 识别对各过程的改进机会。

（3）服务指标：对端到端的服务绩效的测量，通过技术和过程指标加以计算。

参考答案　B

3．**解析**　事件统计分析是动态跟踪服务过程中每个事件的完成情况，及时发现服务过程的不足之处，并予以纠正。对项目实施过程中记录的事件进行记录和监控，以此作为服务可用性和 SLA 分析的基础数据。

重大事件回顾是分析过去一段时间内所发生的重大服务事件或故障，总结经验教训，并对所采取的纠正措施的有效性进行分析。

事件统计和分析是对执行过程中发生的所有事件进行统计和分析。

汇总和发布是定期将总结报告进行汇总，并发布给客户及用户。出具重大事件报告、事件分析总结报告。

参考答案　D

4．**解析**　本题考查的是服务资源测量。

IT 服务运维工具：测量工具的功能与服务管理过程是否匹配有效。周期性识别相关工具的使用手册，监视 IT 服务运维工具的监控状态。

服务台：接听率，派单准确率，录单率，平均通话时间。

备件库：盘点备件资产，统计备件损坏率，统计备件命中率，统计备件复用率。

知识库：收集知识的积累数量，知识的利用率，知识的更新率，知识的完整性，各类知识的比重。知识新增数量与事件，问题发生数量的对比关系。

参考答案　A

5．**解析**　本题考查的是服务四要素改进主要由系统规划师和服务质量负责人负责。

参考答案　A

6．**解析**　本题考查的是服务人员测量，包括如下内容。

（1）识别备份工程师的满足度和可用性（现有备份的）。

（2）测量人员招聘需求的匹配度（预计招聘的）。

（3）收集培训的应用情况。

（4）人员能力测量。

（5）服务工作量测量（工作配比预测）。

（6）岗位职责更新情况。

（7）人员绩效考核分配机制测量。

（8）实时监控团队工作状态。

参考答案　D

7．**解析**　服务资源测量的备件库，比如盘点备件资产，统计备件损坏率，统计备件命中率，统计备件复用率等。A、B、D 项都属于服务资源测量的备件库。

服务资源测量：

（1）IT 服务运维工具。针对服务过程中使用的监控工具、过程管理工具和专用工具进行测量，测量活动包括：
- 测量工具的功能与服务管理过程是否有效匹配。
- 周期性识别相关工具的使用手册是否有效并进行相关验证。
- 监视 IT 服务运维工具的健康状态，如可用性、软/硬件历史故障等。

（2）服务台。服务台关键测量指标包括接听率，派单准确率，录单率，平均通话时间。

（3）备件库。由系统规划与管理师根据项目要求，周期性统计发生的资源消耗情况（事件数量、备品备件数量等），做出工作效率分析，并与前期数据对比分析，出具服务资源需求分析等。测量活动包括如下项目。
- 盘点备件资产：针对现有备件资源进行账实盘点，为备件库调整计划提供数据支撑。
- 统计备件损坏率：根据备件名称、编号、备件分类、损坏原因、损坏分类、损坏地点、修复方案等信息进行逐条统计。
- 统计备件命中率：可根据通用备件、专用备件分别统计周期内备件的使用情况，测量实际命中率与计划命中率的差距。
- 统计备件复用率：针对可复用的备件品类，按照修复时间、修复类型、备件编号等信息进行统计。

（4）知识库。收集知识积累的数量、知识的利用率、知识的更新率、知识的完整性、各类知识的比重、知识新增数量与事件、问题发生数量的对比关系。

参考答案　C

8．**解析**　问题统计分析有如下内容。
- 目标：降低事件发生概率，提高事件处理效率。
- 方式：由问题管理负责人定期制订并发布。
- 活动：问题经理定期统计周期范围内产生的问题和解决方案，并形成相关报告发布给所有服务实施团队，出具问题分析报告。分析内容包括周期内问题数量、已解决问题数量、遗留问题数量、知识库更新信息等。

B、C、D 项的说法是正确的。

参考答案　A

9．**解析**　服务测量用于获得与服务交付过程相关的各种数据，进而获得服务改进活动所需的各种原始资料。

参考答案　C

10．**解析**　服务测量的目标是获得服务交付过程相关的各种数据，从而获得服务改进活动所需的各种原始资料，服务测量的范围包括 IT 服务全生命周期的各个方面，覆盖战略、战术、操作等多个层面，需要从技术和业务两个不同的视角来确定测量指标。服务测量指标分为技术指标、过程指标、服务指标。

参考答案 C

11. 解析 服务测量活动的价值体现在以下几个方面。

（1）验证之前所做的决策、工作是否正确有效。

（2）服务在成本、质量、有效性等方面是否有改进。

（3）证明服务改进活动的必要性，以便争取资源，支持服务改进。

（4）指导服务改进活动的方向和目标。

参考答案 D

12. 解析 服务台关键测量指标有接听率、派单准确率、录单率、平均通话时间。

参考答案 A

13. 解析 服务过程测量活动是分层的，对于单一服务项目而言，测量活动至少应该覆盖服务管控和服务执行两个层次。前者主要从业务和用户的视角来测量服务过程，关注服务交付结果，后者主要从技术视角来测量服务过程，关注具体的服务过程和细节。

参考答案 A

14. 解析 服务测量用于获得与服务交付过程相关的各种数据，进而获得服务改进活动所需的各种原始资料。对服务进行有效测量是进行服务改进的基础，通过服务测量可以获得各种数据，进而作为服务改进的基准和依据，并为服务改进设定目标。

参考答案 B

15. 解析 服务测量关键成功因素如下。

（1）针对性的服务测量框架。

（2）有效的自动化监控和测量工具。

（3）渠道的测量方法。

（4）避免成本约束。

（5）降低人员阻力。

（6）获取管理层的支持。

（7）通过接受培训等方式，获取成熟的服务管理过程。

（8）利用机制管理技术部门与业务部门之间的有效沟通和协调。

参考答案 D

16. 解析 确定业务、IT 能力和可用预算对新的服务、级别的限制之后，需要从技术视角着眼，使用差距分析来判断服务改进的可能性有多少，现有技术手段可以测量到何种数据，属于识别需要测量什么活动的内容。

参考答案 B

17. 解析 测量指标有技术指标、过程指标、服务指标。

（1）技术指标：基于 IT 组件和应用的测量，如性能、可用性。

（2）过程指标：反映服务管理过程的运行或健康状态，通常以 KPI 表示。KPI 有助于回答过程的质量、绩效、价值和符合性 4 个关键问题，持续服务改进利用这些 KPI 识别对各个过程的改进机会。

（3）服务指标：对端到端的服务绩效的测量，通过技术和过程指标加以计算。

参考答案　C

18．**解析**　服务过程测量活动是分层次的，对于单一服务项目而言，测量活动至少应该覆盖服务管控和服务执行两个层次。前者主要从业务和用户的视角来测量服务过程，关注服务交付结果，后者主要从技术视角来测量服务过程，关注具体的服务过程和细节。

参考答案　A

19．**解析**　服务执行测量包括事件统计分析、问题统计分析、变更与发布统计分析、配置统计分析。

参考答案　B

20．**解析**　服务测量的目标是监视、测量并评审服务及服务管理目标的完成情况，分析与服务计划的差距，并为服务改进提供依据。服务测量活动的价值体现在：

（1）验证之前所做的决策是否正确，所做的工作是否有效果。

（2）较目前的服务在成本、质量、有效性等方面是否比之前得到了改进。

（3）证明服务改进活动的必要性，并向管理层争取必要的资源，以支持服务改进。

（4）指导服务改进活动的方向和目标。

其中 D 项为服务持续改进的主要目标。

参考答案　D

21．**解析**　在实施服务测量的各项数据收集活动前，系统规划与管理师应明确测量的目标和方向是否与服务供方的运营目标及业务需求相匹配。需要从人员、资源、技术及过程几个要素分别描述具体测量活动和收集项目。服务人员测量包括：

（1）识别备份工程师的满足度和可用性。

（2）测量人员招聘需求的匹配度。

（3）收集培训的应用情况。

（4）人员能力测量。

（5）服务工作量测量。

（6）岗位职责更新情况。

（7）人员绩效考核分配机制测量。

（8）实时监控团队工作状态。

C 项属于服务资源测量。

参考答案　C

22．**解析**　服务过程测量活动是分层次的，至少有服务管控和服务执行两个层次。服务管控主要是从业务和用户的视角来衡量服务过程关注服务交付成果；服务执行主要是从技术视角来测量服务过程，关注具体的服务过程和细节。

在服务管控测量中，服务级别分析主要包括：

（1）目标：总结与分析服务项目的服务级别及关键绩效指标的完成情况，为提升服务质量提供依据，并作为项目报告基础信息，向用户呈现服务的绩效信息。

（2）方式：以项目为单位，根据不同项目的进程需求，由系统规划与管理师负责统计分析，并整理出项目服务级别及绩效信息。

（3）活动：由系统规划与管理师制订阶段性项目计划及需求，进行统计分析，并形成"项目绩效分析"作为项目总结报告或月度服务报告的核心组成部分。评测内容包括（但不限于）服务SLA达成率分析、重大事件分析（MTTR、服务效率）、人员绩效分析等。

其中服务管控测量测评内容包括（但不限于）服务 SLA 达成率分析、重大事项分析（MTTR、服务效率）、人员绩效分析等。其中 D 项属于服务执行测量。

参考答案　D

23．**解析**　为保证服务测量活动的有效实施，为服务改进提供各种数据和信息，必须注意以下关键成功因素。

（1）针对性的服务测量框架：系统规划与管理师需要在规划设计阶段就定义好针对该项目的服务测量框架，分析干系人可能关注的服务绩效指标，从业务和技术的多重视角，定义出管控层和执行层的关键绩效指标。

（2）有效的自动化监控和测量工具：对服务组件的自动化监控和测量是获得服务测量数据的重要方法。很多基础数据都依赖于部署有效的自动化工具才能获得，如某台服务器的可用性指标、网络的中断时长、CPU 利用率等。

（3）渠道的测量方法：监控、评估、调查、座谈、抽样等。

（4）避免成本约束：准备足够的资金来购买和部署相应的监控和测量工具。

（5）降低人员阻力：增强用户及服务人员对服务测量活动的理解和配合，如可适当采用激励方式，鼓励用户积极参与满意度调查，适当采用绩效考核，要求服务工程师及时上传知识文档等。

（6）获取管理层的支持。

（7）通过接受培训等方式，获取成熟的服务管理过程。

（8）利用机制管理技术部门与业务部门之间的有效沟通和协调。

其中 A 项属于服务回顾的关键成功因素。

参考答案　A

7.3　服务回顾

一、基础部分

1．以下关于服务回顾的说法，错误的是_____。

A．服务回顾的形式多种多样，包括客户服务回顾、项目内部会议、视频会议、电话会议、

服务报告、服务改进计划、第三方机构意见收集等

B．服务回顾的主要目标是为适当的受众（包括用户、业务部门、供应商、技术人员、管理层等）回顾各种服务测量数据，并作为后续活动的参考和依据

C．服务回顾的主要活动根据服务需方与供方不同的关注内容可分为两类，分别是与客户回顾内容、团队内部回顾内容

D．服务回顾工作与服务质量评审会议是分开的，必须分开进行

2．在服务回顾中，与客户回顾的内容包含_____。

   A．服务目标达成情况　　　　　　B．各小组工作简报

   C．本周期内的工程师 KPI 总结　　D．本周期内遇到的特殊或疑难工单

3．关于四级服务回顾机制的说法，错误的是_____。

   A．一级回顾机制的频率是不定期按需沟通

   B．二级回顾机制的内容是项目月度例会，向客户汇报当月服务情况，包括服务量 SLA 达成率，当月重大事件等内容

   C．三级回顾机制的频率是每年度

   D．四级回顾机制的内容是回顾项目的整体实施交付情况

4．在服务回顾活动中，_____不属于与客户回顾的内容。

   A．服务合同执行情况　　　　　　B．服务绩效

   C．本周期内的工程师 KPI 总结　　D．客户业务需求的变化

二、进阶部分

5．下列关于服务回顾的描述中，错误的是_____。

   A．服务回顾不应该有客户参加

   B．服务回顾的主要目标是为适当的受众回顾各种服务数据，并作为后续活动的参考和依据

   C．服务回顾工作可与服务质量评审会议一起举行

   D．对于重大项目，应以项目复盘的形式进行内部的服务回顾

6．下列属于与客户回顾内容的是_____。

   A．上周期工作计划回顾　　　　　B．讨论本周期遇到的特殊或疑难工单

   C．满意度调查　　　　　　　　　D．各小组工作简报

7．下列不属于服务回顾关键成功因素的是_____。

   A．根据违规记录，进行违规根源分析并加以矫正

   B．基于回顾报告，从满足业务和客户的需求出发，进行调整和改进

   C．进行精细的服务管理变更控制

   D．获取管理层的支持

8．IT 服务回顾既要考虑与客户的回顾机制，还要考虑与服务运营团队内部的回顾机制。下列_____不属于与客户回顾的内容。

A．服务合同执行情况   B．服务绩效（SLA）与成果
C．本周期内未解决的工单   D．服务范围、工作量

9．四级服务回顾机制进行内外部服务回顾，如下图所示。

级别	内容	频率	参与者
一级	针对重大事件、特殊事件的沟通，包括服务内容变更、客户投诉等	不定期按需沟通	系统规划与管理师、客户接口人
二级	项目月度例会，向客户汇报当月服务情况，包括服务量、SLA 达成率，当月重大事件等内容	每月度	系统规划与管理师、客户接口人
三级	项目季度回顾，向客户汇报当季项目运营情况，包括服务数据分析、SLA 达成率、客户满意度、服务改进计划等内容	每季度	系统规划与管理师、服务供方业务关系经理、客户接口人
四级	合作年度回顾，回顾项目的整体实施交付情况	每年度	服务供方高层管理人员、系统规划与管理师、服务供方业务关系经理、客户接口人

客户回顾内容不包括 (1) 。而采用周例会的机制来进行团队内部回顾，内部回顾内容不包括 (2) 。

(1) A．服务合同执行情况   B．各小组工作简报
      C．服务目标达成情况   D．服务中存在的问题及行动计划

(2) A．上周期工作计划回顾   B．服务范围、工作量
      C．讨论本周期内未解决的工单   D．本周期内的工程师 KPI 总结

三、解析及答案

1．**解析** 本题考查的是服务回顾的相关知识。服务回顾工作可与服务质量评审会议一起举行，由服务提供方系统规划与管理师与业务关系经理组织，双方相关人员参与。

参考答案 D

2．**解析** 本题考查的是服务回顾的内容。与客户回顾内容包括：

（1）服务合同执行情况。
（2）服务目标达成情况。
（3）服务绩效（服务级别协议）、成果。
（4）满意度调查。
（5）服务范围、工作量。
（6）客户业务需求的变化。
（7）服务中存在的问题及行动计划。
（8）上一次会议中制订的行动计划的进展汇报。

团队内部回顾内容,采用周例会的机制来进行内部回顾,内容包括:

(1) 上周期工作计划回顾。

(2) 本周期内遇到的特殊或疑难工单。

(3) 讨论本周期内未解决的工单。

(4) 各小组工作简报。

(5) 本周期的问题回顾。

(6) 本周期内的工程师 KPI 总结(如工程师工单量、工程师平均响应时间、工程师平均解决时间、工程师现场支持解决率)。

(7) 下周期工作计划安排。

注:对于重大项目,应以项目复盘的形式进行内部的服务回顾。

此题中,B 项、C 项、D 项属于团队内部回顾内容。

参考答案　A

3.**解析**　本题考查的是四级回顾机制的相关知识。三级回顾机制的频率是每季度。

四级服务回顾机制如下图所示。

级别	内容	频率	参与者
一级	针对重大事件、特殊事件的沟通,包括服务内容变更、客户投诉等	不定期按需沟通	系统规划与管理师、客户接口人
二级	项目月度例会,向客户汇报当月服务情况,包括服务量、SLA 达成率,当月重大事件等内容	每月度	系统规划与管理师、客户接口人
三级	项目季度回顾,向客户汇报当季项目运营情况,包括服务数据分析、SLA 达成率、客户满意度、服务改进计划等内容	每季度	系统规划与管理师、服务供方业务关系经理、客户接口人
四级	合作年度回顾,回顾项目的整体实施交付情况	每年度	服务供方高层管理人员、系统规划与管理师、服务供方业务关系经理、客户接口人

参考答案　C

4.**解析**　与客户回顾内容有服务合同执行情况;服务目标达成情况;服务绩效成果;满意度调查;服务范围、工作量;客户业务需求的变化;服务中存在的问题及行动计划;上一次会议中制订的行动计划的进展汇报。

参考答案　C

5.**解析**　服务回顾的主要目标是为适当的受众(包括用户、业务部门、供应商、技术人员、管理层等)回顾各种服务测量数据,并作为后续活动的参考和依据。服务回顾的主要活动根据服务需方与供方不同的关注内容,可分为与客户回顾内容、团队内部回顾内容两类。

参考答案　A

6.**解析**　与客户回顾内容有服务合同执行情况;服务目标达成情况;服务绩效(SLA)、成果;

满意度调查；服务范围、工作量；客户业务需求的变化；服务中存在的问题及行动计划；上一次会议中制订的行动计划的进展汇报。

参考答案　C

7．**解析**　服务回顾关键成功因素有进行违规根源分析并加以校正；决定是进行服务升级/变更，还是对负责人进行处理；基于回顾报告，从满足业务和客户的需求出发进行调整和改进；进行精细的服务管理变更控制；服务回顾的更新能够满足业务和客户对IT服务能力的需求，确保相关人员对新内容的认知和认同感；避免重要的回顾内容项部分缺失；避免服务回顾会议延期；明确岗位职责和过程清晰，有问题时应及时进行调整。

参考答案　D

8．**解析**　本周期内未解决的工单应属于团队内部回顾的内容。

参考答案　C

9．**解析**　服务回顾采用四级服务回顾机制进行内、外部服务回顾。

（1）与客户回顾内容包括：

1）服务合同执行情况。

2）服务目标达成情况。

3）服务绩效（服务级别协议）、成果。

4）满意度调查。

5）服务范围、工作量。

6）客户业务需求的变化。

7）服务中存在的问题及行动计划。

8）上一次会议中制订的行动计划的进展汇报。

（2）团队内部回顾内容，采用周例会的机制来进行内部回顾，内容包括：

1）上周期工作计划回顾。

2）本周期内遇到的特殊或疑难工单。

3）讨论本周期内未解决的工单。

4）各小组工作简报。

5）本周期的问题回顾。

6）本周期内的工程师KPI总结（如工程师工单量、工程师平均响应时间、工程师平均解决时间、工程师现场支持解决率）。

7）下周期工作计划安排。

注：对于重大项目，应以项目复盘的形式进行内部的服务回顾。

（1）中B项属于团队内部回顾内容；（2）中B项属于客户回顾内容。

参考答案　（1）B　（2）B

7.4 服务改进

一、基础部分

1. 服务改进的内容不包括_____。
   A. 服务改进设计　　　　　　　B. 服务改进实施
   C. 服务改进验证　　　　　　　D. 服务改进审计

2. 服务改进计划的内容不包含_____。
   A. 预算　　　B. 服务改进描述　　　C. 角色和职责　　　D. 风险

3. 关于服务改进目标的说法，错误的是_____。
   A. 服务改进的目标是利用管理方针、管理目标、审核结果、服务测量、服务回顾、客户满意度管理、投诉管理及管理评审等活动，促进服务管理能力在有效性和效率方面的持续改进和提升
   B. 改进目标应该与服务目标相一致，需要客户的参与，并与相关部门进行有效沟通
   C. 改进目标是现实可行并是可测定的
   D. 改进目标是进行改进项目或活动回顾的重要输出

4. 在服务改进项目的检查中，当服务改进项目实施完成后，_____核对服务改进活动的目标达成情况，会同相关人员对实施效果进行验证，并记录验证或验收评价结果。
   A. 服务供需双方　　　B. 服务供方　　　C. 服务需方　　　D. 服务用户

5. 基于IT组件和应用的测量，如可用性、性能，属于服务改进测量的_____指标。
   A. 技术测量　　　B. 过程测量　　　C. 服务测量　　　D. 人员测量

6. 服务改进设计的内容不包括_____。
   A. 定义服务改进目标　　　　　　B. 识别服务改进输入
   C. 服务改进项目的检查　　　　　D. 确认服务改进的职责

7. 利用管理方针、管理目标、审核结果、服务测量、服务回顾、客户满意度管理、投诉管理及管理评审等活动，促进服务管理能力在有效性和效率方面的持续改进和提升，以上描述的是_____。
   A. 服务改进的目标　　　　　　　B. 服务改进的活动
   C. 服务改进的职责　　　　　　　D. 服务改进的过程

二、进阶部分

8. 随着IT服务运营过程中知识的不断沉淀和积累、客户期望值的不断提高，必然带来不间断的服务改进需求，所以需要对IT服务进行持续改进，在持续改进方法中_____的目的是把各种来源获取的数据，进行仔细对比。

A．实施改进　　　　B．收集数据　　　　C．处理数据　　　　D．分析信息和数据

9．下列关于IT服务持续改进的描述中，正确的是_____。
   A．IT服务持续改进，是IT服务交付于客户之后才开始
   B．需要对IT服务进行持续改进的主要原因是IT维护的成本太高
   C．IT服务持续改进是对客户的预期进行持续的管理
   D．IT服务持续改进活动应贯穿整个IT服务的生命周期

10．_____不是服务改进的输入。
   A．服务测量及服务回顾过程中分析或确认的服务改进需求
   B．IT服务管理业界标准
   C．服务目标
   D．服务改进方案

11．持续改进通过评审和分析_____实现的结果，识别和改进IT服务的效率和有效性，在不影响客户满意度的情况下，改进IT服务提供的成本效益。
   A．服务目录　　　　B．服务运营　　　　C．服务级别　　　　D．服务部署

12．服务改进实施涵盖了服务的四要素，下列_____不属于人员可能改进的领域。
   A．改善人员管理体制　　　　　　　B．调整过程考核指标
   C．提高IT人员素质　　　　　　　　D．调整人员和岗位结构

13．_____不属于服务改进实施过程可能改进的领域。
   A．改进应急预案　　　　　　　　　B．为业务部门提供管理报表
   C．调整过程考核指标　　　　　　　D．建立新的服务管理过程

14．下列关于服务改进描述中，错误的是_____。
   A．服务改进的总体目标应是促进降低服务成本和人员技能方面的持续改进与提升
   B．服务改进目标应与服务目标相一致
   C．服务改进目标应是现实可行并是可测定的
   D．服务改进目标是进行改进项目或活动回顾的重要依据

15．实施服务改进活动的成功需要来自各处的配合，下列_____属于服务改进的关键成功因素。
   A．保障相关干系人的较高参与度
   B．明确岗位职责和过程清晰，有问题时应及时进行调整
   C．进行精细的服务管理变更的控制
   D．根据违规记录，进行违规根源的分析并加以校正

16．下列_____不属于服务改进设计活动。
   A．定义服务改进目标　　　　　　　B．识别服务改进输入
   C．制订服务改进计划　　　　　　　D．服务改进项目检查

17．_____的目标是利用管理方针、管理目标、审核结果、服务测量、服务回顾、客户满意

度管理、投诉管理及管理评审等活动，促进服务管理能力在有效性和效率方面的持续改进和提升。优化后的服务可以更好地支持过程运行，提升 IT 对业务的支撑力度。

  A．服务测量   B．服务回顾   C．服务改进   D．持续改进

18．服务改进需要进行生命周期管理，主要活动包括 ① 、 ② 、 ③ ，涉及服务管理人员、技术、资源、过程等方面。

  A．①服务改进计划、②服务改进实施、③服务改进验证

  B．①服务改进计划、②服务改进执行、③服务改进验证

  C．①服务改进设计、②服务改进回顾、③服务改进实施

  D．①服务改进设计、②服务改进实施、③服务改进验证

19．服务改进实施中， ① 组织服务质量负责人及相关人员实施已通过审批的服务改进实施计划和具体方案。由服务 ② 会同其他相关部门共同制订改善目标及改善计划，并监督实施。

  A．①系统规划与管理师 ②质量管理部门

  B．①质量管理部门 ②系统规划与管理师

  C．①供方业务关系经理 ②供方高层管理人员

  D．①系统规划与管理师 ②客户接口人

20．下列_____不属于服务改进的关键成功因素。

  A．确定服务改进的原因，如客户请求或主动修改

  B．进行精细的服务管理变更的控制，包括过程的变更、过程文档的变更、过程交互的变更和角色职责的变更等

  C．定义对已存在的服务管理过程和服务的更改

  D．制订服务改进对预算和时间计划的影响

三、解析及答案

1．**解析** 本题考查的是服务改进的相关知识。服务改进的内容包括服务改进设计、服务改进实施和服务改进验证。

  参考答案 D

2．**解析** 本题考查的是服务改进的相关知识。服务改进计划应包括如下内容。

- 文档介绍：包括文档简介、文档目的。
- 服务改进活动基本信息：包括服务改进活动名称、改进活动负责人、改进活动团队成员、计划活动起止时间、主要预期成果。
- 服务改进描述：包括服务改进动机、服务改进目标、涉及范围。
- 服务改进方案：包括总体方案和进度安排、各阶段具体活动、预算和资源安排。
- 角色和职责：包括角色、职责、活动。
- 服务改进回顾：包括主要衡量标准、改进回顾团队、时间安排。

  参考答案 D

3．解析　本题考查的是改进目标的相关知识。改进目标是进行改进项目或活动回顾的重要依据，是输入。

参考答案　D

4．解析　当服务改进项目实施完成后，系统规划与管理师应对照服务改进计划中定义的服务改进目标，发起服务改进回顾会议，服务供需双方核对服务改进活动的目标达成情况，会同相关人员对实施效果进行验证，并记录验证或验收评价结果。

参考答案　A

5．解析　服务测量的范围包括 IT 服务全生命周期阶段的每个方面，覆盖战略、战术和操作等多个层面，需要系统规划与管理师从技术和业务两个不同的视角来确定测量指标。测量指标的类型可分为如下 3 种。

（1）技术指标：基于 IT 组件和应用的测量，如可用性、性能。

（2）过程指标：通常以 KPI 表示，反映服务管理过程的运行或健康状况。KPI 有助于回答 4 个关键问题，即过程的质量、绩效、价值和符合性，持续服务改进利用这些 KPI 识别对各过程的改进机会。

（3）服务指标：对端到端的服务绩效的测量，通过技术和过程指标加以计算。

参考答案　A

6．解析　本题考查的是服务改进设计的内容，包括如下 4 个方面。

（1）定义服务改进目标。服务改进的总体目标，应是促进服务管理能力在有效性和效率方面的持续改进与提升。

（2）识别服务改进输入。

（3）制订服务改进计划。识别的服务改进措施，编制服务改进计划。服务改进计划应包括如下内容。

- 文档介绍：包括文档简介、文档目的。
- 服务改进活动基本信息：包括服务改进活动名称、改进活动负责人、改进活动团队成员、计划活动起止时间、主要预期成果。
- 服务改进描述：包括服务改进动机、服务改进目标、涉及范围。
- 服务改进方案：包括总体方案和进度安排、各阶段具体活动、预算和资源安排。
- 角色和职责：包括角色、职责、活动。
- 服务改进回顾：包括主要衡量标准、改进回顾团队、时间安排。

（4）确认服务改进职责。

C 项并不是服务改进设计的内容。

参考答案　C

7．解析　服务改进的目标是利用管理方针、管理目标、审核结果、服务测量、服务回顾、客户满意度管理、投诉管理及管理评审等活动，促进服务管理能力在有效性和效率方面的持续改进和提升。

参考答案 A

8．**解析** IT 服务持续改进方法的过程如下：

（1）识别改进战略/策略：在服务生命周期的一开始，规划设计需要识别业务需求和运营目标，确定服务改进的愿景。在服务改进活动中，可以从业务视角，从明确业务目标和服务级别开始，为 IT 服务的改进活动确定目标和方向，实现有错必纠。

（2）识别需要测量什么：确定了业务、IT 能力和可用预算对新的服务、级别的限制之后，需要从技术视角，使用差距分析来判断服务改进的可能性有多少，现有技术手段可以测量到何种数据。

（3）收集数据：要想实现服务改进这个目标，首先必须收集数据（通常在服务运营就开始收集数据）。根据既定的目的和目标来收集资料，此时获得的是最原始的数据和资料。在收集数据的过程中，需要在适当的时候进行监控。对服务改进过程加以监控的主要目的还包括保证服务质量，因此，监控在收集数据的同时，还必须关注服务、流程、工具的应用效果。

（4）处理数据：在明确了需要测量的关键绩效指标之后，就能够对所收集的数据进行处理了，简而言之，这一步的目的是把各种来源获取的数据，进行仔细对比。

（5）分析信息和数据：分析原始数据之间的上下文关系和联系，将数据转变成信息。生成的信息可用于确定服务差距、趋势以及服务对业务的影响。应当避免急于将收集到的数据汇报给管理者，而应该仔细分析数据之间的关联和隐含的信息。数据分析过程将数据转变成信息，并将信息转化成知识展示并使用信息。

（6）展示并使用信息：用最有利于目标用户的方式来展示信息，并帮助其做出决策。

（7）实施改进：运用获得的知识对服务进行优化、提高和改进，由管理者做出关于服务改进的决策。

参考答案 C

9．**解析** IT 服务持续改进的主要目标是使得 IT 服务可以一直适应不断变化的业务需求，通过识别改进机会并实施改进活动，使得 IT 服务有效支持相关的业务活动，改进活动贯穿于 IT 服务的全生命周期，且是持续性的，而不存在明显的起止时间。

参考答案 D

10．**解析** 服务改进方案属于制定服务改进计划的内容。

参考答案 D

11．**解析** 持续改进通过评审和分析服务级别实现的结果，识别和改进 IT 服务的效率和有效性，在不影响客户满意度的情况下，改进 IT 服务提供的成本效益。

参考答案 C

12．**解析** 服务改进实施涵盖的服务四要素如下。

人员：改善人员管理体制、提高 IT 人员素质、调整人员储备比例、调整人员和岗位结构。

资源：保障各类资源的覆盖和支撑作用、持续完善 IT 工具、持续优化服务台管理制度、知识库管理制度改进、备件库管理制度改进。

技术：技术研发计划重新规划及改进、技术成果优化改进、完善技术文档、改进应急预案、更新监控指标及阈值。

过程：完善现有过程、建立新的服务管理过程、调整过程考核指标、提升对外服务形象、提供新的服务、为业务部门提供管理报表。

参考答案 B

13．**解析** 服务改进涵盖了服务的四要素，其中：

人员：改善人员管理体制、提高IT人员素质、调整人员储备比例、调整人员和岗位结构。

资源：保障各类资源的覆盖和支撑作用、持续完善IT工具、持续优化服务台管理制度、知识库管理制度改进、备件库管理制度改进。

技术：技术研发计划重新规划及改进、技术成果优化改进、完善技术文档、改进应急预案、更新监控指标及阈值。

过程：完善现有过程、建立新的服务管理过程、调整过程考核指标、提升对外服务形象、提供新的服务、为业务部门提供管理报表。

参考答案 A

14．**解析** 服务改进的总体目标应是促进服务管理能力在有效性和效率方面的持续改进与提升。

参考答案 A

15．**解析** 服务改进的关键成功因素有确定服务改进的使因；识别所有重要的服务改进输入；改进结果应可测量、可追溯，协商服务改进的衡量及验收标准；公布完整详尽的服务改进计划；保障相关干系人的较高参与度；定义对已存在的服务管理过程和服务的更改；提交新的服务对人力资源和招聘需求的影响；分析服务改进后对相关过程、测量、方法和工具的影响，及时更新服务目录和手册。

参考答案 A

16．**解析** 服务改进设计有定义服务改进目标、识别服务改进输入、制订服务改进计划、确认服务改进职责。选项D属于服务改进验证。

参考答案 D

17．**解析** 服务改进的目标是利用管理方针、管理目标、审核结果、服务测量、服务回顾、客户满意度管理、投诉管理及管理评审等活动，促进服务管理能力在有效性和效率方面的持续改进和提升。优化后的服务可以更好地支持过程运行，提升IT对业务的支撑力度。

参考答案 C

18．**解析** 服务改进需要进行生命周期管理，主要活动包括服务改进设计、服务改进实施、服务改进验证，涉及服务管理人员、技术、资源、过程等方面。

参考答案 D

19．**解析** 服务改进实施中，系统规划与管理师组织服务质量负责人及相关人员实施已通过审批的服务改进实施计划和具体方案。由服务质量管理部门会同其他相关部门共同制订改善目标及改善计划，并监督实施。

参考答案 A

20．**解析** 服务改进的关键成功因素如下。

（1）确定服务改进的使因，如客户请求或主动修改。

（2）识别所有重要的服务改进输入（包括人员、资源、技术及过程）。

（3）改进结果应可测量、可追溯，协商服务改进的衡量及验收标准。

（4）公布完整详尽的服务改进计划。

（5）保障相关干系人的较高参与度。

（6）定义对已存在的服务管理过程和服务的更改。

（7）提交新的服务对人力资源和招聘需求的影响。

（8）分析服务改进后对相关过程、测量、方法和工具的影响，及时更新服务目录及服务手册。

（9）制订服务改进对预算和时间计划的影响。

其中 B 项属于服务回顾关键成功因素。

参考答案　B

8 监督管理

8.1 概述

一、基础部分

1. 监督管理是依据国家 IT 服务标准对 IT 服务进行整体评价,并对供方的服务过程、交付结果实施监督和绩效评估。_____是监督管理的重要内容。
   A. 成本管理、进度管理、信息安全管理
   B. 进度管理、质量管理、过程管理
   C. 质量管理、风险管理、信息安全管理
   D. 可靠性管理、可用性管理、可维护性管理

二、进阶部分

2. 下列关于监督管理的说法中,不正确的是_____。
   A. 监督管理是依据国家 IT 服务标准对 IT 服务进行整体评价,并对供方的服务过程、交付结果实施监督和绩效评估
   B. IT 服务质量管理是通过制订质量方针、质量目标和质量计划,实施质量控制、质量保证和质量改进等活动,确保 IT 服务满足服务级别协议的要求,最终获得用户的满意
   C. IT 服务风险管理是对已知风险的认识、分析、采取防范和处理措施等一系列的管理过程。对服务进行风险控制和管理,可以最大限度地减少 IT 服务风险的发生,提高服务成功的概率
   D. 信息安全管理是确保组织的资产、信息、数据和 IT 服务的保密性、完整性、可用性及其他属性的过程,其他属性有真实性、可核查性、可靠性、防抵赖性等。因此,监督管理、风险管理和质量管理是信息安全管理的重要内容

3. IT 服务质量管理的说法中，下列_____是不正确的。
   A．IT 运维服务质量的评价来自于 IT 服务供方、IT 服务需方和第三方的需要
   B．对于 IT 运维服务的供方，需要通过对服务过程能力和服务质量的量化，检查自身存在的问题和改善机会，帮助服务组织以最符合成本的方式提供满足客户需求的 IT 运维服务产品
   C．对于 IT 运维服务的需方，需要通过对供方 IT 运维服务能力的量化评价和选择符合需要的供应商；同时，也需要通过对服务质量的量化来检验供方提供的实际服务是否满足了双方确定的服务等级，也是确定 IT 运维服务费用结算的依据之一
   D．对于 IT 运维服务的供方，需要将对供方服务能力和实际服务绩效的量化考评作为授予资质和颁发证书的有效依据

三、解析及答案

1. **解析**　质量管理、风险管理和信息安全管理是监督管理的重要内容，三者之间相对独立。
   参考答案　C
2. **解析**　D 项正确的说法应该是质量管理、风险管理和信息安全管理是监督管理的重要内容。
   参考答案　D
3. **解析**　D 项正确的说法应该是对于 IT 运维服务的第三方，需要将对供方服务能力和实际服务绩效的量化考评作为授予资质和颁发证书的有效依据。
   参考答案　D

8.2　IT 服务质量管理

一、基础部分

1. 服务质量特性中的安全性不包括_____。
   A．可用性　　　　B．完整性　　　　C．保密性　　　　D．完备性
2. 信息技术服务质量评价分为确定需求、_____、实施评价以及评价结果分析 4 个步骤。
   A．指标选型　　　B．制订计划　　　C．质量保证　　　D．技术评审
3. 关于完备性的说法，错误的是_____。
   A．完备性是指服务项实现的完整度
   B．完备性的测量目的是按照服务协议，服务项实现的完整程度
   C．完备性的应用的方法是服务协议约定的服务项实现程度的完整度评价
   D．完备性的计算公式为 $X=1-A/B$（A 为实际达成的服务项数，B 为符合服务协议中约定的服务项数）

4. 服务过程中信息是否发生非授权篡改、破坏和转移是_____的测量目的。
   A．保密性　　　　　B．安全性　　　　　C．有形性　　　　　D．响应性

5. IT运维服务质量的评价来自于IT服务供方、IT服务需方和第三方的需要，由于IT运维服务的无性系、不可分离性、差异性等特点，《信息技术服务质量评价指标体系》给出了用于评价信息技术服务质量的模型。其中，安全性是5类特性中的重要一项，下列_____不属于安全评价指标。
   A．完整性　　　　　B．可用性　　　　　C．可测试性　　　　D．保密性

6. 常见的运维质量实施和检查活动包括_____。
   ①内审　　②管理评审　　③进行满意度调查　　④质量文化培训
   A．①②③　　　　　B．①③④　　　　　C．②③④　　　　　D．①②③④

7. 服务质量特性中的可靠性包含的子特性有完备性、连续性、_____、有效性、可追溯性。
   A．及时性　　　　　B．主动性　　　　　C．稳定性　　　　　D．可用性

8. 进行IT服务测量与评估时，统计服务的可用程度是为了评价IT服务的_____。
   A．安全性　　　　　B．可靠性　　　　　C．响应性　　　　　D．友好性

9. 运维服务质量检查过程中，常见的检查活动不包括_____。
   A．满意度调查　　　　　　　　　　　B．内审
   C．事件统计分析　　　　　　　　　　D．管理评审

10. 下列不属于服务质量管理特性有效性评价指标的是_____。
    A．接通率　　　　　　　　　　　　　B．服务报告提交率
    C．及时响应率　　　　　　　　　　　D．首问解决率

二、进阶部分

11. 下列关于服务质量管理特性及时性评价的说法，不正确的是_____。
    A．及时响应率是及时性的评价指标之一
    B．及时解决率是及时性的评价指标之一
    C．及时响应率的公式计算是 =1- A/B，其中 A 为响应时间不符合服务协议要求的服务请求数量；B 为总的服务请求数量
    D．及时解决率的公式是 $X=A/B$，$A=$解决时间不符合服务协议要求的服务请求数量；$B=$总的服务请求数量

12. IT运维服务质量的评价来自于IT服务供方、IT服务需方和第三方的需要，由于IT运维服务的无形性、不可分离性、差异性等特点，《信息技术服务 质量评价指标体系》（GB/T 33850－2017）给出了用于评价信息技术服务质量的模型。其中，可靠性是5类特性中的重要一项，下列_____不属于可靠性评价指标。
    A．可用性　　　　　B．完备性　　　　　C．稳定性　　　　　D．连续性

13. 运维服务质量负责人和运维业务负责人应当定期对运维服务的质量进行整体策划，策划的内容包括_____。

①确定运维服务质量目标　　　　②确定运维服务质量管理相关的职责和权限
③确定运维服务质量管理的活动　　④时间安排
　　A．①②③　　　　B．①③④　　　　C．②③④　　　　D．①②③④

14. _____不是服务质量有效性评价指标。
　　A．接通率　　　　　　　　　　B．服务报告及时提交率
　　C．首问解决率　　　　　　　　D．投诉处理率

15. 《信息技术服务 质量评价指标体系》(GB/T 33850－2017)给出用于评价信息技术服务质量的信息技术服务质量模型，下列_____不属于该模型定义的5类特性。
　　A．功能性　　　　B．安全性　　　　C．可靠性　　　　D．响应性

16. 下列_____属于目前常见的运维服务质量活动的形式。
①项目质量保证　　　②用户满意度管理　　　③客户投诉管理
④日常检查　　　　　⑤质量文化和质量教育　⑥体系内审及管审
　　A．②③④⑤⑥　　　　　　　　B．②③⑤⑥
　　C．①②③④⑤⑥　　　　　　　D．②③④⑤

17. _____不是可靠性具备的子特性。
　　A．完备性　　　　B．连续性　　　　C．完整性　　　　D．稳定性

18. _____属于安全性的子特性。
　　A．可用性、完整性、保密性　　　B．稳定性、完整性、保密性
　　C．保密性、可核查性、可靠性　　D．真实性、防抵赖性、可核查性

19. 下列服务质量特性中属于响应性的是_____。
　　A．主动性　　　　B．及时性　　　　C．专业性　　　　D．连续性

20. 服务质量的5类特性有安全性、①、②、③、友好性。每大类服务质量特性进一步细分为若干子特性。
　　A．①可用性　　②有形性　　③响应性
　　B．①可靠性　　②连续性　　③响应性
　　C．①可靠性　　②有形性　　③响应性
　　D．①可用性　　②连续性　　③响应性

21. 关于IT服务评价指标，下列_____是不正确的。
　　A．响应性：及时性、互动性
　　B．可靠性：完整性、连续性、稳定性、有效性、可追溯性
　　C．有形性：可视性、专业性、合规性
　　D．友好性：主动性、灵活性、礼貌性

22. 运维服务质量是指服务能够满足规定和潜在需求的特征和特性的总和，是指IT服务工作能够满足被服务者需求的程度。运维服务质量管理包括运维服务质量策划、运维服务_____、运维服务质量改进等活动。

  A．质量评审   B．质量评估   C．质量检查   D．质量验证

23．确定运维服务质量管理的活动，为了达到运维服务质量目标，必须事先策划所要采取的质量保证和质量控制活动，目前常见的运维服务质量活动的形式如下：①_____；②用户满意度管理；③客户投诉管理；④日常检查；⑤质量文化和质量教育；⑥体系内审及管审。

  A．项目质量保证   B．项目质量计划
  C．项目质量策划   D．项目质量控制

三、解析及答案

1．**解析** 本题考查的是服务质量特性的内容。完备性是可靠性的内容之一。
  参考答案 D

2．**解析** 本题考查的是服务质量评价的内容。信息技术服务质量评价分为确定需求、指标选型、实施评价以及评价结果分析4个步骤。
  参考答案 A

3．**解析** 本题考查的是完备性的相关知识。完备性的计算公式为 $X=A/B$（A 为实际达成的服务项数，B 为符合服务协议中约定的服务项数）。
  参考答案 D

4．**解析** 本题考查的是评价指标的内容。题干中"服务过程中信息是否发生非授权篡改、破坏和转移"是完整性评价指标的目标，完整性同可用性、保密性一起是安全性的子特性。
  参考答案 B

5．**解析** 本题考查的是安全评价指标的相关知识。安全评价指标有可用性、完整性和保密性。
  参考答案 C

6．**解析** 本题考查的是运维质量实施和检查活动的相关知识。常见的运维质量实施和检查活动包括内审、管理评审、进行满意度调查、质量文化培训、日常检查及运维各项目质量保证工作实施。
  参考答案 D

7．**解析** 可靠性特性包括的子特性有完备性、连续性、稳定性、有效性、可追溯性等。
  参考答案 C

8．**解析** 评价服务的可用程度，是服务质量特性可靠性子特性连续性的一个指标，即服务的可用程度。
  参考答案 B

9．**解析** 运维服务质量检查活动有进行满意度调查；运维各项目质量保证工作实施；内审；管理评审；日常检查；质量文化培训。
  参考答案 C

10．**解析** 服务质量管理特性有效性评价指标包括接通率、服务报告提交率、首问解决率等。
  参考答案 C

11．解析　及时解决率的公式是 $X=1-A/B$，A=解决时间不符合服务协议要求的服务请求数量，B=总的服务请求数量。

参考答案　D

12．解析　可靠性是在规定条件下和规定时间内履行服务协议的能力，其5类特性如下。

完备性：供方所提供的服务是否具备了服务协议中承诺的所有功能服务项实现的完整度。

连续性：确保服务协议在任何情况下都能得到满足的能力，致力于将风险降低至合理水平以及在业务中断以后进行业务恢复方面。

稳定性：供方所提供的服务是否持续稳定地达成服务协议约定的水准。

有效性：供方按照服务协议要求对服务请求进行有效解决的能力。

可追溯性：供方服务过程是否可追溯。

参考答案　A

13．解析　运维服务质量负责人和运维业务负责人应当定期对运维服务的质量进行整体策划，策划的内容包括确定运维服务质量的目标；确定运维服务质量管理的活动；确定运维服务质量管理相关的职责和权限；时间安排。

参考答案　D

14．解析　有效性的评价指标包括接通率、服务报告及时提交率、首问解决率。投诉处理率属于互动性评价指标。

参考答案　D

15．解析　《信息技术服务　质量评价指标体系》（GB/T 33850—2017）给出的质量模型，定义了服务质量的5类特性包括安全性、可靠性、有形性、响应性、友好性。

参考答案　A

16．解析　目前常见的运维服务质量活动的形式有项目质量保证、用户满意度管理、客户投诉管理、日常检查、质量文化和质量教育、体系内审及管审。

参考答案　C

17．解析　可靠性的子特性包括完备性、连续性、稳定性、有效性、可追溯性。

参考答案　C

18．解析　服务质量安全性的子特性包括可用性、完整性、保密性。

参考答案　A

19．解析　响应性包括及时性和互动性。

参考答案　B

20．解析　服务质量的5类特性有安全性、可靠性、有形性、响应性、友好性。每大类服务质量特性进一步细分为若干子特性。

参考答案　C

21．解析　IT服务评价指标如下。

（1）安全性：可用性、完整性、保密性。

（2）可靠性：完备性、连续性、稳定性、有效性、可追溯性。

（3）响应性：及时性、互动性。

（4）有形性：可视性、专业性、合规性。

（5）友好性：主动性、灵活性、礼貌性。

B 选项的完整性属于安全性；完备性才属于可靠性。

参考答案　B

22．解析　运维服务质量是指服务能够满足规定和潜在需求的特征和特性的总和，是指 IT 服务工作能够满足被服务者需求的程度。运维服务质量管理包括运维服务质量策划、运维服务质量检查、运维服务质量改进等活动。

参考答案　C

23．解析　确定运维服务质量管理的活动，为了达到运维服务质量目标，必须事先策划所要采取的质量保证和质量控制活动，目前常见的运维服务质量活动的形式如下：①项目质量保证；②用户满意度管理；③客户投诉管理；④日常检查；⑤质量文化和质量教育；⑥体系内审及管审。

参考答案　A

8.3　IT 服务风险管理

一、基础部分

1．风险监控的方法不包括_____。

　　A．风险再评估　　　　　　　　B．风险审计

　　C．预留管理　　　　　　　　　D．德尔菲技术

2．下列不属于风险识别活动输出的是_____。

　　A．风险记录　　　　　　　　　B．更新的管理计划

　　C．已识别的风险列表　　　　　D．监视表

3．为确保应急保障工作的及时开展，系统规划与管理师分别从两个渠道对核心备件进行采购，尽量避免到货延期对运维工作产生的影响。上述作为属于风险处置的_____方法。

　　A．减轻　　　　B．避免　　　　C．转移　　　　D．分享

4．风险管理计划的内容不包括_____。

　　A．角色　　　　　　　　　　　B．预算

　　C．跟踪　　　　　　　　　　　D．事业环境因素

5．IT 服务风险管理中，对风险的识别是很重要的一项工作。识别方法中，通常采用文档审查、信息收集技术、检查表、分析假设和图解技术。下面_____选项不属于信息收集技术。

　　A．德尔菲法　　　　　　　　　B．访谈法

　　C．头脑风暴法　　　　　　　　D．因果分析图法

6. IT 服务风险管理中，风险的监控是指跟踪已识别的危险，检测残余风险和识别新的风险，保证风险计划的执行，并评价这些计划对减轻风险的有效性。风险监控是整个生命周期中一个持续进行的过程。下面_____不是风险监控的基本方法。
   A．风险评估　　　　　　　　　　B．技术指标分析
   C．技术的绩效评估　　　　　　　D．差异和趋势分析

7. 识别风险需要采用信息收集技术，常见的手段包括_____。
   A．头脑风暴法、德尔菲法、访谈法、SWOT
   B．头脑风暴法、德尔菲法、访谈法、PDCA
   C．头脑风暴法、奥卡姆剃刀法、访谈法、SWOT
   D．头脑风暴法、德尔菲法、文档评审法、SWOT

8. 识别风险后，对负面威胁类风险的处置应对策略不包含_____。
   A．避免：修改计划以消除相应的威胁，隔离目标免受影响，放宽目标等
   B．转移：把威胁的不利影响以及风险应对的责任转移到第三方
   C．减轻：通过降低风险的概率和影响程度，使之达到一个可接受的范围
   D．消除：利用技术和管理手段，确保该风险不会发生

9. 在风险跟踪工作中，关于风险清单的描述，正确的是_____。
   A．风险清单指明了服务在任何时候面临的最大风险，风险管理负责人应经常维护这张清单，直到服务结束前对其不断更新
   B．风险清单指明了服务在任何时候面临的所有风险，风险管理负责人应该常维护这张清单，直到服务结束前对其不断更新
   C．风险清单指明了服务在任何时候面临的最大风险，项目管理负责人应该维护这张清单，直到服务结束前对其不断更新
   D．风险清单指明了服务在任何时候面临的所有风险，项目管理负责人应该维护这张清单，直到服务结束前对其不断更新

10. 下列不属于定量风险分析的输出的是_____。
    A．实现成本和进度目标的可能性　　B．已量化风险的优先级列表
    C．已经过更新的风险记录　　　　　D．定量风险分析结果中的趋势

11. 信息安全管理能带来的收益有保证信息资产的安全、降低安全风险、_____、提高 IT 服务质量。
    A．保证 IT 服务信息的完整性　　　B．保证 IT 服务业务的可用性
    C．保证 IT 服务业务的可靠性　　　D．保证 IT 服务业务的连续性

12. 风险识别的主要内容不包括_____。
    A．识别并确定 IT 服务的潜在风险　　B．识别 IT 服务风险可能影响的范围
    C．识别引起风险的主要因素　　　　D．识别 IT 服务风险可能引起的后果

二、进阶部分

13. 风险识别是指识别可能会对服务产生影响的风险，并将这些风险的特征形成文档，是一个不断重复的过程。下面_____选项不属于风险识别方法。
    A．文档评审　　　　　　　　　　B．信息收集技术
    C．定量分析　　　　　　　　　　D．图解技术

14. IT服务风险管理中，风险处置计划是指依据相应的优先级的顺序，同时考虑实际需要，把对风险所需成本和措施加入IT服务预算和进度中。下面_____不是风险处置计划的方法。
    A．避免　　　　B．预留　　　　C．转移　　　　D．减轻

15. _____不是风险定性分析的输入。
    A．风险管理计划　　　　　　　　B．风险记录
    C．工作绩效信息　　　　　　　　D．工作分解结构

16. _____不属于风险定量分析的输入。
    A．管理计划　　　　　　　　　　B．经过更新的风险记录
    C．组织过程资产　　　　　　　　D．已量化风险的优先级列表

17. 下列选项中，不属于风险管理计划编制的输入的是_____。
    A．服务范围说明书　　　　　　　B．服务预算
    C．风险的影响力　　　　　　　　D．进度管理计划

18. _____属于风险监控的方法。
    ①风险评估　　②风险审计和定期的风险评审　　③差异和趋势分析
    ④技术的绩效评估　　⑤预留管理
    A．①②③⑤　　B．①②③④　　C．①②③　　D．①②③④⑤

19. 风险识别是指识别可能会对服务产生影响的风险，并将这些风险的特征形成文档，是一个不断重复的过程。下列_____不是风险识别的主要内容。
    A．识别并确定IT服务的潜在风险　　B．识别引起风险的主要因素
    C．识别IT服务风险可能引起的后果　　D．识别IT服务风险可能引起的范围

20. 风险跟踪包括已识别风险和其他突发风险的观察记录，对风险的发展状况进行记录和查询，下列_____属于风险跟踪的方法。
    A．风险审计　　B．风险评估　　C．风险记录　　D．变更申请

21. 下列_____不属于风险管理计划编制的输入。
    A．服务范围说明书　　　　　　　B．服务预算
    C．沟通管理计划　　　　　　　　D．概率及影响矩阵

22. 下列_____不属于风险管理计划编制的输出。
    A．角色与职责　　　　　　　　　B．预算
    C．服务范围说明书　　　　　　　D．风险概率

23. 下列_____不属于风险识别的主要内容。
    A. 风险记录
    B. 识别并确定 IT 服务的潜在风险
    C. 识别引起风险的主要因素
    D. 识别 IT 服务风险可能引起的后果

24. 下列_____不属于风险识别的方法。
    A. 文档评审
    B. 信息收集技术
    C. 分析假设
    D. 概率分析

25. 下列关于定性风险分析和定量风险分析的说法，_____是不正确的。
    A. 风险定性分析的输入包括风险管理计划、风险记录、组织过程资产、工作绩效信息、范围说明
    B. 风险定性分析的输出包括按优先级或相对等级排列的风险，按种类的风险分组，要近期做出响应的风险列表，需要进一步分析和应对的风险列表，低优先级风险的监视表，风险定性分析结果中反映的"趋势"
    C. 风险定量分析的输入包括管理计划、风险管理计划、经过更新的风险记录、已量化风险的优先级列表，定量风险分析结果中的趋势
    D. 定量风险分析的输出包括可能性分析、实现成本和进度目标的可能性等

26. 下列关于负面风险应对策略和机遇应对策略的说法中，_____是不正确的。
    A. 避免：修改计划以消除相应的威胁、隔离目标免受影响、放宽目标等
    B. 开拓：将相关重要信息提供给一个能够更加有效利用该机会的第三方
    C. 转移：风险转移是指把威胁的不利影响以及风险应对的责任转移到第三方的做法
    D. 强大：通过增加可能性和积极的影响来改变机会的大小，发现和强化带来机会的关键因素，寻求促进或加强机会的因素，积极地加强其发生的可能性

27. _____不属于风险监控的方法。
    A. 风险识别
    B. 风险评估
    C. 风险审计和定期的风险评审
    D. 技术的绩效评估

28. _____不属于风险跟踪的方法。
    A. 风险审计
    B. 德尔菲法
    C. 偏差分析
    D. 技术指标分析

三、解析及答案

1. 解析　本题考查的是风险监控的内容。德尔菲技术是风险识别的技术之一。
参考答案　D

2. 解析　本题考查的是风险识别的内容，建议掌握。
选项 D "监视表"是风险定性分析的输出内容。
参考答案　D

3．**解析** 本题考查的是风险处置的内容。风险处置的方法分为负面风险应对和机遇应对，到货延期对运维工作产生的影响属于负面风险应对，负面风险应对包括风险避免、风险转移和风险减轻 3 种。系统规划与管理师通过双渠道采购的方式，并没有消除对应的威胁或者风险，而是降低发生延期风险的概率，因此与风险减轻的概念相一致，故本题正确答案选 A。

参考答案 A

4．**解析** 本题考查的是风险管理计划的内容。

风险管理计划的内容如下。

（1）方法：IT 服务中实施风险管理的办法和使用的工具等。

（2）角色与职责：定义 IT 服务风险管理团队的成员，并且为这些成员分配具体任务与职责。

（3）预算：分配资源并估计成本。

（4）制订时间表：定义在 IT 服务整个生命周期中风险管理过程的执行时间进度计划。

（5）风险类别：事先准备的常用风险类别，用一个简单的列表标识 IT 服务不同方面的风险。

（6）风险概率：定义一个根据风险类别确定风险概率的客观标准。

（7）风险影响力：反映的是风险影响的严重程度。

（8）概率及影响矩阵：根据风险对目标的影响程度，用一种查询表格即影响矩阵对风险排序。根据风险概率和影响程度的组合，决定该风险的高、中、低程度。

（9）报告的格式：如何对风险管理过程的结果进行归档、分析及沟通。

（10）跟踪：记录风险行为的方方面面，并将这些内容进行归档。

参考答案 D

5．**解析** 本题考查的是风险识别信息收集的相关知识。信息收集技术有头脑风暴法、德尔菲法、访谈法、SWOT 法，因果分析图法属于图解技术。

参考答案 D

6．**解析** 本题考查的是风险监控的相关知识，需要掌握。风险监控的方法有风险评估、风险审计和定期的风险评审、差异和趋势分析、技术的绩效评估和预留管理。

参考答案 B

7．**解析** 可用于风险识别的信息收集技术包括头脑风暴法，德尔菲法，访谈法，优劣势分析法（SWOT）。

参考答案 A

8．**解析** 对负面风险的应对策略如下。

避免：修改计划以消除相应的威胁，隔离目标免受影响，放宽目标等。

转移：把威胁的不利影响以及风险应对的责任转移到第三方。

减轻：通过降低风险的概率和影响程度，使之达到一个可接受的范围。

参考答案 D

9．**解析** 风险清单是一种主要的风险管理工具，指明了服务在任何时候面临的最大风险。风险管理负责人应该经常维护这张清单,直到结束前不断更新这张清单,并给这些风险排列优先顺序,更新风险解决情况,对这些风险的严重程度的变化保持警惕。

参考答案 A

10．解析 定量风险分析的输出有如下几项。

（1）可能性分析：对进度和成本的输出进行估计，并列出可能完成的日期和成本。

（2）实现成本和进度目标的可能性。

（3）已量化风险的优先级列表。

（4）定量风险分析结果中的趋势。

参考答案 C

11．解析 信息安全管理能带来的收益有保证信息资产的安全；降低安全风险；保证 IT 服务业务的连续性；提高 IT 服务质量。

参考答案 D

12．解析 风险识别的主要内容包括以下 3 个方面。

（1）识别并确定 IT 服务的潜在风险。

（2）识别引起风险的主要因素。

（3）识别 IT 服务风险可能引起的后果。

参考答案 B

13．解析 风险识别方法有文档评审；信息收集技术；检查表；假设分析；图解技术。

参考答案 C

14．解析 风险处置计划的方法有负面风险应对策略（避免、转移、减轻）；机遇应对策略（开拓、分享、强大）。

参考答案 B

15．解析 风险定性分析的输入有风险管理计划；风险记录；组织过程资产；工作绩效信息；范围说明。

参考答案 D

16．解析 风险定量分析的输入有管理计划；风险管理计划；经过更新的风险记录；包含活动的逻辑关系及活动历时估算的进度管理计划；包含成本估算的成本管理计划；范围说明和范围管理计划；工作分解结构；组织过程资产。

参考答案 D

17．解析 风险管理计划编制的输入有服务范围说明书；服务预算；进度管理计划（必要时）；沟通管理计划；组织过程资产；事业环境因素。

风险管理计划编制的输出有方法；角色与职责；预算；制订时间表；风险类别；风险概率；风险影响力；概率及影响矩阵；报告的格式；跟踪。

参考答案 C

18．解析　风险监控的方法有风险评估；风险审计和定期的风险评审；差异和趋势分析；技术的绩效评估；预留管理。

　　参考答案　D

19．解析　风险识别的内容有识别并确定IT服务项目的潜在风险；识别引起风险的主要因素；识别IT服务项目风险可能引起的后果。

　　参考答案　D

20．解析　风险跟踪的方法有如下几种。

风险审计：定期进行风险审核，在关键处进行事件跟踪和主要风险因素跟踪，对没有预计到的风险制定新的处置计划。

偏差分析：定期和计划比较，分析成本和时间上的偏差。

技术指标分析：比较原定技术指标和实际技术指标差异。

　　参考答案　A

21．解析　风险管理计划编制的输入有服务范围说明书、服务预算、沟通管理计划、组织过程资产、事业环境因素、进度管理计划（必要时）。D项属于风险管理计划编制的输出。

　　参考答案　D

22．解析　风险管理计划编制的输出如下。

（1）方法：IT服务中实施风险管理的办法和使用的工具等。

（2）角色与职责：定义IT服务风险管理团队的成员，并且为这些成员分配具体任务与职责。

（3）预算：分配资源并估计成本。

（4）制订时间表：定义在IT服务整个生命周期中风险管理过程的执行时间进度计划。

（5）风险类别：事先准备的常用风险类别，用一个简单的列表标识IT服务不同方面的风险。

（6）风险概率：定义一个根据风险类别确定风险概率的客观标准。

（7）风险影响力：反映的是风险影响的严重程度。

（8）概率及影响矩阵：根据风险对目标的影响程度，用一种查询表格即影响矩阵对风险排序。根据风险概率和影响程度的组合，决定该风险的高、中、低程度。

（9）报告的格式：如何对风险管理过程的结果进行归档、分析及沟通。

（10）跟踪：记录风险行为的方方面面，并将这些内容进行归档。

C项属于风险管理计划编制的输入。

　　参考答案　C

23．解析　风险识别的主要内容包括以下3个方面。

（1）识别并确定IT服务的潜在风险。

（2）识别引起风险的主要因素。

（3）识别IT服务风险可能引起的后果。

A项是风险识别的输出。

参考答案　A

24．**解析**　风险识别方法如下。

（1）文档评审。对文档采取一些结构化的评审。

（2）信息收集技术。

- 头脑风暴法：成员产生对风险的想法，并在会议上公布这些风险来源，让大家一起参与检查，然后根据风险类别进行风险分类。这样风险定义就清晰化了。
- 德尔菲法：使用问卷征求重要风险方面的意见，将意见结果反馈给每位专家，重复此过程几个回合，即可在主要的风险上达成一致意见。
- 访谈法：通过访谈资深系统规划与管理师相关领域的专家进行风险识别。访谈对象依据他们的经验、服务的信息，以及他们所发现的其他有用供方，对风险进行识别。
- 优劣势分析法（Strengths Weaknesses Opportunities Threats，SWOT）：从每个方面对风险进行检查，扩大考虑风险的范围。

（3）检查表。从以往类似和某些其他信息来源中积累的历史信息与知识，可用于编制风险识别信息检查表。

（4）分析假设。分析假设是一种技术手段，它从不准确、不连贯、不完整的假设中识别风险。

（5）图解技术。图解技术包括因果分析图、系统或过程的流程图等。

D项不属于风险识别的方法。

参考答案　D

25．**解析**　C选项已量化风险的优先级列表，定量风险分析结果中的趋势属于定量风险分析的输出。

参考答案　C

26．**解析**　风险处置计划的方法有：

（1）负面风险应对策略（把减轻的措施记住后其他用排除法，要记得高风险、严重的风险不能转移）。

- 避免：修改计划以消除相应的威胁、隔离目标免受影响、放宽目标等。
- 转移：风险转移是指把威胁的不利影响以及风险应对的责任转移到第三方的做法。
- 减轻：即通过降低风险的概率和影响程度，使之达到一个可接受的范围。

（2）机遇应对策略（积极风险应对八字方针：开拓质量，提高数量）。

- 开拓：分配更多好的资源给该服务，使之可以提供比原计划更好的成果。
- 分享：将相关重要信息提供给一个能够更加有效利用该机会的第三方。
- 强大：通过增加可能性和积极的影响来改变机会的大小，发现和强化带来机会的关键因素，寻求促进或加强机会的因素，积极地加强其发生的可能性。

参考答案　B

27．**解析**　风险监控的方法有如下几点。

(1)风险评估。
(2)风险审计和定期的风险评审。
(3)差异和趋势分析。
(4)技术的绩效评估。
(5)预留管理。

参考答案 A

28．**解析** 风险跟踪的方法有风险审计；偏差分析；技术指标分析。
B项属于风险识别方法的信息收集技术。

参考答案 B

9 IT 服务营销

9.1 业务关系管理

一、基础部分

1. 供应商关系管理的成功关键包括对供应商定期的审核及管理，在审核供应商的过程中，需要考虑的内容不包括_____。
   - A．问题解决能力
   - B．人员稳定性
   - C．已有客户规模
   - D．合作氛围

2. 在 IT 服务运营过程中，除了需要有良好的客户关系和供应商关系外，还需要不断维护第三方关系，以下_____不利于成功维系第三方关系。
   - A．企业的资质认证单位所颁发证书效力客户不认可
   - B．企业产品的测试单位采用入围方式定期评估最优质服务
   - C．系统规划与管理师能够在第三方关系管理中起到主导作用
   - D．根据客户需求不断修正企业人员培训机构的服务合同

3. 关于业务关系管理的说法中，正确的是_____。
   - A．业务关系管理包括客户关系、供应商关系和第三方关系管理，由于供应商管理直接关系到支出成本，因此其中供应商关系管理是业务关系管理中最重要的
   - B．客户需求的实现是 IT 服务的最终目标，因此客户关系管理得好坏对服务的优劣成败有着重要的影响
   - C．供应商关系管理会左右与客户业务关系的稳定性和持续性
   - D．客户关系管理的目标是实现共赢发展

4. 业务关系管理包括客户关系、供应商关系和第三方关系管理。关于业务关系管理的描述，不正确的是_____。

A. 客户关系管理中，需要关注定期沟通、投诉管理、表扬管理等

B. 供应商关系管理中，可能的风险包括多供应商配合问题，供应商组织变动或业务变更，多级分包带来的质量挑战等

C. 第三方关系管理中，要注意建立良好的第三方协作沟通机制

D. 业务关系管理的目标是保证服务供方利益不受损失

5. 下面不属于客户关系管理的活动的是_____。

A. 专定期沟通   B. 增值服务
C. 合同争议   D. 客户满意度管理

6. IT服务营销中，供应商关系的管理是一项重要工作，下列属于供应商审核应考虑的方面有_____。

①响应能力 ②风险应对能力 ③问题解决效率 ④人员稳定性 ⑤客户反馈

A. ②③④⑤   B. ①②④⑤   C. ①②③⑤   D. ①③④⑤

7. IT服务营销过程共分4个阶段，下面_____属于能力展示阶段的内容。

A. 写好解决方案   B. 达成服务协议
C. 保持持续沟通   D. 做好持续服务

8. 下列描述中，_____不是客户关系管理的关键成功因素。

A. 服务本身的达成能力

B. 服务的一致性及标准化能力

C. 对客户需求变化的灵活应变能力

D. 支持合同的有效性，提前消除争议产生的空间

9. 下列_____属于客户关系管理中可能发生的风险。

A. 服务相关干系人多，服务需求多样化

B. 未能提前识别并约定所有可能的情景，出现利益及责任分配问题

C. 多级分包对服务质量及业务持续性保障造成的挑战

D. 供应商组织变动或业务发生变更

10. _____不属于供应商关系管理的关键成功因素。

A. 提前筛选合格的供应商

B. 支持合同的有效性，提前消除争议产生的空间

C. 确保合作的共赢

D. 服务的一致性及标准化能力，服务态度及意识

11. _____是客户关系管理的活动。

①定期沟通 ②日常沟通 ③投诉管理 ④表扬管理
⑤满意度调查 ⑥增值服务

A. ①②③④⑤   B. ①②③⑤⑥   C. ①③⑤⑥   D. ①②③⑤

二、进阶部分

12. 增值服务通常是指超出协议约定内容之外的服务。下列关于增值服务选择的原则描述中，_____是不正确的。
    A．如果用户有增值服务需求，在与现有协议约定内容有冲突时，可以变更现有服务内容
    B．增值服务需要贴合客户需要
    C．增值服务投入在可接受的范围内
    D．本身有能力对增值服务内容进行引申

13. 下列_____风险发生，会导致供应商积极性不高。
    A．多供应商之间的配合问题
    B．供应商组织变动或业务发生变更
    C．供应商不配合
    D．未能提前识别并约定所有可能的情景，出现利益及责任分配问题

14. 下列描述中，_____不是客户关系管理的目的。
    A．服务并管理好客户需求
    B．培养客户对服务更积极的评价和应用
    C．与客户建立长期和有效的业务关系实现共赢发展
    D．建立互信、有效的协作关系

15. 定期对供应商进行审核评估，确保供应商具备配套的能力要求，从而确定与供应商业务关系的有效性，培养供应商，保障面向客户服务的持续稳定。
    下列属于供应商审核考虑的方面是_____。
    ①响应能力　　②问题解决能力　　③问题解决效率　　④人员稳定性
    ⑤客户反馈　　⑥合作氛围
    A．②③④⑤⑥   B．①②③④⑤⑥
    C．①②③⑤⑥   D．①②③⑥

16. 下列属于第三方关系管理关键成功因素的是_____。
    ①有效的第三方伙伴选择
    ②第三方协作内容界定的有效性，提前消除争议产生的空间
    ③第三方的定期审核及评估
    ④系统规划与管理师本身的沟通协调能力
    ⑤与第三方的协作关系需要获得最终客户的认可与支持
    ⑥确保合作共赢
    A．①②③⑤⑥   B．①②③④⑤
    C．①②③⑤   D．①②④⑤

17. _____是业务关系管理中最重要的，其管理的好坏决定着业务关系的持续性和有效性。
    A．供应商关系管理　　　　　　　　B．第三方关系管理
    C．客户关系管理　　　　　　　　　D．IT 团队关系管理

18. 下列描述中，_____不是供应商关系管理的目的。
    A．建立互信、有效的协作关系　　　B．整合资源，共同开拓保持客户
    C．服务并管理好客户需求　　　　　D．实现与供应商的合作共赢

19. 下列关于第三方关系风险控制的描述中，_____是正确的。
    A．沟通不顺畅的控制措施：提前获取客户对相关第三方工作的支持
    B．沟通不顺畅带来的影响：第三方配合积极性不高
    C．未能提前识别并约定所有可能的情景，出现利益及责任分配问题的控制措施：与第三方界定工作的协作机制，避免留有产生争议的空间
    D．第三方工作得不到客户的支持的控制措施：建立良好的第三方协作沟通机制

20. 增值服务通常是指超出协议约定内容之外的服务。增值服务不能随意选择，需要把握以下4个原则，下列_____是不正确的。
    A．不能影响现有协议约定的服务内容
    B．增值服务贴合客户需要
    C．增值服务投入在不可接受的范围内
    D．本身有能力对增值服务内容进行引申

21. 客户关系管理具有以下目标：服务并管理好客户需求，培养客户对服务更积极的评价和应用，与客户建立长期和有效的业务关系，实现共赢发展。下列有关提升客户关系的关键成功因素的说法，_____是不正确的。
    A．服务本身的达成能力，服务的一致性及标准化能力
    B．服务态度及意识，对客户需求变化的跟进理解能力
    C．对客户需求变化的灵活应变能力，对客户需求的引导管理能力
    D．客户业务本身促进了服务自身价值的提升，系统规划与管理师本身的沟通协调能力

22. 供应商关系管理对服务的优劣成败有着重要的影响，下列对供应商关系管理活动的说法，_____是不正确的。
    A．支持合同管理是系统规划与管理师的重要职责之一
    B．供应商的选择/推荐
    C．供应商审核及管理。供应商的审核可从以下6个方面考虑：①响应能力；②问题解决能力；③问题解决效率；④人员稳定性；⑤客户反馈；⑥合作氛围等
    D．争议处理。争议处理的目标是有利于保障面向客户服务的质量和满意度，同时兼顾供应商之间合作的持续性

23. 第三方关系管理中，下列_____是不正确的。
    A. 第三方关系管理对服务的优劣成败有着重要的影响
    B. 第三方关系管理，如政府、资质认证单位、服务监理公司等
    C. 第三方关系管理活动：①定期沟通；②日常沟通；③信息收集分享；④第三方关系协调；⑤配合支持第三方工作
    D. 第三方关系管理关键成功因素包括：①有效的第三方伙伴选择；②第三方协作内容界定的有效性，提前消除争议产生的空间；③第三方的定期审核及评估；④系统规划与管理师本身的沟通协调能力；⑤与第三方的协作关系需要获得最终客户的认可与支持

三、解析及答案

1. **解析** 本题考查的是供应商的审核的内容。供应商的审核需要考虑的6个方面：①响应能力；②问题解决能力；③问题解决效率；④人员稳定性；⑤客户反馈；⑥合作氛围等。选项C"已有客户规模"是供应商选择过程的参考原则之一。

    参考答案 C。

2. **解析** 本题考查的是第三方关系管理的成功因素的内容。本题属于概念应用的考查，首先考生应理解影响第三方关系管理的成功因素包括有效的第三方伙伴选择；第三方协作内容界定的有效性，提前消除争议产生的空间；第三方的定期审核与评估；系统规划与管理师本身的沟通协调能力；与第三方的协作关系需要获得最终客户的认可与支持。选项 A 资质认证单位未得到最终客户的认可与支持，直接影响到其后续合作的必要性。

    参考答案 A

3. **解析** 本题考查的是业务关系管理的内容。业务关系管理包括客户关系、供应商关系和第三方关系管理，其中客户关系管理是业务关系管理中最重要的。客户是企业的收入之源，是企业的核心资产，客户关系管理的好坏决定着业务的持续性和有效性。供应商关系管理对服务的优劣成败有着重要的影响。第三方关系的处理在关键时刻会左右与客户业务关系的稳定性和持续性。

    参考答案 D

4. **解析** 客户关系管理的活动有定期沟通；日常沟通；投诉管理；表扬管理；满意度调查；增值服务。供应商关系管理的可能风险有未能提前识别并约定所有可能的情景，出现利益及责任分配问题；多供应商之间的配合问题；供应商组织变动或业务发生变更；多级分包对服务质量及业务持续性保障造成的挑战；供应商不配合。第三方关系管理的目标有培养发展长期、互信、良性的第三方业务合作关系，进而更好地获得客户认可，实现与客户建立长期和有效的业务关系。第三方关系管理的活动有定期沟通，日常沟通，信息收集分享（5W1H），第三方关系协调，配合支持第三方工作。业务关系管理的目标应该是实现共赢发展，而不是供方利益不受损失。

    参考答案 D

5. **解析** 在运维服务运营过程中，系统规划与管理师主要通过以下活动提升与客户的关系。

①定期沟通；②日常沟通；③投诉管理；④表扬管理；⑤满意度调查；⑥增值服务。C项不属于客户关系管理的活动。

  参考答案 C

 6．**解析** 供应商审核可以从6个方面考虑：①响应能力；②问题解决能力；③问题解决效率；④人员稳定性；⑤客户反馈；⑥合作氛围。

  参考答案 D

 7．**解析** IT服务营销过程如下。

 启动准备阶段：营销准备、营销计划。

 调研交流阶段：做好需求调研、写好解决方案。

 能力展示阶段：做好产品展示、保持持续沟通。

 服务达成阶段：达成服务协议、做好持续服务。

  参考答案 C

 8．**解析** 客户关系管理的关键成功因素有服务本身的达成能力；服务的一致性及标准化能力；服务态度及意识；对客户需求变化的跟进理解能力；对客户需求变化的灵活应变能力；对客户需求的引导管理能力；服务本身促进了客户业务自身价值的提升；信息系统规划与管理师本身的沟通协调能力。

  参考答案 D

 9．**解析** 客户关系管理控制可能发生的风险有未能了解客户真正需求，特别是关键客户的需求。服务相关干系人多，服务需求多样化。

  参考答案 A

 10．**解析** 供应商关系管理的关键成功因素如下。

 （1）提前筛选合格的供应商。

 （2）支持合同的有效性，提前消除争议产生的空间。

 （3）供应商的定期审核及评估。

 （4）确保合作的共赢。

 （5）信息系统规划与管理师本身的沟通协调能力。

  参考答案 D

 11．**解析** 客户关系管理的活动有定期沟通；日常沟通；投诉管理；表扬管理；满意度调查；增值服务。

  参考答案 A

 12．**解析** 增值服务通常是指超出协议约定内容之外的服务，增值服务不能随意选择，需要遵循的原则有不能影响现有协议约定的服务内容；增值服务贴合客户需要；增值服务投入在可接受的范围内；本身有能力对增值服务内容进行引申。

  参考答案 A

13. **解析** 供应商关系管理，可能的风险以及受到的影响有：

（1）多供应商之间的配合问题。导致服务不符合客户预期，得不到客户认可，团队士气受到影响。

（2）供应商组织变动或业务发生变更。无法从供应商持续获得服务，团队士气受到影响。

（3）供应商不配合。无法面向客户提供所承诺的服务。

（4）未能提前识别并约定所有可能的情景，出现利益及责任分配问题。供应商积极性不高。

参考答案 D

14. **解析** 客户关系管理的目的有服务并管理好客户需求，培养客户对服务更积极的评价和应用，与客户建立长期和有效的业务关系实现共赢发展。选项 D 属于供应商关系管理的目的。

参考答案 D

15. **解析** 供应商审核可以从响应能力；问题解决能力；问题解决效率；人员稳定性；客户反馈；合作氛围 6 个方面考虑。

参考答案 B

16. **解析** 第三方关系管理关键成功的因素有有效的第三方伙伴选择；第三方协作内容界定的有效性，提前消除争议产生的空间；第三方的定期审核及评估；系统规划与管理师本身的沟通协调能力；与第三方的协作关系需要获得最终客户的认可与支持。

参考答案 B

17. **解析** 客户是企业的收入之源，是企业的核心资产。客户关系管理是业务关系管理中最重要的，客户关系管理的好坏决定着业务关系的持续性和有效性。

参考答案 C

18. **解析** 供应商关系管理的目的有建立互信、有效的协作关系；整合资源共同开拓保持客户；与供应商建立长期、紧密的业务关系；实现与供应商的合作共赢。

参考答案 C

19. **解析** 第三方关系管理中，风险与控制的对应关系为：

（1）沟通不顺畅。

影响为：与第三方配合不顺畅，进而影响服务的交付或服务不符合客户期望。

控制措施为：建立良好的第三方协作沟通机制。

（2）未能提前识别并约定所有可能的情景，出现利益及责任分配问题。

影响为：第三方配合积极性不高。

控制措施为：与第三方界定工作协作的机制，避免留有产生争议的空间。

（3）第三方工作得不到客户的支持。

影响为：最终工作无法得到有效认可。

控制措施为：提前获取客户对相关第三方工作的支持。

参考答案 C

20. **解析** 增值服务通常是指超出协议约定内容之外的服务。增值服务不能随意选择，需要把握以下 4 个原则：①不能影响现有协议约定的服务内容；②增值服务贴合客户需要；③增值服务投入在可接受的范围内；④本身有能力对增值服务内容进行引申。

参考答案　C

21．**解析**　客户关系管理包含的目标有服务并管理好客户需求，培养客户对服务更积极的评价和应用，与客户建立长期和有效的业务关系，实现共赢发展。提升客户关系的关键成功因素有服务本身的达成能力，服务的一致性及标准化能力，服务态度及意识，对客户需求变化的跟进理解能力，对客户需求变化的灵活应变能力，对客户需求的引导管理能力，服务本身促进了客户业务自身价值的提升，系统规划与管理师本身的沟通协调能力。

D 项说法反了，并非客户业务本身促进了服务自身价值的提升，而是服务本身促进了客户业务自身价值的提升。

参考答案　D

22．**解析**　供应商关系管理对服务的优劣成败有着重要的影响。

（1）供应商的选择/推荐。

（2）供应商审核及管理。供应商的审核可从以下 6 个方面考虑：①响应能力；②问题解决能力；③问题解决效率；④人员稳定性；⑤客户反馈；⑥合作氛围等。

（3）供应商间的协调。建立各供应商间的协作机制是系统规划与管理师的重要职责之一。

（4）争议处理。争议处理的目标是有利于保障面向客户服务的质量和满意度，同时兼顾供应商之间合作的持续性。

（5）支持合同管理。

参考答案　A

23．**解析**　第三方关系管理，如政府、资质认证单位、服务监理公司等。

第三方关系管理活动有：①定期沟通；②日常沟通；③信息收集分享；④第三方关系协调；⑤配合支持第三方工作。

第三方关系管理关键成功因素包括：①有效的第三方伙伴选择；②第三方协作内容界定的有效性，提前消除争议产生的空间；③第三方的定期审核及评估；④系统规划与管理师本身的沟通协调能力；⑤与第三方的协作关系需要获得最终客户的认可与支持。

A 项应该为供应商关系管理对服务的优劣成败有着重要的影响。

参考答案　A

9.2　IT 服务营销过程

一、基础部分

1．系统规划与管理师与用户约定于本周日进行访谈，主要了解该企业对未来三五年内发展的总体战略设想、目标和可能采取的主要战略举措，当前该项目处于 IT 服务营销过程的_____阶段。

  A．启动准备   B．调研交流

  C．能力展示   D．服务达成

2. IT 营销过程的启动准备阶段包含营销准备和_____。

  A．营销计划   B．需求调研

  C．写好解决方案   D．做好产品展示

3. IT 服务营销中，供应商关系的管理是一项重要工作，其活动包括了：①供应商间的协调；②支持合同管理；③供应商的选择/推荐；④供应商审核及管理；⑤争议处理。按照活动规律，其正确的顺序是_____。

  A．①→④→③→⑤→②   B．③→①→④→②→⑤

  C．③→④→①→⑤→②   D．①→③→②→④→⑤

4. IT 服务营销过程共分 4 个阶段，下面_____不属于这 4 个阶段的内容。

  A．服务执行阶段   B．服务达成阶段

  C．启动准备阶段   D．能力展示阶段

5. 需求调研时，要了解客户需求的层次，需求从浅到深，价值逐渐增加的顺序是_____。

  A．表述的需求、未表明的需求、潜在的需求、令人愉悦的需求

  B．表述的需求、未表明的需求、令人愉悦的需求、潜在的需求

  C．未表明的需求、表述的需求、令人愉悦的需求、潜在的需求

  D．潜在的需求、表述的需求、未表明的需求、令人愉悦的需求

6. 在 IT 服务营销过程的调研交流阶段，_____是营销工作的核心过程，起到承上启下的作用。

  A．编写解决方案   B．需求调研

  C．营销准备   D．产品展示

二、进阶部分

7. 通常，IT 服务营销过程分为 4 个阶段，涉及服务级别协议准备、达成和签订的阶段是_____。

  A．启动准备阶段   B．调研交流阶段

  C．能力展示阶段   D．服务达成阶段

8. 服务产品展示是让客户直观地感受 IT 服务的效果或运维服务的收益，下面_____不是产品展示要做的工作或活动。

  A．细化解决方案   B．服务产品的说明

  C．服务产品展示的互动   D．提供现场考查和技术交流

9. 下述_____阶段是IT服务营销过程的最后阶段，也是IT服务项目管理的开始阶段。
    A．挖掘客户潜在需求   B．确定解决方案
    C．达成服务级别协议   D．服务产品展示

10. 在IT服务运营过程中，系统规划与管理师主要通过_____活动提升与客户的关系。
    A．日常管理   B．满意度调查
    C．增值服务   D．以上都是

11. 在IT服务营销过程中，编写解决方案在_____阶段。
    A．启动准备阶段   B．调研交流阶段
    C．能力展示阶段   D．服务达成阶段

12. IT服务营销阶段的说法中，下列_____是不正确的。
    A．IT服务营销调研活动包括高层领导访谈、信息化建设现状梳理、信息化建设需求收集和挖掘客户潜在需求
    B．持续沟通活动包括制定持续沟通计划、保持持续沟通、沟通信息整理和沟通信息的汇报
    C．达成服务协议的活动包括准备服务级别协议、服务级别协议的协商、服务级别协议的达成和签订服务级别协议
    D．做好持续服务的活动包括做好需求调研和写好解决方案

三、解析及答案

1. **解析** 本题考查的是需求调研阶段的内容。调研交流阶段的活动包括做好需求调研和写好解决方案。IT服务营销调研活动包括高层领导访谈（包括了解高层对未来三五年内组织发展的总体战略设想、目标和可能采取的主要战略举措；通过业务战略明确信息化战略；引导客户对企业进行IT规划）、信息化建设现状梳理（摸清家底）、信息化建设需求收集（理清需求）和挖掘客户潜在需求。

    参考答案 B

2. **解析** 本题考查的是IT服务营销过程的内容。启动准备阶段包含营销准备和营销计划2个阶段。

    参考答案 A

3. **解析** 本题考查的是供应商关系管理的相关知识。

    参考答案 C

4. **解析** 本题考查的是IT服务营销的相关知识。IT服务营销共4个阶段，分别是启动准备阶段、调研交流阶段、能力展示阶段、服务达成阶段。

    参考答案 A

5. **解析** 需求的层次顺序如下。

表述的需求：客户直接说出的需求。
真正的需求：客户实际期望的需求。
未表明的需求：客户期待的需求。
令人愉快的需求：客户期待的需求。
潜在的需求：客户期待，其他相关人员反馈的需求。

参考答案 B

6. **解析** 编写解决方案（或项目建议书）是营销工作的核心过程［熟悉解决方案（或项目建议书）的格式和规范、细化解决方案的内容、评审解决方案、沟通论证和确定解决方案］。

参考答案 A

7. **解析** 服务达成阶段的内容包括达成服务协议；准备服务级别协议；服务级别协议的协商；服务级别协议的达成；签订服务级别协议；做好持续服务；提高客户满意度；维持好业务关系；做好需求的挖掘；促使客户新需求落地实施；提供部分增值服务；适当IT营销管理方法。

参考答案 D

8. **解析** 产品展示的目的是让客户直观地感受到IT服务的效果，具体活动包括服务产品展示的准备、说明、展示、展示的互动以及提供现场考查和技术交流。而编制解决方案（或项目建议书）是营销工作的核心过程［熟悉解决方案（或项目建议书）的格式和规范、细化解决方案的内容、评审解决方案、沟通论证和确定解决方案］。

参考答案 A

9. **解析** 服务达成阶段包括达成服务协议（签订合同）和做好持续服务。达成服务协议的活动包括准备服务级别协议、服务级别协议的协商、服务级别协议的达成和签订服务级别协议。达成服务级别协议是IT服务营销过程的最后阶段，也是IT服务项目管理的开始阶段。

参考答案 C

10. **解析** 在运维服务运营过程中，系统规划与管理师主要通过以下活动提升与客户的关系。①定期沟通；②日常沟通；③投诉管理；④表扬管理；⑤满意度调查；⑥增值服务。做好持续服务的活动包括提高客户满意度、维持好业务关系、做好需求的挖掘、促使客户新需求落地实施、提供部分增值服务和适当IT营销管理方法。

参考答案 D

11. **解析** 调研交流阶段的活动包括做好需求调研和写好解决方案。

参考答案 B

12. **解析** IT服务营销调研活动包括高层领导访谈、信息化建设现状梳理、信息化建设需求收集和挖掘客户潜在需求；持续沟通活动包括制定持续沟通计划、保持持续沟通、沟通信息整理和沟通信息的汇报；达成服务协议的活动包括准备服务级别协议、服务级别协议的协商、服务级别协议的达成和签订服务级别协议；做好持续服务的活动包括提高客户满意度、维持好业务关系、做好需求的挖掘、促使客户新需求落地实施、提供部分增值服务和适当IT营销管理方法。

其中 D 项是调研交流阶段的活动。

参考答案 D

9.3 IT 服务项目预算、核算和结算

一、基础部分

1. 某运维服务项目的总投资（开支）为 100 万元，项目总收入为 160 万元，项目组成员 5 人，项目的单位人均产出为_____。

   A．20 万元 　　　　B．32 万元 　　　　C．12 万元 　　　　D．无法计算

2. 在 IT 服务项目预算的编制过程中，公司管理分摊应作为开支项，计入_____科目。

   A．人工开支 　　　　　　　　　　B．场地开支
   C．外部支持开支 　　　　　　　　D．其他开支

3. IT 服务项目核算的目的和意义不包括_____。

   A．随时掌握项目收入、开支情况及项目盈亏状态
   B．形成及时调整项目资源分配的依据
   C．寻找对成本开支控制的改进方法
   D．形成成本基线，便于成本控制

4. 在 IT 服务营销中，对 IT 服务项目的预算，让系统规划与管理师能够从财务的角度衡量 IT 服务项目工作开展的有效性，达到高效利用项目资金，提高服务投入产出比的目的。项目预算的制定分为 3 个步骤，下面_____不在这 3 个步骤之列。

   A．识别项目预算收入项与开支项 　　　B．划分 IT 服务项目执行阶段
   C．形成预算表 　　　　　　　　　　　D．寻找控制成本开支方法

5. 建立 IT 服务项目预算的目的和意义不包含_____。

   A．便于项目资源分配，提供责任计算框架
   B．便于形成资金使用计划，协调资金使用活动
   C．便于改进预算编制方法，提高预算编制准确性
   D．便于建立资金控制系统，评估资金使用效果

6. _____指标通过计算项目的净利润产出总额，帮助了解组织的主要利润来源。

   A．项目净产出 　　　　　　　　　　B．项目投资回报率
   C．项目投入产出比 　　　　　　　　D．人均产出

7. 某机房运维项目投资了 100 万元，项目收入 200 万元，投入产出比为_____。

   A．0.5 　　　　　　B．1 　　　　　　C．0.25 　　　　　　D．0.2

二、进阶部分

8. IT 服务项目的核算指在 IT 服务项目执行过程中对 IT 服务活动执行情况及收支情况进行连续的、系统的、全面的记录、分析和计算的过程。_____属于 IT 服务项目核算的目的和意义。

    A．识别项目预算收入项与开支项　　　B．划分 IT 服务项目执行阶段
    C．形成预算表　　　　　　　　　　　D．寻找控制成本开支方法

9. IT 服务项目开支是指项目周期内所有涉及人员、资源、技术、过程管理活动的所产生的费用总和。其中人员加班费用属于_____。

    A．人工开支　　　B．软件开支　　　C．硬件开支　　　D．外部支持开支

10. IT 服务项目_____是指在 IT 服务项目的执行过程中对 IT 服务活动执行情况及收支情况进行连续性、系统的、全面的记录、分析和计算的过程。

    A．预算　　　　　B．核算　　　　　C．结算　　　　　D．计费

11. IT 服务项目的预算、核算和结算的主要目的是让_____能够从财务的角度来衡量 IT 服务项目工作开展的有效性，达到高效利用项目资金、提高服务投入产出比的目的。

    A．首席财务官　　　　　　　　　　　B．系统规划与管理师
    C．预算分析员　　　　　　　　　　　D．财务总监

12. IT 服务项目具备周期性和重复性特征，项目预算的制定步骤不包括_____。

    A．识别项目预算收入项与开支项　　　B．划分 IT 服务项目执行阶段
    C．形成核算记录表　　　　　　　　　D．形成预算表

13. IT 服务项目的核算指在 IT 服务项目的执行过程中对 IT 服务活动执行情况及收支情况进行连续的、系统的、全面的记录、分析和计算的过程。其主要目的和意义不包括_____。

    A．随时掌握项目收入、开支情况及项目盈亏状态
    B．形成及时调整项目资源分配的依据
    C．寻找对成本开支控制的改进方法；改进预算编制方法，提高预算编制准确性
    D．便于项目资源分配，提供责任计算框架，费用开支授权，建立资金控制系统

14. IT 服务项目的核算需要基于预算进行，以预算为依据，持续地记录真实的收入和开支情况，并加以分析和计算，最终得出核算结果。具体实施的主要工作内容和方法不包括_____。

    A．编制核算记录表（IT 服务项目核算表可以分首先编制流水表，然后编制汇总表两个步骤来编制）
    B．组织资源使用情况核算
    C．识别项目预算收入项与开支项，划分 IT 服务项目执行阶段
    D．核算分析与总结（核算的分析与总结的目的是改进预算编制过程和核算过程）

15. 有关衡量项目效益的指标，下列_____说法是不正确的。

    A．项目静态投资回收期是指组织通过投资项目而返回的价值，即组织从一项项目投资活动中得到的经济回报。通过投资回报率的计算和统计分析，可以让组织对开展的不同

业务、不同项目的价值进行横向比较，找到获取最佳投资价值的重点方向、重点项目类型

B. 项目投入产出比是指项目的投入资金与产出资金之比。通过对投入产出比的计算和统计分析，可以帮助组织决策者了解不同项目的盈利水平，确定合理的业务发展方向。投入产出比常用 1:N 的形式来表示，N 值越大，经济效益越好

C. 项目净产出是指项目的净利润产出总额，净利润需要在收入的基础上扣除所有开支，包括人员开支（包括了公司管理费用分摊）、硬件开支、软件开支、场地开支、第三方支持开支等，最终结余的净利润为项目净产出。对项目的净产出进行评估，有利于了解组织的主要利润来源

D. 人均产出是指一定周期内项目或组织内人均产出的净利润水平。对于人员成本占投入成本比重比较大的组织，应该衡量单位人均产出，并建立改进目标，持续优化提升

三、解析及答案

1. **解析** 本题考查的是人均产出的计算。人均产出是指一定周期内项目人均产出的净利润水平，单位人均产出=净利润总额/人员数量；净利润总额是指项目的净利润产出总额，需要在收入的基础上扣除所有开支，净利润=收入总额–开支总额；因此本项目人均产出=(160–100)/5=12 万元。

参考答案 C

2. **解析** 本题考查的是开支项划分的方法。在 IT 服务项目启动前建立预算可以对项目的收支情况、盈利情况有具体的预算，第一步即需要识别项目预算收入项与开支项，由于开支具备多种类型，对开支项的划分有很多种方法，本题考查书中示例的开支项划分方法和开支项内容。

参考答案 A

3. **解析** 本题考查的是成本核算的目的。IT 服务项目的核算指在 IT 服务项目的执行过程中对 IT 服务活动执行情况及收支情况进行连续地、系统地、全面地记录、分析和计算的过程。其主要的目的和意义如下：

（1）随时掌握项目收入、开支情况及项目盈亏状态。
（2）形成及时调整项目资源分配的依据。
（3）寻找对成本开支控制的改进方法。
（4）改进预算编制方法，提高预算编制准确性。

参考答案 D

4. **解析** 本题考查的是项目预算步骤的相关知识。预算的步骤如下：

（1）识别项目预算收入项与开支项。
（2）划分 IT 服务项目执行阶段。
（3）形成预算表。

参考答案 D

5. **解析** IT 服务项目预算的目的及意义为便于形成资金使用计划；便于交流资金使用规划意

图；协调资金使用活动；便于项目资源分配；提供责任计算框架；费用开支授权计费；建立资金控制系统，评估资金使用效果。

参考答案　C

6．解析　衡量项目效益的指标项目投入产出比为 $R=K/IN=1:N$。

项目投资回报率：项目投资回报率=项目利润/项目投资总额×100%。

项目净产出：项目的净利润产出总额。

人均产出：单位人均产出=净利润总额/人员数量。

参考答案　A

7．解析　运维项目投资了100万元，项目收入200万元，投入产出比为100/200=0.5。

参考答案　A

8．解析　IT服务项目预算制定的步骤如下。

（1）识别项目预算收入项和开支项。

（2）划分IT服务项目执行阶段。

（3）形成预算表。

IT服务项目的目的和意义如下。

（1）随时掌握项目收入、开支情况及项目盈亏状态。

（2）形成及时调整项目资源分配的依据。

（3）寻找对成本开支控制的改进方法。

（4）改进预算编制方法，提高预算编制准确性。

参考答案　D

9．解析　人工开支有工资、社保费用、报销性费用、加班费用、奖金、差旅费用、公司管理分摊等。

参考答案　A

10．解析　IT服务项目核算是指在IT服务项目的执行过程中对IT服务活动执行情况及收支情况进行连续、系统、全面地记录、分析和计算的过程。

参考答案　B

11．解析　IT服务项目的预算、核算和结算的主要目的是让系统规划与管理师能够从财务的角度来衡量IT服务项目工作开展的有效性，达到高效利用项目资金，提高服务投入产出比的目的。

参考答案　B

12．解析　IT服务项目具备周期性和重复性特征，项目预算的制定分为以下3个步骤：①识别项目预算收入项与开支项；②划分IT服务项目执行阶段；③形成预算表。

参考答案　C

13．解析　IT服务项目的核算指在IT服务项目的执行过程中对IT服务活动执行情况及收支情况进行连续的、系统的、全面的记录、分析和计算的过程。其主要目的和意义如下：

（1）随时掌握项目收入、开支情况及项目盈亏状态。

（2）形成及时调整项目资源分配的依据。

（3）寻找对成本开支控制的改进方法。

（4）改进预算编制方法，提高预算编制准确性。

D 选项属于 IT 服务项目预算的目的及意义。建立 IT 服务项目预算的目的及意义包括以下 8 个方面：便于形成资金使用计划，便于交流资金使用规划意图，协调资金使用活动，便于项目资源分配，提供责任计算框架，费用开支授权，建立资金控制系统，评估资金使用效果。

参考答案　D

14. **解析**　IT 服务项目的核算需要基于预算进行，以预算为依据，持续的记录真实的收入和开支情况，并加以分析和计算，最终得出核算结果。具体实施的主要工作内容和方法如下。

（1）编制核算记录表（IT 服务项目核算表可以分首先编制流水表，然后编制汇总表两个步骤来编制）。

（2）组织资源使用情况核算。

（3）核算分析与总结的目的是改进预算编制过程和核算过程。

C 选项属于项目预算的制定步骤。IT 服务项目具备周期性和重复性特征，项目预算的制定分为以下 3 个步骤：①识别项目预算收入项与开支项；②划分 IT 服务项目执行阶段；③形成预算表。

参考答案　C

15. **解析**　（1）项目投入产出比是指项目的投入资金与产出资金之比。通过对投入产出比的计算和统计分析，可以帮助组织决策者了解不同项目的盈利水平，确定合理的业务发展方向。投入产出比常用 1:N 的形式来表示，N 值越大，经济效益越好。

（2）项目投资回报率是指组织通过投资项目而返回的价值，即组织从一项项目投资活动中得到的经济回报。通过投资回报率的计算和统计分析，可以让组织对开展的不同业务、不同项目的价值进行横向比较，找到获取最佳投资价值的重点方向、重点项目类型。

（3）项目净产出是指项目的净利润产出总额，净利润需要在收入的基础上扣除所有开支，包括人员开支（包括公司管理费用分摊）、硬件开支、软件开支、场地开支、第三方支持开支等，最终结余的净利润为项目净产出。对项目的净产出进行评估，有利于了解组织的主要利润来源。

（4）人均产出是指一定周期内项目或组织内人均产出的净利润水平。对于人员成本占投入成本比重比较大的组织，应该衡量单位人均产出，并建立改进目标，持续优化提升。

A 选项应为项目投资回报率，而不是项目静态投资回收期。

参考答案　A

9.4　IT 服务外包收益

一、基础部分

1. 随着 IT 服务外包商的信誉和管理机制的不断提高和健全，国家对 IT 服务外包行业的积极推动，IT 服务外包将迎来快速发展的局面。IT 服务外包会给企业带来许多收益，其表现多样，下面_____不属于这些收益。

    A．专注于主营业务   B．成本效益

    C．提升满意度   D．提高软件质量

2．外包给发包方带来的收益不包括_____。

    A．专注于主营业务   B．效率提升

    C．成本效益   D．团队成长

3．选择 IT 服务外包也将外包服务商的先进管理理念和关联的资源带到现场，企业可以快速借鉴和吸收当前较先进的经验来弥补或提高自身的 IT 服务，从而能够为实现 IT 目标起到良好的作用，这个表现了 IT 外包给企业带来的_____收益。

    A．成本效益   B．效率提升   C．降低风险   D．管理简单

二、进阶部分

4．IT 服务外包会给企业带来许多收益，其表现多样，下面_____不属于这些收益。

    A．效率提升   B．降低风险

    C．管理简单   D．无需配备 IT 人员

5．IT 服务外包给企业带来收益的主要表现不包括_____。

    A．成本效益；效率提升   B．降低风险；专注于主营业务

    C．管理简单；提升满意度   D．风险增加；管理复杂

三、解析及答案

1．**解析** 本题考查的是 IT 外包的相关知识，需要掌握。外包的收益有成本效益、效率提升、降低风险、专注于主营业务、管理简单、提升满意度。

    参考答案 D

2．**解析** IT 服务外包的收益有成本效益；效率提升；降低风险；专注于主营业务；管理简单；提升满意度。

    参考答案 D

3．**解析** 选择 IT 服务外包，也将外包服务商的先进管理理念和关联的资源带到现场，企业可以快速借鉴和吸收当前较先进的经验来弥补或提高自身的 IT 服务，从而能够为实现 IT 目标起到良好的作用。

    参考答案 B

4．**解析** IT 服务外包的收益有成本效益、效率提升、降低风险、专注于主营业务、管理简单、提升满意度，即使在 IT 外包的情况下，企业也应该配备一定的 IT 人员，以便于控制企业的 IT 风险。

    参考答案 D

5．**解析** IT 服务外包给企业带来的收益主要表现为以下几点：

（1）成本效益。

（2）效率提升。

（3）降低风险。

（4）专注于主营业务。

（5）管理简单。

（6）提升满意度。

参考答案 D

10 团队建设与管理

10.1 IT 服务团队的特征

一、基础部分

1. IT 服务团队需要有较高的_____。
   A．管理意识　　　　B．创新意识　　　　C．服务意识　　　　D．合作意识
2. IT 服务团队中人员的岗位结构不包括_____。
   A．服务岗　　　　　B．管理岗　　　　　C．操作岗　　　　　D．技术岗
3. IT 服务团队工作具有周期性和重复性的特征，特别要注重_____。
   A．流程化和数据化　　　　　　　　　B．数据化和程序化
   C．流程化和规范化　　　　　　　　　D．程序化和规范化

二、进阶部分

4. IT 服务团队需要较高的_____意识。IT 服务类项目面向的是客户，通过 IT 技术为客户提供增值服务，从而实现自身的价值。
   A．创新　　　　　　B．管理　　　　　　C．服务　　　　　　D．团队
5. 关于 IT 服务团队特征的描述，不正确的是_____。
   A．为了提高服务的质量，使用开发专用工具，包含 IT 服务管理工具，监控工具等
   B．工作具有周期性和重复性的特征，注重流程化和规范化
   C．通过 IT 技术为客户提供服务，从而实现自身价值
   D．专注于提高专业技术水平，能够及时响应问题及解决问题
6. IT 服务团队的工作具有_____的特征，注重流程化与规范性。
   A．周期性和复杂性　　　　　　　　　B．临时性和重复性
   C．临时性和复杂性　　　　　　　　　D．周期性和重复性

三、解析及答案

1. **解析** IT 服务团队需要有较高的服务意识。IT 服务类项目面向的是客户,通过 IT 技术为客户提供增值服务,从而实现自身的价值。

   参考答案 C

2. **解析** IT 服务团队中人员的岗位结构分为管理岗、技术岗、操作岗且团队成员相对固定。

   参考答案 A

3. **解析** IT 服务团队工作具有周期性和重复性的特征,特别要注重流程化和规范化。

   参考答案 C

4. **解析** IT 服务团队需要较高的服务意识。IT 服务类项目面向的是客户,通过 IT 技术为客户提供增值服务,从而实现自身的价值。

   参考答案 C

5. **解析** IT 服务团队特征中明确说明了注重知识的积累及转移,以便主动发现问题和解决问题。

   参考答案 D

6. **解析** IT 服务团队的工作具有周期性和重复性的特征,注重流程化与规范性。

   参考答案 D

10.2　IT 服务团队建设周期

一、基础部分

1. IT 服务团队建设周期不包括_____。
    A．风暴期　　　　　　B．组建期　　　　　　C．正规期　　　　　　D．表现期
2. 团队建设过程中风暴期的关键步骤不包括_____。
    A．完成关键指标　　　　　　　　　　　B．建立信任
    C．强化团队价值观　　　　　　　　　　D．加强团队意识
3. _____的目的是向领导和其他部门的同事证明自己团队的执行力。
    A．人员沟通　　　　　　　　　　　　　B．完成关键指标
    C．建立信任　　　　　　　　　　　　　D．强化团队价值观
4. 团队建设过程中规范期的关键步骤不包括_____。
    A．信任与尊重　　　　B．团队建设　　　　C．强化团队价值观　　　D．激励与鼓舞

二、进阶部分

5. IT 服务团队的建设周期中,梯队建设的工作适合在_____阶段开展。

A．组建期　　　　　　B．风暴期　　　　　C．规范期　　　　　D．表现期
6．团队建设过程中表现期的关键步骤不包括_____。
　　A．授权工作　　　　　B．追求卓越　　　　C．梯队建设　　　　D．信任与尊重
7．IT服务团队组建期的关键步骤为_____。
　　A．了解现状、稳定核心成员、确定目标、建立团队价值观
　　B．了解现状、确定目标、稳定核心成员、建立团队价值观
　　C．了解现状、确定目标、建立团队价值观、稳定核心成员
　　D．了解现状、稳定核心成员、建立团队价值观、确定目标

三、解析及答案

1．**解析**　IT服务团队建设周期包括组建期、风暴期、规范期和表现期。
　　参考答案　C
2．**解析**　风暴期的关键步骤包括完成关键指标、人员沟通、建立信任、强化团队价值观。
　　参考答案　D
3．**解析**　完成关键指标的目的是向领导和其他部门的同事证明自己团队的执行力。
　　参考答案　B
4．**解析**　规范期的关键步骤包括团队建设、信任与尊重、激励与鼓舞、共享愿景。
　　参考答案　C
5．**解析**　IT服务团队的建设周期中，表现期的主要工作为自我管理、授权工作、追求卓越和梯队建设。
　　参考答案　D

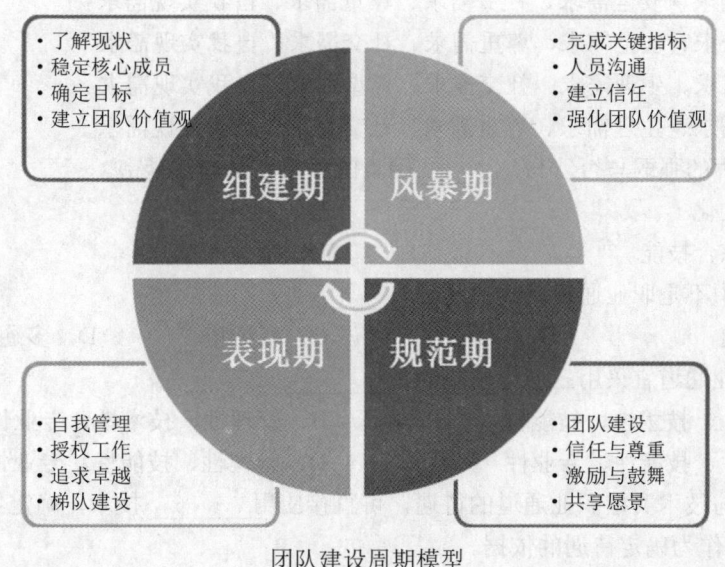

团队建设周期模型

6. **解析** 团队建设过程中表现期的关键步骤包括自我管理、授权工作、追求卓越和梯队建设。

参考答案 D

7. **解析** IT 服务团队组建期的关键步骤为了解现状、稳定核心成员、确定目标、建立团队价值观。

参考答案 A

10.3 IT 服务团队管理

一、基础部分

1. 通过_____、目标管理、人员发展管理、执行管理 4 个方面对 IT 服务团队进行有效管理。
   A．沟通管理　　　　　　　　　　B．技术管理
   C．服务意识管理　　　　　　　　D．激励管理

2. IT 服务团队管理中目标管理不包括_____。
   A．目标分解　　　B．目标监控　　　C．目标纠偏　　　D．目标完成

3. 在目标管理中目标分解后任务认领一般以_____为基础。
   A．去年指标　　　　　　　　　　B．今年指标
   C．行业平均指标　　　　　　　　D．企业近 3 年平均指标

4. 当团队成员无法完成任务时，一般不包括_____。
   A．没有能力　　　B．没有条件　　　C．没有意愿　　　D．市场竞争过大

5. 马斯洛需求理论将人的需求划分为 5 种，从低到高的顺序为_____。
   A．生理需求、安全需求、社交需求、尊重需求、自我实现需求
   B．生理需求、安全需求、尊重需求、社交需求、自我实现需求
   C．安全需求、生理需求、社交需求、尊重需求、自我实现需求
   D．安全需求、生理需求、尊重需求、社交需求、自我实现需求

6. 团队执行力的强弱与否，与_____因素的关系不是非常紧密。
   A．企业文化　　　　　　　　　　B．组织目标
   C．团队综合技能　　　　　　　　D．绩效考核

7. 下列选项中不是职业通道模式的是_____。
   A．单通道　　　　B．双通道　　　　C．三通道　　　　D．多通道

8. 技术性职业通道宜采用三通道模式的是_____。
   A．管理性、技术性、技能性　　　B．管理性、技术性、专业性
   C．技术性、技能性、专业性　　　D．管理性、技能性、专业性

9. 平衡管理与技术类型职业通道的待遇，可直接应用_____技术，确定各类各层次岗位的相对重要性，以此作为确定待遇的依据。

A．管理评价　　　　B．工作评价　　　　C．服务评价　　　　D．绩效评价

10．按照时间长短，职业生涯规划可以分为人生规划、长期规划、中期规划和短期规划，其中，中期规划是_____。

A．1～3年　　　　B．3～5年　　　　C．5～8年　　　　D．5～10年

11．系统规划与管理师首先是一个_____。

A．技术全面者　　B．服务意识者　　C．沟通协调者　　D．项目管理者

二、进阶部分

12．_____不是目标分解时必须注意的要点。

A．一般短期目标以月、季度目标为主，长期目标指半年或一年以上，长短期目标必须平衡

B．分解目标必须服务并支持于部门或者组织的总体目标

C．考虑现有资源情况和人力情况

D．个人目标要符合SMART原则，发生偏离应及时调整

13．马斯洛需求理论中，公司政策、工作环境属于_____层。

A．生理需求　　　B．安全需求　　　C．尊重需求　　　D．自我实现需求

14．团队激励的特征是让大家集体参与、共同感受、实时感觉这个团队的存在，为自己身为这个团队的一员感到骄傲与自豪，关于团队激励措施的描述，不正确的是_____。

A．高层表扬、高层领导经验分享　　　B．团队奖金、屏蔽投诉

C．团队奖金、团队负责人专业知识分享　　　D．高层表扬、团队活动

15．员工在组织内的工作生命周期分为_____4个阶段。

A．成长阶段、成熟阶段、饱和阶段、衰落阶段

B．成长阶段、成熟阶段、平稳阶段、衰落阶段

C．引入阶段、成长阶段、成熟阶段、衰落阶段

D．引入阶段、成长阶段、饱和阶段、衰落阶段

16．职业规划是对职业生涯乃至人生进行持续系统的计划过程，一个完整的职业规划由_____3个要素组织组成。

A．职业定位、目标设定、通道设计　　　B．职业定位、长短期规划、目标设定

C．职业定位、长短期规划、通道设计　　　D．目标设定、长短期规划、通道设计

17．提高执行力的效率包括_____。

①对目标及流程规范保持合理化建议

②充分理解目标及流程规范

③加强团队文化建设，营造积极向上的氛围

④确保目标及流程规范的执行跟踪

A．①②③④　　　B．①②③　　　C．②③④　　　D．①②④

18．根据"马特莱法则"，企业核心员工占总人数的_____，集中了企业_____的技术和管理，创造了企业_____以上的财富和利润。

A．20%～30%，70%～80%，90%　　　　B．20%～30%，80%～90%，80%

C．10%～20%，80%～90%，80%　　　　D．20%～30%，70%～80%，90%

19．目标监控过程中，行动计划表的构成包括小组或个人目标、分解目标、具体行动计划、计划完成时间、衡量指标、负责人和关键成功因素与备注。其中_____是系统规划与管理师最主要的关注项。

A．分解目标和计划完成时间　　　　B．计划完成时间和衡量指标

C．衡量指标和关键成功因素　　　　D．负责人和关键成功因素

三、解析及答案

1．**解析**　对IT服务团队进行有效管理的4个方面包括目标管理、激励管理、执行管理和人员发展管理。

参考答案　D

2．**解析**　目标管理包括目标分解、目标监控和目标完成。

参考答案　C

3．**解析**　目标分解后任务认领一般以去年指标为基础。

参考答案　A

4．**解析**　当团队成员无法完成任务时，一般包括对目标没有正确理解、没有能力、没有条件和没有意愿。

参考答案　D

5．**解析**　马斯洛需求理论从低到高级别划分顺序为生理需求（保健因素）—安全需求（保健因素）—社交需求（保健因素、激励因素）—尊重需求（激励因素）—自我实现需求（激励因素）。

参考答案　A

6．**解析**　团队执行力的强弱与企业文化、组织目标、组织结构、绩效考核等因素有关。

参考答案　C

7．**解析**　职业通道模式分为单通道、双通道和多通道3种。

参考答案　C

8．**解析**　技术性职业通道宜采用管理性、技术性、技能性三通道模式。

参考答案　A

9．**解析**　平衡管理与技术类型职业通道的待遇，可直接应用工作评价技术，确定各类各层次岗位的相对重要性，以此作为确定待遇的依据。

参考答案　B

10．**解析**　按照时间长短，职业生涯规划可以分为人生规划（40年）、长期规划（5～10年）、中期规划（3～5年）和短期规划（3年内）。

参考答案　B

11．解析　系统规划与管理师首先是一个项目管理者，同时需要做好学习相关知识、做好角色转变、理论结合实践、良好的职业道德和通过资格认证。

参考答案　D

12．解析　一般短期目标以周、月目标为主，长期目标指半年或一年以上，长短期目标必须平衡。

参考答案　A

13．解析　马斯洛需求理论中，公司政策、工作环境属于安全需求层。

参考答案　B

14．解析　常用的团队激励措施主要有6点：①高层表扬；②团队奖金；③请高层领导做团队分享；④请与IT服务相关的部门负责人分享专业知识；⑤请业绩优秀的员工做经验分享；⑥不定期开展团队活动。

参考答案　B

15．解析　员工在组织内的工作生命周期分为4个阶段：引入阶段、成长阶段、饱和阶段、衰落阶段。

参考答案　D

16．解析　职业规划是对职业生涯乃至人生进行持续系统的计划过程，一个完整的职业规划由职业定位、目标设定、通道设计3个要素组织组成。

参考答案　A

17．解析　提高执行力的效率包括充分理解目标及流程规范、对目标及流程规范保持合理化建议、确保目标及流程规范的执行跟踪。

参考答案　D

18．解析　根据"马特莱法则"，企业核心员工占总人数的20%～30%，集中了企业80%～90%的技术和管理，创造了企业80%以上的财富和利润。

参考答案　B

19．解析　目标监控过程中系统规划与管理师最主要的关注项为计划完成时间和衡量指标。

参考答案　B

11 标准化知识与IT服务相关标准

11.1 标准化知识

一、基础部分

1. 以下关于标准和标准化的说法，不正确的是_____。
   A. 标准是为了在一定范围内获得最佳秩序，经协商一致制定并由公认机构批准，共同使用和重复使用的一种规范性文件
   B. 标准是标准化活动的主要成果之一
   C. 标准是一项活动，标准化是文件
   D. 标准化活动的作用有防止贸易壁垒，并促进技术合作

2. 依据制定标准的参与者所涉及的范围划分标准，其中属于国家标准的是_____。
   A. 在国家的某个行业通过并公布
   B. 针对没有国家标准和行业标准，而又需要在省、自治区、直辖市范围内统一的技术要求所制定的标准
   C. ISO 确认并公布的其他组织制定的标准
   D. 国务院标准化行政主管部门组织制定，对国民经济技术发展有重大意义，要在全国范围内统一的标准

3. 规定服务应满足的要求以确保其适用性的标准属于_____。
   A. 产品标准　　　　B. 服务标准　　　　C. 术语标准　　　　D. 符号标准

二、进阶部分

4. 国家标准的制定有一套正常程序，分为_____。
   A. 预阶段、立项阶段、起草阶段、征求意见阶段、审查阶段、批准阶段、出版阶段、复审阶段以及废止阶段

B．预阶段、立项阶段、起草阶段、征求意见阶段、审查阶段、批准阶段、出版阶段

C．立项阶段、起草阶段、征求意见阶段、审查阶段、批准阶段、出版阶段、复审阶段以及废止阶段

D．起草阶段、征求意见阶段、审查阶段、批准阶段、出版阶段、复审阶段以及废止阶段

5．国际标准是指由"国际标准化组织（ISO）、国际电工委员会（IEC）和_____以及 ISO 确认并公布的其他组织"制定的标准。

　　A．国际电信联盟（ITU）　　　　　　B．世界卫生组织（WHO）
　　C．国际电报电话咨询委员会（CCITT）　D．联合国教科文组织（UNESCO）

三、解析及答案

1．**解析**　标准是为了在一定范围内获得最佳秩序，经协商一致制定并由公认机构批准，共同使用和重复使用的一种规范性文件。标准化是指为了在一定范围内获得最佳秩序，对现实问题或潜在问题制定共同使用和重复使用的条款的活动。标准化是一项活动，标准是标准化活动的主要成果之一。标准化活动的主要作用是为了预期目的，改进产品过程或服务的适用性，防止贸易壁垒，并促进技术合作。

参考答案　C

2．**解析**　依据制定标准的参与者所涉及的范围（也就是标准的使用范围），可将标准分为国际标准、国家标准、行业标准、地方标准、企业标准等。

国家标准是指由国家标准机构通过并公开发布的标准。对我国而言，国家标准是指由国务院标准化行政主管部门组织制定，并对全国国民经济和技术发展有重大意义，需要在全国范围内统一的标准。

行业标准是指在国家的某个行业通过并公开发布的标准，对我国而言，行业标准是对没有国家标准，而又需要在全国某个行业范围内统一的技术要求所制定的标准。

对我国而言，地方标准是针对没有国家标准和行业标准，而又需要在省、自治区、直辖市范围内统一的技术要求所制定的标准。

企业标准是指对企业范围内需要协调统一的技术要求，管理要求和工作要求所制定的标准。

参考答案　D

3．**解析**　产品标准是指规定产品应满足的要求，以确保其适用性的标准。

术语标准是指与术语有关的标准，通常带有定义，有时还附有注、图、示例等。

符号标准是指与符号相关的标准。

服务标准是指规定服务应满足的要求，以确保其适应性的标准。

参考答案　B

4．**解析**　国家标准的制定程序为预阶段、立项阶段、起草阶段、征求意见阶段、审查阶段、批准阶段、出版阶段、复审阶段以及废止阶段。

参考答案　A

5. **解析** 国际标准（International Standard）是指"国际标准化组织（ISO）、国际电工委员会（IEC）和国际电信联盟（ITU）以及 ISO 确认并公布的其他组织"制定的标准。

参考答案 A

11.2 IT 服务国际标准

一、基础部分

1. 以下表示信息安全管理体系系列标准的是_____。
   A．ISO 9000　　　　B．ISO/IEC 38500　　　　C．ISO/IEC 27000　　　　D．ISO 22301

二、进阶部分

2. ITIL 中，基于服务生命周期的最佳实践的版本是_____。
   A．Version 1　　　　B．Version 2　　　　C．Version 3　　　　D．Version 4

三、解析及答案

1. **解析** ISO 9000 是质量管理体系标准。ISO/IEC 38500 是 IT 治理标准。ISO/IEC 27000 是信息安全管理体系系列标准。ISO 22301 是业务连续性管理体系标准。

参考答案 C

2. **解析** ITIL 是 IT 基础架构库，自从 1980 年至今经历了 4 个主要的版本，Version 1 是原始版，主要基于职能型的实践。Version 2 主要基于流程性的实践。Version 3 整合了 V1 和 V2 的精华，融入了 IT 服务管理领域当前的最佳实践。Version 4 自 2011 年至今，该版本使用 5 个主要书面指导文件，分别论述了 IT 服务的服务战略、服务设计、服务转换、服务运营和服务的持续改进，涉及 4 个职能（服务台、运营管理、应用管理、技术管理），以及 26 个流程。

参考答案 C

11.3 IT 服务国家标准及行业标准

一、基础部分

1. 国家信息技术服务标准（ITSS）中提出的服务 4 要素包括_____。
   A．人员、过程、质量、技术　　　　B．人员、容量、质量、技术
   C．人员、过程、技术、资产　　　　D．人员、资源、技术、过程

2. 根据《信息技术服务分类与代码》（GB/T 29264－2012）中所定义的信息技术服务的分类，面向计算机网络设备的运维服务应属于_____。

A. 基础环境运维　　B. 硬件运维　　C. 安全运维　　D. 其他运维

3. ITIL 的 2011 年版本中涉及的 4 个职能包括_____。
①服务台　②事件管理　③应用管理　④技术管理　⑤能力管理　⑥运营管理
A. ①③⑤⑥　　B. ①③④⑥　　C. ②③④⑤　　D. ①②⑤⑥

4. 在 ITSS 的 IT 服务生命周期模型中，_____阶段是根据 IT 服务部署情况，采用过程方法，全面管理基础设施、服务流程、人员和业务连续性。
A. 持续改进　　B. 部署实施　　C. 服务运营　　D. 服务转换

二、进阶部分

5. 信息技术服务管理系统内部监控管理与过程管理之间通过_____3 种接口实现 3 种信息交互。
A. 配置接口、安全接口、性能接口　　B. 功能接口、告警接口、性能接口
C. 配置接口、告警接口、性能接口　　D. 配置接口、告警接口、集成接口

6. 《信息技术服务运行维护　第 3 部分：应急响应规范》（GB/T 28827.3－2012）规定了运维服务中应急响应的 4 个环节，即应急准备、检测与预警、_____、总结改进。
A. 风险规避　　B. 应急处置　　C. 紧急处理　　D. 风险接受

7. 《信息技术服务分类与代码》（GB/T 29264－2012）规定了信息技术服务的分类与代码。其中对机房电力、消防、安防等系统的例行检查及状态监控、响应支持、故障处理、性能优化等服务属于_____。
A. 硬件运维服务　　　　　　　B. 安全集成实施服务
C. 主机运维服务　　　　　　　D. 基础环境运维服务

8. 《信息技术服务　运行维护　第 4 部分　数据中心规范》（SJ/T 11564.4－2015）中定义的运维服务基本目标中_____不是运维服务的基本目标。
A. 可靠　　B. 规范　　C. 可用　　D. 及时

9. 根据我国信息技术、服务行业特点、市场需求、职业种类的不同，以及知识、技能和经验的不同要求，将职业资格划分为_____个等级。
A. 3　　B. 5　　C. 6　　D. 4

10. ITSS 运维服务能力成熟度模型按照运维服务组织能力建设和管理的发展历程，定义了逐步进化的 4 个等级，自低向高分别为基本级、_____、改进（协同）级和提升量化级。
A. 进化级　　B. 量化级　　C. 拓展级　　D. 管理级

三、解析及答案

1. **解析**　国家信息技术服务标准（ITSS）中提出的服务 4 要素包括人员、资源、技术、过程。
参考答案　D

2．**解析** 根据《信息技术服务分类与代码》（GB/T 29264－2012）中所定义的信息技术服务的分类，面向计算机网络设备的运维服务应属于硬件运维。

参考答案 B

3．**解析** ITIL 的 2011 年版本使用 5 个主要书面指导文件，分别论述了 IT 服务的服务战略、服务设计、服务转换、服务运营和服务的持续改进。涉及的 4 个职能为服务台、运营管理、应用管理、技术管理。

参考答案 B

4．**解析** 根据 IT 服务部署情况，依据 ITSS，采用过程方法，全面管理基础设施、服务流程、人员和业务连续性，实现业务运营与 IT 服务运营的全面融合。

参考答案 C

5．**解析** 监控管理与过程管理之间通过 3 种接口实现 3 种信息交互，分别为：

（1）配置接口。用于实现配置信息的交互，如设备负责人、位置等，其信息传递为双向。

（2）告警接口。用于实现告警信息的交互，如设备异常、性能超阈值等，其信息传递为单向，从监控管理传向过程管理。

（3）性能接口。用于实现性能信息从监控管理向过程管理的传递，如设备 CPU/内存/接口利用率、系统响应时间等，其信息传递为单向。

参考答案 C

6．**解析** 运行维护服务应急响应过程规划分为 4 个环节：应急准备、检测与预警、应急处置和总结改进。

参考答案 B

7．**解析** 《信息技术服务分类与代码》（GB/T 29264－2012）规定了信息技术服务的分类与代码。具体分类为信息技术咨询服务、设计与开发服务、信息系统集成实施服务、运行维护服务、桌面运维服务、数据处理和存储服务、数字内容服务、呼叫中心服务、其他信息技术服务。其中，对保证信息系统正常运行所必须的电力、空调、消防、安防等基础环境的运维，包括机房电力、消防、安防等系统的例行检查及状态监控，响应支持，故障处理，性能优化等服务属于基础环境运维服务。

参考答案 D

8．**解析** 《信息技术服务 运行维护 第 4 部分 数据中心规范》（SJ/T 11564.4－2015）中定义的运维服务基本目标包括及时、规范、安全、可用。运行维护服务的内容包括例行操作、响应支持、优化改善和咨询评估。

参考答案 A

9．**解析** 根据我国信息技术、服务行业特点、市场需求、职业种类的不同，以及知识、技能和经验的不同要求，将职业资格划分为 6 个等级。

参考答案 C

10. **解析** ITSS 运维服务能力成熟度模型按照运维服务组织能力建设和管理的发展历程，定义了逐步进化的 4 个等级，自低向高分别为基本级、拓展级、改进（协同）级和提升量化级，每个能力成熟度等级都由能力管理和能力四要素（人员、过程、技术和资源）组成。随着能力成熟度等级自低向高的提升，对这 5 个方面的实施程度也规定了逐步提高的管理要求，成熟度等级不可跨级，即较高的成熟度等级，必然以低成熟度等级为基础。

运维服务能力成熟度模型，在实践中为运维服务组织持续深化服务能力建设提供了路线图和方法论。

参考答案 C

12 职业素养与法律法规

12.1 职业素养

一、基础部分

1. 以下关于道德的含义的说法，错误的是_____。
    A．道德具有强制性
    B．道德的主要功能是规范人们的思想和行为
    C．道德是依靠舆论、信念和习俗等非强制性手段起作用的
    D．道德以善恶观念为标准来评价人们的思想和行为

2. IT服务的广泛应用对从业人员的职业素养和法律法规知识提出来更高的要求，在职业素养中，要求从业者具有执业责任，下面_____不是要求的职业责任。
    A．应遵守相关组织如甲方、乙方或业内共识的制度和政策
    B．在合理和清楚的事实基础上，可以不管他人在项目管理方面可能违反行为准则的情况
    C．有责任向客户、用户、供应商说明可能潜在的利益冲突和明显不恰当的重大情况
    D．在职业发展中，应认可和尊重他人开发或拥有的知识产权，以准确、真实和完整的方式在所有与项目有关的各项活动中遵守规则，并推动和支持向其同行宣传职业行为准则

3. 对职业道德的认识，错误的是_____。
    A．职业道德是一种职业规范，受社会的普遍认可
    B．职业道德没有确定的形式，通常体现为观念、习惯、信念等
    C．职业道德大多具有实质的约束力和强制力
    D．职业道德标准多元化，不同企业可能有不同的价值观

4. 下列_____不属于职业道德的内容。

A．爱岗敬业　　　　　B．诚实守信　　　C．办事周到　　　　D．服务群众

二、进阶部分

5．以下关于高效项目团队特征的说法，错误的是_____。
　　A．建立明确的项目目标
　　B．建立清晰的团队规章制度
　　C．建立奋斗型团队
　　D．建立和培养了勇于承担责任、和谐协作的团队文化

6．积极向上的团队价值观不包括_____。
　　A．刻苦努力　　　　　　　　　　　　　B．遵守纪律
　　C．尊重差异，求同存异　　　　　　　　D．勇于创新

三、解析及答案

1．**解析**　道德的含义有以下几点。
（1）道德的主要功能是规范人们的思想和行为。
（2）道德是依靠舆论、信念和习俗等非强制性手段起作用的。
（3）道德以善恶观念为标准来评价人们的思想和行为。
参考答案　A

2．**解析**　行为准则从其对职业的责任和对客户及公众的责任两方面来规定。职业责任有以下几点。
（1）应遵守相关组织如甲方、乙方或业内共识的制度和政策。
（2）在合理和清楚的事实基础上，报告他人在项目管理方面可能违反行为准则的情况，检举和举报违反职业道德的行为。
（3）有责任向客户、用户、供应商说明可能潜在的利益冲突或明显不恰当的重大情况。
（4）在职业实践中，应该准确、真实地提供关于资格、经验和服务绩效的信息，并应在提供项目管理服务时，遵守所在地的有关项目管理实践的相关法律、规章和道德标准。
（5）在职业发展中，应认可和尊重他人开发或拥有的知识产权，以准确、真实和完整的方式在所有与项目有关的各项活动中遵守规则，并推动和支持向其同行宣传IT服务经理职业行为准则。
参考答案　B

3．**解析**　职业道德大多没有实质的约束力和强制力。
参考答案　C

4．**解析**　职业道德的主要内容包括爱岗敬业、诚实守信、办事公道、服务群众、奉献社会。
参考答案　C

5．**解析**　高效项目团队的特征如下：

(1) 建立明确的项目目标。
(2) 建立清晰的团队规章制度。
(3) 建立学习型团队。
(4) 培养团队成员养成严谨细致的工作作风。
(5) 团队成员分工明确。
(6) 建立和培养了勇于承担责任、和谐协作的团队文化。
(7) 善于利用项目团队中的非正式组织来提高团队的凝聚力。

参考答案　C

6．**解析**　积极向上的团队价值观包括：①信任；②遵守纪律；③良好的、方便的沟通机制与氛围；④尊重差异，求同存异；⑤经验交流与共享；⑥结果导向；⑦勇于创新。

参考答案　A

12.2　法律法规

一、基础部分

1．法律通常规定社会政治、经济和其他社会生活中最基本的社会关系或行为准则。一般来说，法律的效力低于宪法，其他一切行政法规和地方性法规都不得与法律相抵触。在常用的法律法规中，因调整知识产权的归属、行使、管理和保护等活动中产生的社会关系的法律规范的总称是_____。

　　A．著作权法　　　　B．合同法　　　　C．劳动法　　　　D．知识产权法

2．依据《中华人民共和国招标投标法》，以下描述不正确的是_____。

　　A．依法必须进行招标的项目，其招标活动不受地区或部门的限制
　　B．为保证招标工作的公正性，招标人需委托代理机构，不得自行办理招标事宜
　　C．任何单位和个人不得以任何方式为招标人指定招标代理机构
　　D．招标代理机构与行政机关和国家机关不得存在隶属关系

二、进阶部分

3．根据《中华人民共和国合同法》，以下叙述中正确的是_____。

　　A．当事人采用合同书形式订立合同的，自合同付款时间起合同生效
　　B．只有书面形式的合同才受法律的保护
　　C．当事人采用信件、数据电文等形式订立合同的，可以在合同成立之前签订确认书，签订确认书时合同成立
　　D．当事人采用合同书形式订立合同的，甲方的主营业地为合同成立的地点

4．格式条款是当事人为了重复使用而预先拟定，并在订立合同时未与对方协商的条款，对格

式条款的叙述，不正确的是_____。
   A．提供格式条款一方免除其责任，加重对方责任、排除对方主要权利的，该条款无效
   B．格式条款和非格式条款不一致，应当采用格式条款
   C．对格式条款有两种以上解释的，应当作出不利于提供格式条款一方的解释
   D．采用格式条款订立合同的，提供格式条款的一方应当遵循公平原则确定当事人之间的权利和义务

5．依据《中华人民共和国招标投标法》，以下叙述中不正确的是_____。
   A．招标人具有编制招标文件和组织评标能力的，可以自行办理招标事宜
   B．招标人不可以自行选择招标代理机构
   C．依法必须进行招标的项目，招标人自行办理招标事宜的，应当向有关行政监督部门备案
   D．招标代理机构与行政机关和其他国家机关不得存在隶属关系或者其他利益关系

6．在建设工程合同的订立过程中，投标人根据招标内容在约定期限内向招标人提交的投标文件为_____。
   A．要约邀请   B．要约   C．承诺   D．承诺生效

7．甲乙两个公司在项目实施过程中，对合同的生效时间产生了分歧。仲裁机构调查时发现以下事实：①双方签署的合同上并没有对合同的生效日期做出规定；②双方签署合同的过程如下：乙公司在拟定好合同文本并签署后以邮寄的方式寄给甲公司，信封上盖有乙公司所在地邮局3月18日的邮戳，甲公司于3月20日收到合同文本，甲公司签署合同后，将合同回寄给乙公司，信封带有甲公司所在地3月22日的邮戳，乙公司于3月25日收到合同。仲裁机构应判定_____作为合同生效的日期。
   A．3月18日   B．3月20日   C．3月22日   D．3月25日

8．根据《中华人民共和国合同法》，以下说法中，_____是不正确的。
   A．价款或者报酬不明确的，按照订立合同时履行地的市场价格履行；依法应当执行政府定价或者政府指导价的，按照规定履行
   B．履行地点不明确，给付货币的，在交付货币一方所在地履行；交付不动产的，在不动产所在地履行；其他标的，在履行义务一方所在地履行
   C．履行期限不明确的，债务人可以随时履行，债权人也可以随时要求履行，但应当给对方必要的准备时间
   D．履行方式不明确的，按照有利于实现合同目的的方式履行

三、解析及答案

1．解析　知识产权法是指因调整知识产权的归属、行使、管理和保护等活动中产生的社会关系的法律规范的总称。知识产权法的综合性和技术性特征十分明显，在知识产权法中，既有私法规

范,也有公法规范;既有实体法规范,也有程序法规范。但从法律部门的归属上讲,知识产权法仍属于民法,是民法的特别法。民法的基本原则、制度和法律规范大多适用于知识产权,并且知识产权法中的公法规范和程序法规范都是为确认和保护知识产权这一私权服务的,不占主导地位。

参考答案 D

2. **解析** 招标人有权自行选择招标代理机构,委托其办理招标事宜。任何单位和个人不得以任何方式为招标人指定招标代理机构。也就是说招标人可以自行招标。

参考答案 B

3. **解析** 选项A错,根据《中华人民共和国合同法》第三十二条 当事人采用合同书形式订立合同的,自双方当事人签字或者盖章时合同成立。

选项B错,根据《中华人民共和国合同法》第十条 当事人订立合同,有书面形式、口头形式和其他形式。因此,除了书面合同,其他形式的合同同样具有法律效力。

选项C正确,根据《中华人民共和国合同法》第三十三条 当事人采用信件、数据电文等形式订立合同的,可以在合同成立之前签订确认书,签订确认书时合同成立。

选项D错,根据《中华人民共和国合同法》第三十五条 当事人采用合同书形式订立合同的,双方当事人签字或者盖章的地点为合同成立的地点。

参考答案 C

4. **解析** 根据《中华人民共和国合同法》第四十一条 对格式条款的理解发生争议的,应当按通常理解予以解释。对格式条款有两种以上解释的,应当作出不利于提供格式条款一方的解释。格式条款和非格式条款不一致的,应当采用非格式条款。

参考答案 B

5. **解析** 依据《中华人民共和国招标投标法》第十二条 招标人有权自行选择招标代理机构,委托其办理招标事宜。任何单位和个人不得以任何方式为招标人指定招标代理机构。

参考答案 B

6. **解析** 根据《中华人民共和国合同法》的第一章"一般规定"中的第十四条和第十五条规定:

第十四条 要约是希望和他人订立合同的意思表示,该意思表示应当符合下列规定:(一)内容具体确定;(二)表明经受要约人承诺,要约人即受该意思表示约束。

第十五条 要约邀请是希望他人向自己发出要约的意思表示。寄送的价目表、拍卖公告、招标公告、招股说明书、商业广告等为要约邀请。可知,投标人根据招标内容在约定期限内向招标人提交的投标文件为"要约"。

参考答案 B

7. **解析** "信封上盖有乙公司所在地邮局3月18日的邮戳"表示了乙方的承诺日期,"信封带有甲公司所在地3月22日的邮戳"表示了甲方的承诺日期。

参考答案 C

8. **解析** 根据《中华人民共和国合同法》规定：价款或者报酬不明确的，按照订立合同时履行地的市场价格履行；依法应当执行政府定价或者政府指导价的，按照规定履行。

履行地点不明确，给付货币的，在接受货币一方所在地履行；交付不动产的，在不动产所在地履行；其他标的，在履行义务一方所在地履行。

履行期限不明确的，债务人可以随时履行，债权人也可以随时要求履行，但应当给对方必要的准备时间。

履行方式不明确的，按照有利于实现合同目的的方式履行。

参考答案 B

13 专业英语

13.1 常见术语

常见 ITIL 术语中英文对照：

Acceptance	验收
Acceptance Test	验收测试
Access Control	访问控制
Adaptive Maintenance	适应性维护
Additive Maintenance	补充性维护
Application	应用，应用系统
Application Software	应用软件
Architecture	架构
Baseline	基线
Budgeting	预算编制
Call center	呼叫中心
Client	客户
Configuration	配置
Configuration Baseline	配置基线
Configuration Control	配置控制
Configuration Documentation	配置文档
Configuration Identification	配置标识
Configuration Item (CI)	配置项
Configuration Management	配置管理
Continuity	持续性

Cost Management	成本管理
Customer Relationship Management (CRM)	客户关系管理
Data Mining	数据挖掘
Data Warehouse	数据仓库
Database	数据库
Development Environment	开发环境
Discounting	折扣
Distributed Computing	分布式计算
Event	事件
Incident	事故
Information & Communication Technology (ICT)	信息与通信技术
Information Technology (IT)	信息技术
Information Technology Infrastructure Library (ITIL)	信息技术基础架构库
International Organisation for Standardization (ISO)	国际标准化组织
IT Service Continuity Management (ITSCM)	IT 服务持续性管理
IT Service Continuity Plan	IT 服务持续性计划
IT Service Continuity Planning	IT 持续性规划
IT Service Management (ITSM)	IT 服务管理
Personal Computer (PC)	个人电脑
Quality Assurance (QA)	质量保证
Quality Control	质量控制
Return On Investment (ROI)	投资回报率
Robustness	健壮性
Service Catalog	服务目录
Service Contract	服务合同
Service Desk	服务台
Service Level Agreement (SLA)	服务级别协议

13.2 试题精练

一、基础部分

1. The main content of _____ is to understand the business sector's present and future, understand the business sector's policies, define goals and priorities.

　　A．business analysis　　　　　　　　B．assessment of the current system

C. identifying opportunities　　　　D. selection plan

2. _____does not belong to the output of planning and design activities.
   A. Service Level Agreement　　　　B. Operational Level Agreement
   C. Underpinning Contract　　　　　D. Management Contract

3. Formulation and exercise of emergency response plan is carried out in_____phase.
   A. planning and design　　　　　　B. deployment and implementation
   C. operation management　　　　　D. continuous improvement

4. _____ is a form of knowledge which comes from experiences and skills.
   A. Explicit knowledge　　　　　　　B. Common knowledge
   C. Implicit knowledge　　　　　　　D. Personality knowledge

5. The first step in the continuous improvement is to _____.
   A. identify improvement strategies　B. collect data
   C. identify of measurement target　D. process data

6. _____is a discipline within the information technology and information systems domain and is concerned with making the planning process for information technology investments and decision-making a quicker, more flexible, and more thoroughly aligned process.
   A. Information technology planning
   B. Service monitor management
   C. Service design
   D. Information technology audit

7. IT Service Design (SD) provides good-practice guidance on the design of IT services, processes, and other aspects of service management effort. _____does not belong to the main activities of service design process.
   A. Service catalogue design　　　　B. Release and deployment management
   C. Service cost assessment　　　　　D. Service level design

8. Change management would typically be composed of the raising and recording of changes, assessing the impact, cost, benefit and risk of proposed changes, developing business justification and obtaining approval, managing and coordinating change implementation, monitoring and reporting on implementation, reviewing and closing _____.
   A. change reason　　　　　　　　　B. change model
   C. remediation plan　　　　　　　　D. change requests

9. A service level agreement is an agreement between two or more parties, where one is the customer and the others are _____.
   A. service brokers　　　　　　　　　B. service providers
   C. service auditors　　　　　　　　　D. key customers

10．PDCA(Deming cycle) is an iterative four—step management method used in continual improvement of processes and products. During the_____phase, the data and results gathered from the do phase are evaluated. Data is compared to the expected outcomes to see any similarities and differences.

  A．plan   B．do   C．check   D．act

二、进阶部分

11．Typically, an IP address refers to an individual host on a particular network. IP also accommodates addresses that refer to a group of hosts on one or more networks. Such addresses are referred to as multicast addresses, and the act of sending a packet from a source to the members of a (1) group is referred to as multicasting. Multicasting done (2) the scope of a single LAN segment is straight forward. IEEE 802 and other LAN protocols include provision for MAC-level multicast addresses. A packet with a multicast address is transmitted on a LAN Segment. Those stations that are members of the (3) multicast group recognize the multicast address and (4) the packet. In this case, only a single copy of the packet is ever transmitted. This technique works because of the (5) nature of a LAN: A transmission from any one station is received by all other station on the LAN.

  (1) A．numerous   B．only   C．single   D．multicast
  (2) A．within   B．out of   C．beyond   D．cover
  (3) A．different   B．unique   C．special   D．corresponding
  (4) A．reject   B．accept   C．discard   D．transmit
  (5) A．multicast   B．unicast   C．broadcast   D．multiple unicast

三、解析及答案

1．翻译：_____的主要内容是了解业务部门的现状和未来，了解业务部门的政策，定义目标和优先权。

  A．业务分析   B．对当前系统的评估
  C．识别机会   D．选择方案

试题解析 关注关键词 business，两次出现 business。
参考答案 A

2．翻译：_____不属于规划和设计活动的产出。

  A．服务级别协议   B．运营级别协议
  C．支持合同   D．管理合同

试题解析 首先掌握本题相关的基础概念和基础知识，其次要掌握基本术语的英语表达。
参考答案 D

3．翻译：应急预案的制定和实施是在_____阶段进行的。

A．计划和设计　　　　B．部署和实施　　C．运营管理　　　D．持续改进

试题解析　题目考查的是基本术语，需要掌握其英语表达。

参考答案　B

4．翻译：_____是一种来自经验和技能的知识形式。

A．显性知识　　　　B．普通知识　　　C．隐性知识　　　D．人格知识

试题解析　题目考查的是基本术语，需要掌握其英语表达。

参考答案　C

5．翻译：持续改进的第一步是_____。

A．识别改进战略　　　　　　　　　　B．收集数据

C．识别测量目标　　　　　　　　　　D．处理数据

试题解析　根据ITIL Foundation Seven Step Continuous Improvement Process可知，正确答案为A。

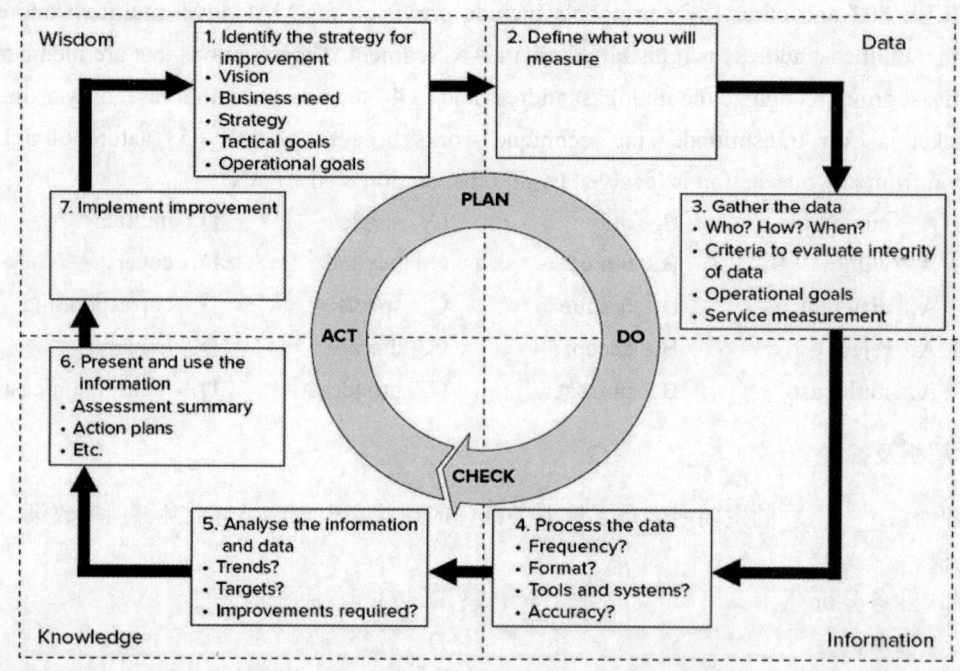

参考答案　A

6．翻译：_____是信息技术和信息系统领域的一门学科，它涉及制定计划流程使信息技术投资和决策的规划过程更快、更灵活和更彻底地统一。

A．信息技术规划　　　　　　　　　　B．服务监控管理

C．服务设计　　　　　　　　　　　　D．信息技术审计

试题解析　识别出句子谈论的对象，查找句子的关键词 the information technology、planning可得到答案。

参考答案　A

7. 翻译：IT 服务设计（SD）提供关于 IT 服务、流程和服务管理工作的其他方面的设计的良好实践指导。

  A．服务目录设计　　　　　　　　　　B．发布和部署管理

  C．服务成本评估　　　　　　　　　　D．服务水平设计

试题解析　题目考查的是基本术语，需要掌握其英语表达。

参考答案　B

8. 翻译：变更管理通常由变更的提出和记录、评估提议变更的影响、成本、效益和风险、开发业务理由和获得批准、管理和协调变更实施、监测和报告实施组成，审查和关闭_____。

  A．变化原因　　　B．变化模型　　　C．修复计划　　　D．更改请求

试题解析　题目考查的是基本术语，需要掌握其英语表达。

参考答案　D

9. 翻译：SLA 协议是服务供方和客户间定义的一种双方认可的协议。

  A．服务经纪人　　　B．服务提供商　　　C．服务审计员　　　D．主要客户

试题解析　题目考查的是基本术语，需要掌握其英语表达。

参考答案　B

10. 翻译：PDCA 是一种用于连续改进工艺和产品的迭代 4 步管理方法，在_____阶段，对从执行阶段收集的数据和结果进行评估，将数据与预期结果进行比较，以发现任何相似性和差异。

  A．规划　　　　　B．实施　　　　　C．检查　　　　　D．处置

试题解析　题目考查的是基本术语，需要掌握其英语表达。

参考答案　C

11. 翻译：一般来说，一个 IP 地址对应网络上的一台主机。IP 地址还能标识一组或多个网络上的主机组的地址，这种地址叫 IP 多播地址，把数据源发出的数据包传送给相应组播组成员的过程叫多播。多播在单一局域网段是直接传送的，使用 IEEE.802 以及一些局域网协议如物理层协议。当包含一个多播地址的数据包在局域网段传输时，属于接收数据的多播组中的工作站能够识别这个地址并接收数据包。采用这种方式只需传送一份数据包副本，这是因为局域网是广播通信这个性质：即由一个工作站发出的数据可以被同一局域网内的所有工作站接收。

 （1）A．大量　　　　B．只有　　　　C．单个的　　　　D．多播

 （2）A．内部　　　　B．超出　　　　C．超越　　　　　D．覆盖

 （3）A．不同　　　　B．独特　　　　C．特殊　　　　　D．相应的

 （4）A．拒绝　　　　B．接受　　　　C．丢弃　　　　　D．传输

 （5）A．多播　　　　B．单播　　　　C．广播　　　　　D．多重单播

试题解析　此题有一定难度。要求考生掌握相关知识，并熟悉相关英语表达，并能根据上下文语境选择正确答案。

参考答案　（1）D　（2）A　（3）D　（4）B　（5）C

14 经典案例分析与解答

14.1 IT 服务规划设计

试题一（25分）

阅读下列说明，回答问题 1 至问题 4，将解答填入答题纸的对应栏内。

【说明】

某大型国有企业属于电力行业，是一家大型的火力发电厂，近年来，随着业务的发展，生产应用及办公应用系统逐步增多，企业的信息化也提高了一个层次，目前企业信息系统涉及内、外网络、安全、主机、存储、数据库、应用系统和用户终端等各类设备及系统数量较多，并且随着业务不断的扩展和逐渐增加，管理技术的复杂程度较高，给信息中心带来了极大的工作量，为了实现信息系统一体化，实现对相关的网络、安全、主机、存储、数据库、应用系统和用户终端等各类设备及系统的运行维护监控、设备巡检、系统运行状况记录、故障处理、预防等，提供专业的运维服务，为了保障信息系统的稳定性、可靠性、可用性，公司通过公开招标的形式招标，中标单位"国软"信息技术公司为其提供 IT 咨询服务。

【问题1】（9分）

如果你是"国软"信息技术公司负责该项目的负责人，在服务规划设计阶段应该考虑哪些内容？在规划设计中的关键成功因素有哪些？

【问题2】（8分）

请根据案例介绍，简要回答什么是服务级别及设计。服务级别设定需要考虑的主要活动有哪些？

【问题3】（6分）

请根据案例介绍，简要设计该项目的服务级别协议（需列出关键要素，可以以图表的形式）。

【问题4】（2分）

请根据案例介绍该项目可以采取哪些服务模式。

试题一 解答要点

【问题1】

规划设计流程中的主要活动包括服务需求识别、服务目录设计、服务方案设计（含服务模式设计、服务级别设计、人员要素设计、过程要素设计、技术要素设计、资源要素设计）、服务成本评估和服务级别协议设计。要确保规划设计的有效实施，需充分考虑如下内容：

（1）确保规划设计考虑全面，使规划设计包含 IT 服务的所有活动及与业务相关的接口。

（2）当服务变更或补充规划设计的任一独立元素时，都要综合考虑有关职能、管理和运营等层面的问题。

（3）明确重点，充分沟通。

（4）策划、实施、检查和改进（PDCA）。

【问题2】

服务级别（Service Level）是指服务供方与客户就服务的质量、性能等方面所达成的双方共同认可的级别要求，服务级别需考虑的主要活动有：

（1）了解服务内容：服务供方充分了解自己所能提供的各种服务，以及相关优先权和业务重要程度。

（2）确定服务范围：服务对象和服务内容，可以参考服务目录，但是对于不同用户，具体的服务级别设定又要有针对性和独立性。

（3）定义服务级别目标：在服务级别设定的过程中，服务供方和客户需要仔细地推敲制订合适的服务目标。既要考虑到客户的需求，又要兼顾到经济效益和成本因素，力求服务级别可行。一般来说 SLA 中最关注的是关键服务的关键指标。

（4）明确双方职责：服务本身并不是单方面的工作，服务级别设定后，在许多服务实施过程中的失败，其原因就是因为忽略了客户在服务提供过程中的角色，以及相应的权利、义务，职责等。经过双方确认，除了在服务供方任命专人对口客户，在客户方亦需要有专人负责对服务供方进行监督。

（5）识别风险：充分识别实现服务级别的技术能力、资源配置、信息安全，服务成本等风险。

（6）对服务级别设定的评审和修改：服务级别设定后，需要在 IT 服务供方内部进行评审，评审过程除应召集服务过程相关方外，还应有质量管理人员，必要时需邀请法务人员和财务人员进行评审。

（7）服务级别谈判和沟通：在最终形成文档的 SLA 中，每个细节都是经过谈判、双方同意并被记录在案的；及时沟通服务级别设定的每项内容，对整个服务级别管理过程有着重要的作用。

【问题3】

该项目的服务级别协议见下表。

本协议经过甲方（某大型国企）乙方（国软信息技术公司）友好协商达成	
本协议涉及由乙方向某国企提供 IT 服务	
本协议自 2017 年 7 月 1 日起到 2018 年 6 月 30 日止，有效期为 1 年	
服务描述	为某国企提供运维支撑服务
服务时间	周一至周五 09:00～17:30
服务可用性	99.90%
服务可靠性	全年服务期内核心应用系统服务中断小于 3 次，累计中断时间不超过 90 分钟

服务支持	客户支持	评价指标	特殊情况说明
	电话热线：400-1234567	5 分钟内电话响应	恶劣天气（气象台发布的暴雨、台风等预警信息）
	邮件保障：PYXDL@163.com	响应及时到达率 4 小时内到达现场等	4 小时内到达现场

投诉渠道	投诉电话 400-7654321　投诉将在 2 个工作日予以答复
服务交付	现场交付
交付物	运维报告
服务费用	服务按年进行收费，每年服务费用为×××万元
责任和义务	乙方为甲方提供运维服务，乙方应该按照合同约束要求为甲方的系统运营提供保障
补偿	如乙方承诺的服务目标未达到，服务可用性每降低 0.1%，则扣除服务年费的 5%作为经济赔偿
服务报告	乙方每周报送运维周报，每月报送运维月报，报送范围为 IT 部分，报送方式为邮件方式。运维月报需打印并加盖公司公章呈报领导小组
审查	每周五 16 点对本周 SLA 和服务目标执行情况进行审查
保密条款	派驻现场的人员需要遵守现场的工作作息时间和安全规定，在现场接触的文件、资料等不得私自留存并拍照等，保密期限为二年
备注	
本协议每半年将进行审查，如需变更应遵循本协议约定的变更管理流程	
签署甲方　（盖章）日期	
签署乙方　（盖章）日期	

【问题 4】

该项目可采取的服务模式有：

（1）现场服务（常驻现场）。

（2）集中监控。

（3）远程支持。

（4）现场服务（上门技术支持）。

14.2 IT 服务部署实施

试题二（25分）

阅读下列说明，回答问题1至问题4，将解答填入答题纸的对应栏内。

【说明】

某医院始建于1962年，是集医疗、教学、科研和预防保健为一体的国内高水平、大型综合性、现代化的三级甲等医院。该医院拥有骨科、运动医学研究所、妇产科等多个教育部创新团队，拥有辅助生殖、心血管研究所和眼科等多个教育部重点实验室。

随着该医院信息化程度的不断提高，各业务系统的全面上线，对IT基础架构的安全性、稳定性以及业务系统的连续性提出了较高的要求，运维工作也同样面临了前所未有的挑战。

为加强该医院运维工作的规范化，并提高日常运维的工作效率，通过"华山科技"构建了一套一体化的运维管理平台，使用运维工作标准、流程化、提高运维效率。"华山科技"对该项目的调研、服务规划设计等前期工作已经完成，现进入服务部署实施阶段。

【问题1】（7分）

部署实施的目标是服务的标准化和规范化，请结合本案例介绍对该项目部署实施的目标进行进一步分解。

【问题2】（8分）

部署实施有哪些要素？并结合本案例对各要素进行简单说明。

【问题3】（4分）

结合本案例说明部署实施计划阶段存在哪些风险？

【问题4】（6分）

结合本案例描述部署实施验收阶段有哪些主要活动，并对各活动进行说明。

试题二 解答要点

【问题1】

IT服务项目部署实施的目标可以进一步分解为以下几个方面：

（1）协调并组织组成服务的所有要素，包括与之有关的其他个人、部门或组织，使用合适的技术，在满足规划设计环节的要求和限制的前提下，在可接受的时间、成本和质量的标准内，确保服务在生产环境里的顺利发布。

（2）对于复杂的IT服务部署实施，标准化部署实施过程，提升新服务或变更服务的交付质量。

（3）在IT服务部署实施期间，确保客户、终端用户及服务团队等相关方的满意度。

（4）确保新服务或变更的服务与客户的业务组织、业务过程的顺利衔接。

（5）确保新服务或变更的服务可以正常运转，且可以被有效管理，同时使客户对其有更明确的、合理的期望。

（6）为 IT 服务运营提供标准化与规范化的管理方法，尽可能识别和管理服务运营过程中存在的风险。

（7）为 IT 服务运营提供切实可行的服务质量管理方法和指导，以缩小实际的服务绩效与预期的服务绩效之间的差异。

【问题 2】

IT 服务部署实施要素有人员、资源、技术和过程。

人员要素部署实施：①外部招聘和内部调岗；②建立培训教材库及知识转移方法。

资源要素部署实施：①知识库内容初始化；②工具部署、使用手册与相关制度；③备件库建立与可用性测试；④服务台管理制度的初始化。

技术要素部署实施：①知识转移；②应急响应预案的制定与演练；③SOP 标准操作规范；④技术手册发布；⑤搭建测试环境。

过程要素部署实施：①过程与制度发布；②过程电子化管理和数据初始化；③体系试运行。

【问题 3】

在 IT 服务部署实施的计划阶段，通常来说，可能存在的风险或问题包括：

（1）IT 服务部署实施计划的完整性和条理性。

（2）IT 服务部署实施计划本身的可用性。

（3）IT 服务部署实施交付物的可验收性。

（4）与 IT 服务规划设计和 IT 服务运营的吻合性。

【问题 4】

IT 服务部署实施验收阶段的主要活动如下：

（1）IT 服务部署实施期报告：在 IT 服务部署实施即将收尾的阶段，需要编写《部署实施期报告》，并将其作为交付物的一部分一同提交给项目干系人进行验收。

（2）IT 服务部署实施回顾：通过正式的会议形式，与项目干系人进行服务实施期的回顾。

（3）交付物验收：按照部署实施计划阶段的交付物验收标准验收。

14.3 IT 服务运营管理

试题三（25 分）

阅读下列说明，回答问题 1 至问题 4，将解答填入答题纸的对应栏内。

A 公司是一家提供电力行业 IT 服务的快速发展型企业，分管运维业务的运维部陈经理新上任一周，据他观察目前运维团队士气及工作积极性较差，运维部频频接到用户投诉及市场部抱怨。陈经理决定从人员、资源、技术和过程 4 要素管控数据着手，找出目前运维团队管理上的关注点。下表是陈经理收集的近 3 个月数据。

陈经理按照运维部原有运营管理关键指标体系，编制运营管理关键指标体系完成情况跟踪表，见下表。

原有关键指标体系

要素	数据
人员	关键岗位储备人员 5 人，关键岗位人员共 20 人
人员	人员绩效考核合格数量为 24 人，被考核人员数量 26 人
人员	培训次数 6 次
资源	检查备件完好数量为 58 个，抽检备件总数为 60 个
资源	新增知识条目 32 条
资源	服务台不完整录入事件数为 10 个，总事件数为 455 个
技术	截至目前研发成果数量为 2 个
过程	SLA 达成事件之和 413 个，总事件数为 455 个
过程	及时提交服务报告数量 20 个，服务报告总数量 25 个
过程	成功解决事件数量 402 个，已关闭事件总数 430 个
过程	回退变更数 5 个，变更总数 36 个
过程	回退发布 1 个，发布总数 12 个
过程	信息安全事件次数为 0

运营管理关键指标体系跟踪表

要素	考核指标	指标要求	考核周期	完成情况
人员	关键岗位人员储备率	90%	季度	(1)
人员	人员培训次数	6	季度	6
人员	人员绩效考核合格率	90%	季度	(2)
资源	备件可用率	96%	季度	(3)
资源	新增知识条目	60	季度	32
资源	服务台录入事件的完整性	95%	季度	(4)
技术	研发成果数量	2	季度	2
过程	SLA 达成率	98%	季度	(5)
过程	服务报告交付及时率	95%	季度	(6)
过程	事件解决率	96%	季度	93.49%
过程	变更成功率	95%	季度	(7)
过程	发布成功率	90%	季度	91.67%
过程	信息安全事件数量	0%	季度	0

【问题1】（7分）基于陈经理所收集的人员、资源、技术、过程4要素近3个月数据，请计算并帮助陈经理补充运营管理关键指标体系跟踪表（精确到小数位后 2 位）。

【问题2】（6分）结合上述运营管理关键指标，请指出陈经理在运营管理中应该重视人员、资源、技术、过程4要素中的哪些管理？

【问题3】（8分）请阐述人员要素管理可能面临的风险，并指出每一风险的控制措施。

【问题4】（4分）请阐述知识管理的流程。

试题三　解答要点

【问题1】

（1）关键岗位人员储备率：5 / 20=25.00%。

（2）人员绩效考核合格率：24 / 26=92.31%。

（3）备件可用率：58 / 60=96.67%。

（4）服务台录入事件的完整性：445 / 455=97.80%。

（5）SLA 达成率：413 / 455=90.77%。

（6）服务报告交付及时：20 / 25=80.00%。

（7）变更成功率：31 / 36=86.11%。

【问题2】（结合上题指标欠缺之处从如下选项中答出 6 点即可）

（1）人员要素：人员储备与连续性管理（人员储备率为25%储备率不足，应该重视储备管理、人员能力评价与管理、人员绩效管理、人员培训计划执行）。

（2）资源要素：工具管理、知识管理、服务台管理与评价、备品备件管理。

（3）技术要素：技术研发规划、技术研发预算、技术成果的运行与改进。

（4）过程要素：服务级别管理、服务报告管理、事件管理、问题管理、配置管理、变更管理、发布管理、安全管理、连续性和可用性管理、容量管理。

【问题3】

（1）针对沟通问题，建立良好的沟通协作机制，进行服务意识及沟通能力培训。

（2）针对人员连续性问题，实行有效的人员连续性管理措施。

（3）针对负面情绪，引导积极向上的团队文化，举行团队活动等其他方式进行团队建设。

（4）针对考核指标不明确，按照 SMART 原则定义人员绩效指标。

【问题4】

知识管理的流程：知识获取、知识共享、知识的保留、归档与入库、知识评审。

试题四（25分）

阅读下列说明，回答问题1至问题4，将解答填入答题纸的对应栏内。

【说明】

某资产管理公司于2000年在上海正式成立，是具有独立法人资格、独立承担民事责任的国有独资非银行金融机构，公司实行总公司、办事处制。经财政部同意，中国人民银行批准，公司根据业务需要，在业务量较大、不良资产集中的地区设立 29 个办事处，办事处按国有独资商业银行省级分行管理，根据总公司授权开展业务，不具有法人资格。

IT 的部门是技术保障部，它负责公司信息系统的规划、建设和管理部门，内设软件开发处、网络运行处和综合处等部门。先后建立了多项 IT 系统，为其管理、经营和决策奠定了坚实的基础。但在庞大的系统运维过程中难题较多，主要集中在以下 4 个方面：

（1）运维人员紧张，运维工作量较大，人员流动比较频繁，缺少绩效考核机制。

（2）缺少知识管理，解决问题全靠个人能力和经验，造成技术骨干人员流动，接替人员无法快速接手工作。

（3）业务部门寻求 IT 支持没有统一入口，IT 运维工作缺少统计和跟踪。

（4）设备及主机系统较多，运维复杂度高，缺少规范的运维流程。

"悦动科技"负责该资产管理公司的运维平台建设工作，对现有问题进行分析，提出相应解决方案。

【问题1】（7分）

在服务运营阶段，人员如何进行有效的管理？请结合本案例进行回答。

【问题2】（4分）

知识管理具有哪些流程？并结合本案例对知识管理流程进行说明。

【问题3】（6分）

结合本案例描述服务台的作用，并回答服务台有哪些主要工作。

【问题4】（8分）

在运维过程中主要有哪些流程？并对流程进行简要说明。

试题四　解答要点

【问题1】

在 IT 服务运营中，需要通过对人员进行有效评价后，进行有效管理与培养，并充分调动人员的积极性，稳定服务团队，保证服务项目人员的连续性，确保人员能力跟上客户需求的变化发展，最终保证客户对服务的认可。

人员管理成功的关键因素包括：①是否具有成熟的知识管理体系；②岗位培训是否充足且适用；③团队能力的互备性；④人员考核指标设定是否符合 SMART 原则；⑤人员考核结果应用是否真正落地有效。

【问题2】

知识管理流程的目标是将运维生产过程中产生的各类信息所包含的知识最大限度地提取、保留，通过评审后加以应用，包括实现知识共享，实现知识转化，避免知识流失，提高运维响应速度和质量，挖掘、分析 IT 应用信息。知识管理包括系统规划与管理师对知识的获取、共享、保留（归档）、评审。

【问题 3】

服务台是个职能单位，一般情况下需要由专职人员组成。它在 IT 部门中是一个极为重要的组成部分，通常为整个 IT 部门与用户的联络点，同时使用专门的软件工具记录和管理所有这些事件。

服务台在 IT 服务运营中的主要工作如下：

（1）响应呼叫请求：所有的呼叫请求都应该记录下来。

（2）发布信息：服务台作为主要的发布方，可以充当用户的主要信息来源。

（3）供应商联络：服务台通常负责与维护供应商进行联系。

（4）运营任务：进行备份和恢复、提供局域网连接、对当地服务器进行磁盘空间管理、创建账号、设定和重设密码等也是服务台的职责。

（5）基础设施监控：服务台可能有权进入各种工具系统，这些系统被用来估计那些影响关键设备的故障可能产生的影响。

【问题 4】

作为系统规划与管理师，应对规划设计阶段所提及的流程，包括服务级别管理、服务报告管理、事件管理、问题管理、配置管理、变更管理、发布管理、安全管理，进行有效地支持并确保执行。

服务级别管理流程：须确保供方通过定义、签订和管理服务级别协议，满足需方对服务质量的要求。

服务报告管理流程：须确保供方应通过及时、准确、可靠的报告与需方建立有效的信息沟通，为双方管理层提供决策支持。

事件管理流程：须确保供方具有检测事件、尽快解决事件的能力。

问题管理流程：须确保供方通过识别引起事件的原因并解决问题，预防同类事件重复发生。

配置管理流程：须确保供方维护运行、维护服务对象的必要记录，并保证配置数据的可靠性和时效性，关联支持其他服务过程。

变更管理流程：须确保供方通过管理、控制变更的过程，确保变更有序实施。在 IT 服务运营中应充分执行以下事项。

（1）发布管理流程：确保一个或多个变更的成功导入。

（2）安全管理流程：确保供方提供符合信息安全要求的服务。

（3）连续性和可用性管理：应确保向客户承诺的协议的可用性、连续性在任何环境下都能满足。

（4）容量管理：须确保服务提供者在任何时间都有足够的能力来满足当前和未来的客户业务需求。

14.4　IT 服务持续改进

试题五（25 分）

阅读下列说明，回答问题 1 至问题 4，将解答填入答题纸的对应栏内。

【说明】

T 公司是国内某大型煤炭集团的下属全资子公司，负责集团的信息化规划、建设和系统维护工作。T 公司自成立以来一直专注于信息化建设，ERP 等核心系统均由 T 公司自行组织开发。2017 年陆续开始有一些简单日常办公类系统进入维护阶段，2018 年承接了集团核心机房基础设施（包括服务器、操作系统、中间件、网络设备及链路）的日常运维服务，2019 年核心 ERP 系统将从试运行转入维保阶段。系统维护部门刚刚成立，共有 8 人，大部分是从软件开发部转来的技术人员。

近来，集团客户对 T 公司有很多抱怨，包含 IT 运维系统不支持网页版报障，只能打电话，800 电话经常占线；网络设备故障恢复很慢；因备件质量问题导致客户设备不可用、投诉无门等问题。集团信息化办公室是 T 公司的对接部门，为了使信息技术更有效地支持集团业务发展，要求 T 公司针对 SLA 给出 2019 年系统运行维护改进方案。

【问题 1】（8 分）基于以上案例，请指出 T 公司在人员、资源、技术、过程方面的问题。

【问题 2】（8 分）基于以上案例，请提出资源方面需开展的持续改进方法。

【问题 3】（4 分）简述持续改进方法的实施步骤。

【问题 4】（5 分）请判断以下有关客户关系管理描述是否正确（填写在答题纸的对应栏的，正确的选项写"√"，不正确的选项写"×"）。

（1）改进活动贯穿于 IT 服务的全生命周期，且是持续性的，但仍存在明显的起止时间。（　　）

（2）持续改进活动应在不影响客户满意度的情况下改进 IT 服务提供的成本效益。（　　）

（3）服务过程测量活动是分层次的，对单一服务项目，可以只覆盖服务执行层面。（　　）

（4）全面严谨的服务回顾模板和会议纪要模板可以保证服务回顾的有效性及后续工作可行性。（　　）

（5）服务四要素改进主要由系统规划与管理师和服务质量人员负责。（　　）

试题五　解答要点

【问题 1】（结合题意从如下选项 4 个方面，答出 9 点即可）

（1）人员：人员管理体制、人员素质、人员储备、人员岗位结构等。

人员方面：大部分是从软件开发部转来的技术人员。会因为不懂系统规划管理的知识而不能胜任运维工作。

（2）资源：IT 服务运维工具、服务台、备件库、知识库等。

资源方面：IT 运维系统不支持网页版报障属于工具问题；只能打电话，800 电话经常占线属于服务台问题；备件质量问题导致客户设备不可用属于备件管理问题。

（3）技术：技术手册及 SOP、应急预案等；网络设备故障恢复很慢，从发现问题、解决问题技术方面回答。

（4）过程：服务级别、服务报告、事件、问题、变更、发布、安全等；未建立事件、问题、服务级别管理、发布等流程管理（每个过程都可以写一个问题比如未建立事件、问题、服务级别管理、变更发布管理流程等）。

【问题2】
（1）持续完善IT工具，建立网页报障等工具平台，并不断完善工具。
（2）优化服务台管理制度，畅通投诉渠道、对服务台流程、职责、KPI等进行持续改进。
（3）加强知识库管理，确保知识的完整性及有效性，提高更新率及利用率。
（4）备件库建立与可用性测试，定期对备件状态进行检测，以确保其功能满足IT服务需求。

【问题3】
持续改进方法的实施步骤为：①识别改进战略/策略；②识别需要测量什么；③收集数据；④处理数据；⑤分析信息和数据；⑥展示并使用信息；⑦实施改进。

【问题4】
（1）×。改进活动贯穿于IT服务的全生命周期，且是持续性的，不存在明显的起止时间。
（2）√。
（3）×。服务过程测量活动是分层次的，对于单一服务而言，测量活动至少应该覆盖服务管控和服务执行两个层次。
（4）×。全面严谨的服务回顾模板和会议纪要模板可以促进服务回顾的有效性及后续工作可行性，但是不能保证后续工作的可行性。
（5）√。

14.5 IT服务监督管理

试题六（25分）

阅读下列说明，回答问题1至问题4，将解答填入答题纸的对应栏内。

【说明】
根据国家电网提出的建设坚强智能电网、构建"三集五大"体系，深入推进"两个转变"、建设"一强三优"现代公司的战略目标，信息化作为推进电力企业实现发展战略目标的核心保障体系，作用日益突出。这其中更需要进一步推动信息运维综合监管系统的深化应用工作。经过20多年的信息化建设，某电力的信息化建设经历了从无到有、从有到精的过程，取得了长足的进步。与此同时，对IT服务质量的要求也随之提升，搭建一个综合的IT运维管理系统，建立综合的IT基础设施管理和服务管理中心势在必行。

某软件股份有限公司是国内IT运维管理服务提供商，为多家电力企业提供了"定制化"IT运维管理方案，具备丰富的行业实施经验，根据某电力公司的实际情况，本着层次化、分布式部署的原则，同时兼顾经济成本和效益关系，某软件公司为其定制了基于某综合管理软件的解决方案，在某电力公司部署了智能化的 IT 运维管理平台,用于实现其 IT 基础资源的全面管理和监控。该公司任命在其他同类项目中担任过技术骨干的小马,来担任本项目的项目经理来负责整个项目过程的方案实施。通过方案实施,取得了以下成果:

(1) 实现了对全网 IT 资源的整体管理。在某电力总部,目前主要设备是思科、H3C 等网络设备,通过某运维软件自动构建各个网络设备间的线路,系统将全网 IT 资源各项数据自动收集,并将各种软硬件资源的状态集中地在直观图形中体现。通过自动生成的物理拓扑图、应用服务一览和业务系统一览等 IT 资源的展现,可以让技术人员迅速对整个 IT 资源的各项性能做到快速了解和判断,并实时显示各个设备的负载情况,线路的运行状况,并以颜色标注负载的大小,帮助运维人员实时关注整个网络运行状况,能够一目了然地掌控整个 IT 架构的健康度和实时运行状态。

(2) 实现了对全网的故障预警与告警。该平台能够对 IT 网络及系统的各类告警事件产生的事件信息和告警信息进行整合和自动化处理。提供丰富的告警类型,涵盖网络告警、管理告警、主机监视、应用监视、流量监控等多个层面。对于各类突发事件,系统可采用灵活多样的告警方式及时通知信息中心管理人员,包括中文语音报读、控制台弹出消息、E-mail、SMS、Windows 信使等,实现了全天候的事件自动通知。同时,通过内置的事件处理机制,配合管理员预置的事件联动措施,可实现对于告警的自动诊断与快速恢复,有效地增强了某电力应对网络突发事件的处置能力。

(3) 定期统计报表为 IT 运维提供了数据基础。某运维软件提供了丰富的报表系统,能够帮助某电力的管理人员从设备负载、线路负载、事件故障统计等各个方面进行详细地分析,有效地帮助某电力各单位对网络状况、系统运行及故障情况做全面分析,为下一步信息化的建设方向提供了基础数据支撑。

如果你在该项目中负责监督管理工作,对服务过程、交付结果实施监督和绩效评估。根据本案例介绍回答以下问题。

【问题1】(2分)
监督管理有哪些重要内容?

【问题2】(10分)
IT 服务质量的属性有哪些?并结合本案例进行说明。

【问题3】(8分)
风险识别的主要内容包括什么?该项目存在哪些风险?

【问题4】(5分)
信息安全管理包含哪些活动?并根据本案例进行适当说明。

试题六 解答要点

【问题1】
监督管理是依据国家 IT 服务标准对 IT 服务进行整体评价,并对供方的服务过程、交付结果实施监督和绩效评估。质量管理、风险管理和信息安全管理是监督管理的重要内容，三者之间相对独立。

【问题2】

IT 服务质量的属性包括安全性（如可用性，需方运维业务的匹配程度，题干中提到的"全网IT 资源各项数据"）、可靠性（如连续性，应急预警机制，题干中提到的"提供丰富的告警类型"）、有形性（如可视性，题干中提到的"直观图形中体现各种软硬件资源的状态、能够一目了然地掌控整个 IT 架构的健康度和实时运行状态"）、响应性（如及时性，响应速度，题干中提到的"可实现对于告警的自动诊断与快速恢复"）和友好性。

【问题3】

风险识别的主要内容包括：①识别并确定 IT 服务的潜在风险；②识别引起风险的主要因素；③识别 IT 服务风险可能引起的后果。风险一般包括人员、技术、资源、过程和其他 5 个方面，结合本项目来说，人员方面可能存在因人为误操作造成的数据丢失；技术方面可能存在防线的问题和服务对象不匹配，资源方面可能会发生运维软件平台故障等。

【问题4】

信息安全管理包括的活动有：①信息安全策略的产生、维护、发布、执行和支持；②支持安全策略的安全管理工具集的执行，以及有关的服务、信息和系统；③记录所有的安全控制，以及安全控制的运营和维护及相关风险；④提高安全控制的主动管理，降低安全风险；⑤整合 IT 服务管理流程中与安全相关的事物。

14.6　IT 服务营销

试题七（25 分）

阅读下列说明，回答问题 1 至问题 4，将解答填入答题纸的对应栏内。

【说明】

W 公司 IT 运维服务部门由 100 人组成，分别负责本省某商业银行业务支撑系统相关 UNIX 主机、存储、网络、PC 等硬件设备的运维，以及数据库、中间件等系统软件的运维，包括计费系统、账务系统、PRM 系统、客服系统、经分系统、开通平台等业务系统的前后台维护工作。面向的用户为本省的业务系统使用人员。

随着业务量的逐年增加，需要不断地对软硬件进行升级，运行维护对象的复杂程度逐渐增加，运维服务的压力逐渐提高，对备品备件的需求也逐渐增大，对备件响应的级别也越发苛刻，据此，W 公司对部分备件采用与外部供应商签署框架协议的方式来解决备件供应问题。但最近几次硬盘到货时间总超出约定时间，因此 W 公司计划重新选择硬盘设备供应商。

客户计划在今年引入整体的运维服务工具以提高现有的工作效率，但是市场上类似的服务产品有很多，W 公司准备为客户提供本公司的运维工具选择方案。

【问题 1】（8 分）

请指出 IT 营销包含哪些阶段，并简要描述这几个阶段的主要活动。

【问题 2】（8 分）

请指出 W 公司选择新的备件供应商时应考虑的原则。

【问题 3】（4 分）

请说明常用的运维服务工具类别，以及每一类运维工具的主要功能。

【问题 4】（5 分）

请判断以下有关客户关系管理的描述是否正确（填写在答题纸的对应栏内，正确的选项写"√"，不正确的选项写"×"）：

（1）定期沟通的主要内容包括供需双方对服务达成情况的总结回顾，重点问题的协商处理及确立后续改进计划等。（　　）

（2）日常沟通主要是及时了解客户对服务的感知情况，可以及时跟进客户需求变化，为后续服务改进制定针对性的措施，高层拜访属于日常沟通的形式。（　　）

（3）重视客户投诉，对投诉进行及时有效地处理可以更好地提升客户对服务的感知，增加与客户之间的亲切感，促进客户对服务更积极的评价。（　　）

（4）事件结束之后的 Case by Case 的回访属于对事件解决结果的调查和反馈，不属于满意度调查的范围。（　　）

（5）考虑到服务成本，服务工程师在服务执行过程中，对服务级别约定之外的服务不予以提供。（　　）

试题七　解答要点

【问题 1】

IT 服务营销过程分为启动准备、调研交流、能力展示、服务达成 4 个阶段。

启动准备阶段：包括营销准备，营销计划。

调研交流阶段：包括做好需求调研，写好解决方案。

能力展示阶段：包括做好产品展示，保持持续沟通。

服务达成阶段：包括达成服务协议，做好持续服务。

【问题 2】

供应商的选择可以参考以下原则：供应商注册资本、人员规模、学历及专业构成、供应商已有客户规模、供应商运维服务、信息安全相关资质、供应商的服务流程规范性、支持服务体系、供应商工程师技术能力水平、相关业界认证资质、供应商服务范围的可扩展性、供应商的人员能力体系及发展通道是否健全、供应商服务面临服务压力时的可扩展性、与自身服务业务的竞争性及互补性、供应商的业界评价等。（写出 8 个即可）

【问题3】

常用IT服务工具包括监控类工具、过程管理类工具和其他工具。

监控类工具：监控对象的状态数据，为过程管理提供数据支撑，在基于硬件/软件平台、虚拟化、业务、用户感知以及基础设施等这些监控对象的基础上，实现诸如事件管理、性能管理、视图管理、告警管理、统计分析、日志管理等功能。

过程管理类工具：IT服务过程管理实现了从技术管理到服务过程的流程化管理，解决了传统IT管理以技术管理为中心的问题。过程管理类工具提供了面向最终用户的服务台及IT服务运营层次的流程，即服务级别管理、服务报告管理、事件（故障）管理、问题管理、配置管理、变更管理和发布管理等。

其他工具：通过此类工具，IT服务人员能够进行重复或批量工作的自动化管理，提高IT服务效率和效果。

【问题4】

(1) √　　(2) √　　(3) √　　(4) ×　　(5) ×

14.7　团队建设与管理

试题八（25分）

阅读下列说明，回答问题1至问题4，将解答填入答题纸的对应栏内。

【说明】

某公司最近接了一个信息系统运维的项目，而且非常重视，任命了有丰富售后服务经验的刘某为系统规划与管理师，全权授权刘某负责该项目，并要求他负责企业运维服务能力建设和提升。刘某也学习了大量的项目管理知识和运维管理知识，并将相关知识运用在该项目中。项目中发生的具体事件如下：

刘某认为做好运维的核心是运维人员的维修水平。由于运维合同价格偏低，在招聘人员时主要考虑人员是否有相关设备维修经验，并指派本公司有系统集成实施经验的若干名人员加入运维团队，要求团队成员满负荷工作，项目组人员不能有冗余。

在运维项目实施期间，遇到值班人员有事或生病，只能由项目经理代班，遇到用户报修的设备问题，维修人员常常以"我不懂该专业"为由，让客户第二天再报。运维人员遇到无法解决的技术问题向项目经理汇报时，系统规划与管理师回答"你们招进来就是解决设备问题的，我无法提供帮助，你们自己解决"。相关运维人员经常超过规定时间，也未能使设备恢复运行。

系统规划与管理师认为团队管理的核心是团队凝聚力强，不发生冲突。系统规划与管理师利用工作和业务时间进行了大量的沟通和协调工作。确保在运维实施期间，成员关系比较融洽。但在季末客户信息中心进行的服务满意度调查时，综合满意度只有70%。

【问题1】（10分）
IT服务团队应具有哪些特征？该服务团队是否具有这些特征？并说明理由。

【问题2】（3分）
该服务团队处在IT服务团队建设的哪个周期？并说明理由。

【问题3】（6分）
系统规划与管理师对现有团队情况应采取哪些激励措施？如何进行？

【问题4】（6分）
对于该服务团队如何做执行管理来提高服务满意度？

试题八　解答要点

【问题1】

IT服务团队应该具有的特征包括：①人员的岗位结构；②较高的服务意识；③使用的专用工具；④工作的周期性和重复性；⑤知识的积累及转移。

本项目团队不具有上述特征，首先，人员的岗位结构不完整，项目经理过于重视维修人员即操作岗，除自身承担部分管理职能外，未形成管理、技术、操作岗相辅相成的结构；其次，维修人员多次直接拒绝用户报修，而不是接受报修优先进行内部协调，凸显服务意识不高；再次，题干中未描述存在专用工具支撑运维工作；最后，项目团队未对常规问题形成知识的积累和转移，造成有人员请假后，工作无人正常接替并进行处理。

【问题2】

该服务团队处在IT服务团队建设的组建期。题干中明确指出"公司接了一个信息系统运维项目"，同时系统规划与管理师"招聘人员"，即项目是新的，团队是新的，符合组建期的概念，如组建一个新的IT服务团队或系统规划与管理师被委派到一个新的IT服务团队。

【问题3】

系统规划与管理师可以采用团队激励和个人激励两种策略，具体措施如下。

（1）团队激励，包括高层表扬、申请团队奖金、请高层领导进行经验分享、请与IT服务相关的部门负责人分享专业知识、不定期开展团队活动。

（2）个人激励，包括表扬、奖状、经验分享机会、带薪休假、外派研讨会、锻炼机会、参加高层会议、更多授权、生日聚餐。

【问题4】

首先，建立执行的文化，解决思想问题，具体包括：

（1）认清来自内、外部的挑战，正确面对现有人员饱和工作以及客户低价但高服务质量需求。

（2）建立信念，相信团队能够处理好客户的日常运维需求。

（3）建立行动准则，提高服务意识。

其次，提高执行的效率，具体包括：

（1）充分理解目标及流程规范，协助团队了解客户的真实需求、企业对客户的重视程度，并建立本项目的规范运维流程。

（2）对目标及流程规范保持合理化建议，对已经建立的工作模式，进行内部评审并征求客户意见，不断进行完善。

（3）确保目标及流程规范的执行跟踪，对现有运维工作的响应进行跟踪反馈，包括内部执行的绩效考评及客户的定期沟通。